Owen Matthews

MOSKAU BABYLON

Roman

Aus dem Englischen von
Hans-Ulrich Möhring

Ullstein

Besuchen Sie uns im Internet:
www.ullstein-taschenbuch.de

Ungekürzte Ausgabe im Ullstein Taschenbuch
1. Auflage März 2017
© für die deutsche Ausgabe Ullstein Buchverlage GmbH,
Berlin 2015/Graf Verlag
© 2013 by Owen Matthews
© 2000 Éditions Les Escales
Titel der englischen Originalausgabe: *Moscow Babylon*
(Die Erstausgabe erschien 2013 unter dem Titel *Moscou Babylone*
bei Éditions Les Escales in Paris.)
Umschlaggestaltung: zero-media.net, München, nach einer Vorlage
von Rothfos & Gabler, Hamburg
Titelabbildung: © gettyimages / Fabio Sabatini
Satz: Uwe Steffen, München
Gesetzt aus der Berling und der Neuen Helvetica
Druck und Bindearbeiten: CPI books GmbH, Leck
Printed in Germany
ISBN 978-3-548-28883-3

Inhalt

Prolog
Ein Stück gehetztes Fleisch

> »Anfangs kam uns die Dekadenz leicht an. Obwohl wir
> uns langweilten und obwohl schon alles ausprobiert war,
> standen wir unter einem eigentümlichen Eindruck offener
> Möglichkeiten. Unsere Anomie hatte etwas Optimistisches.
> Das war das goldene Zeitalter unseres Niedergangs.«
> Hari Kunzru, *Memories of the Decadence*

Heute bin ich an der zugefrorenen Moskwa spazieren gegangen. Die Welt war wie mitten in der Bewegung erstarrt und die Luft so kalt, dass mir die Lungen brannten. Stumpf wie Perlmutt der ausgebleichte Himmel, die Wolken wie abgewaschen. Unter meinen Schritten knarrte der Schnee, als träte ich auf Holzdielen, und wo die Böen den Pulverschnee weggepustet haben, lag das Flusseis blank wie ein dicker schwarzer Spiegel. Siebenundzwanzig Grad minus: ein Wetter, bei dem schon mal die Rohre platzen. Sobald ich stehen blieb, fasste die Kälte unter meinen Lammfellmantel wie eine Knochenhand, vertraulich und bedrohlich. Diese extreme Kälte bleibt als Letztes übrig, wenn die vielen Schichten, die einem zusetzen, abgefallen sind. Erst fällt die Feuchtigkeit ab, dann der Schnee, und schließlich vergehen mit sinkendem Thermometer die Geräusche, der Wind hört auf, und darunter liegt sie, die Essenz des Winters, hart, weiß und vollkommen still.

An einer Flussbiegung stapfte ich keuchend die steile Böschung hinauf, in meinen dicken Filzstiefeln. Ich setzte mich in eine hartgefrorene Schneewehe und ließ meinen Blick über die strahlend weißen Flächen schweifen. Um hier zu sterben, dachte ich, müsste man einfach nur nichts tun. Einfach hier so sitzen bleiben, eingetaucht in dieses schöne tödliche Weiß. Sich in sein Nest aus Lammleder und Fell zurücklegen und einschlafen. Den Winter einatmen und langsam in seiner betäubenden Umarmung ersticken. Wie seltsam es doch wäre, in diesem blendenden Winterlicht in die Dunkelheit einzugehen, unter diesem seidenen Himmel, der so groß ist wie die Welt.

Manchmal denke ich, dieses Land will mich umbringen.

Früher einmal, in der prähistorischen Zeit, als ich noch jung war und frisch in Moskau eingetroffen, saß ich gern auf der breiten Fensterbank meiner Wohnung und blickte durch Doppelglasscheiben auf die Welt bei Nacht hinaus. Ich kam mir vor wie in einem alten Bathyscaph, einer dickwandigen Kapsel voll Licht und Wärme, in der ich über den Meeresgrund schwebte und durch ein unglaublich massives verzerrendes Bullauge die absonderlichen Wesen dort unten betrachtete. Mein Tauchboot knackte in einem fort, und die Scheiben steckten in so vielen weißen Ölfarbschichten, dass der Rahmen ganz unförmig war, als ob er Schimmel angesetzt hätte. Auf der anderen Seite der Petrowkastraße sah ich junge Männer vor einem Nachtklub herumlungern und wie auf einem heißen Blechdach von einem Fuß auf den andern treten, während sie darauf warteten, in die Wärme eingelassen zu werden und zwischen den schwitzenden Leibern auf die Pirsch zu gehen. Auf dem Boulevard plusterten sich die Gerippe der Bäume wie riesige Korallen im gelben Licht der über sie hinwegwischenden Autoscheinwerfer. Und jenseits der Häuserreihe die endlose, niemals schlafende Stadt mit ihrem unausgesetzten Rauschen, überkrustet mit Schichten von Ölfarbe und Ruß und von Neonreklamen strotzend. Was für ein elendes altes Riff, trostlos und grau, aller Farbe beraubt. Ein paar schöne weibliche Wesen trieben hindurch, bunt gefiedert und zart. Und sehr viele Haie, dickhäutig, von tiefen Narben entstellt, uralte Weisheit in den Muskeln, tödliche Zähne in den Mäulern und Seelen aus blanker Gier.

Merken Sie schon, dass ich Moskau sehr liebe? Zumindest ist dies der Ort, mit dem sich für mich die stärkste Liebeserinnerung verbindet.

Lassen Sie mich mit dieser Geschichte am Ende anfangen. Es ist eine Geschichte, die gut ausgeht. Nun ja, wenigstens kann ich mit Recht behaupten, dass mein Leben sich heute durch blanke Oberflächen auszeichnet, durch Bequemlichkeit, durch bescheidenen beruflichen Erfolg. Durch bescheidene persönliche Zufriedenheit. Wenn ich dieses Leben, das ich führe, mit den anderen Ausgängen vergleiche, die meine Geschichte hätte nehmen können, wird mir vor Erleichterung ganz schwindlig.

Ich verbringe meine Tage in einem Großraumbüro weit oben in einem brandneuen Wolkenkratzer. Dieses Machobauwerk wurde von Sir Norman Foster entworfen, was ich beruhigend finde. Es wurde von illegalen tadschikischen Arbeitern gebaut, was weniger beruhigend ist. In dieser Stadt lernt man, sich mit solchen Kompromissen abzufinden.

Ich fange gern früh mit der Arbeit an, wenn das leise Summen des Gebäudes noch zu hören ist. Flüsternde Fahrstühle, das Sirren der Klimaanlage, das Zwitschern der jungen Sekretärinnen, die an der Kaffeemaschine tratschen. Etwas später das burschikose Geplapper der männlichen Jungangestellten, das gewohnte Murmeln der Frühnachrichten im Fernsehen. Dann ein schleichendes Verstummen, das anzeigt, dass unser Chef vom Fahrstuhl zum Empfang zum Konferenzraum zum Eckbüro schlurft.

Von meinem Fenster aus fällt mein Blick auf zwei breite Ausfallstraßen mit langsam dahinkriechenden roten und weißen Lichterströmen, die wie Adern pulsen. Die Verkehrsschlangen erstrecken sich ohne Unterbrechung vom Stadtkern zu den teuren Datschengegenden der Rubljowskojechaussee. Viele Hundert Millionen Dollar allerbester deutscher Kfz-Technik brummen und dampfen im winterlichen Morgengrauen, bremsen ab, fahren an. Der Anblick ist geradezu hypnotisch. Dort fließt Moskaus Lebensblut.

Vor einigen Monaten ging ich bei meiner Datscha auf einer Wiese spazieren. Es war einer von diesen herrlichen sonnendurchfluteten Tagen, die bei den Russen »der goldene Herbst« heißen. Aus der Natur floss langsam das Leben ab, und die Luft roch nach süßem Verfall und nahendem Regen. Als ich eine der letzten unbebauten Wiesenflächen in der Nähe des Dorfes Islawskoje überquerte, ließ mich ein Anblick am Horizont innehalten. Auf einem kleinen Scherbenhaufen in der Ferne glitzerte das Licht wie auf einer zerbrochenen Bierflasche im Gras. Als mir mein Verstand längst gesagt hatte, was es war, starrte ich ihn immer noch ungläubig an. Etwas in mir weigerte sich, meinen Augen zu trauen. Die Scherben waren natürlich die Wolkenkratzer der Moskauer City – darunter auch mein

Bürohochhaus, über vierzig Kilometer plattes Land hinweg gut zu erkennen. Während ich an einem trägen seichten Fluss inmitten der Gräser und Birken des russischen Bauernlands stand, schoben sich gleichzeitig penetrant die Stahl-und-Glas-Konstruktionen der Großstadt ins Bild. Selbst hier, knietief in einer russischen Wiese, konnte ich spüren, wie der Reichtum der Hauptstadt, ihre Macht, über das Land ausstrahlte.

Verstehen Sie mich nicht falsch. Das tun natürlich die meisten, weil ich ein guter Schauspieler bin und ein dickes Fell habe. Aber Ihnen will ich reinen Wein einschenken. Über die letzten zehn Jahre habe ich einen Kokon um mich gesponnen, einen Kokon aus den gängigen Versatzstücken des bürgerlichen Lebens, als da wären eine schicke Ikea-Küche, einige geschmackvolle Drucke von trendigen Moskauer Künstlern mit Wiedererkennungswert, eine Frau, die fügsam und einigermaßen vorzeigbar ist, ein gebrauchter Mercedes, der einmal sündhaft teuer war. Ich bin stolz auf diesen Kokon. Er ist meine größte Leistung im Leben, die Maschine, die mich am Leben erhält. Wobei ich zugeben muss, dass ich ihn nicht auf dem Grabstein verewigt sehen möchte.

Doch im Inneren dieses Kokons lebt ein – ja, was? Wenn ich beschreiben will, was aus mir geworden ist, fehlen mir die Worte. Beschädigt bin ich, gewiss. Ängstlich? Häufig. Gehetzt? Ja. Manchmal denke ich, etwas anderes bin ich nicht. Ein Stück gehetztes Fleisch.

Hören Sie mich an. Dies ist die Geschichte meiner Reise in eine Stadt des Lasters, eine Zone moralischer Verkommenheit, in der alle äußeren Formen der Zivilisation fortbestehen, aber ausgehöhlt und leer sind.

Als ich hierherkam, wähnte ich mich anfangs auf einer Achterbahn, die nur zu meinem Vergnügen fuhr. Tatsächlich aber befand ich mich in einem tosenden Inferno, wo die triviale Dekadenz des Oberflächenlebens einen in immer tiefere Kreise der Verworfenheit und Furcht führte. Ich dachte, ich würde am Ende all dessen irgendeine Wahrheit finden, ein kohlschwarzes Geheimnis, das in der Dunkelheit glomm. Stattdessen musste ich erkennen, dass die einzige Wahrheit, die es gab, bereits im ersten Kreis offenkundig gewesen war: dass der Mensch ein Tier ist.

Ich ging nach Russland, weil ich ein Land finden wollte, das frei und wahrhaftig war. Stattdessen fand ich Verzweiflung, geballte Wut, ohnmächtigen, nagenden Groll. Dieses Land hat meine Seele gepackt und sie bis zur Unkenntlichkeit verformt. In Russland habe ich geliebt und getötet, und ich habe erfahren müssen, dass die Liebe schrecklicher sein kann als das Töten. Ich wollte den banalen Dämonen der Sattheit und Langeweile entfliehen. Dafür wurde ich mit einem Mal von den wahren Dämonen der vollkommenen Enttäuschung und Hoffnungslosigkeit verfolgt.

Als ich herkam, war ich jung und forsch und abenteuerlustig. Heute bin ich ein kranker Mann. Ein gehässiger Mann. Ein unangenehmer Charakter. Und nichts und niemand kann mir helfen.

1

Der reine Tor zieht in die Welt

»Ich wollte ein Land sehen und befinde mich in
einem Theater… Scheinbar geschieht alles wie an
andern Orten. Erst wenn man den Sachen auf den
Grund sieht, bemerkt man den Unterschied.«
Marquis de Custine, *Russland im Jahre 1839*

Ein Moskauer Freund von mir, einer der skrupellosesten und attraktivsten britischen Kolonialisten in der Stadt, erzählte mir einmal eine Geschichte. Er und seine Freunde waren im Ptjutsch, einem lauten und überfüllten Techno-Kellerklub, wo wir alle viel Zeit vertaten. Jemand war gerade aus Amsterdam zurückgekehrt, wo er eine Flasche reines MDMA gekauft hatte – konzentriertes flüssiges Ecstasy –, und hatte aus Jux heimlich eine Runde Tequilas damit versetzt. Zum Unglück für alle Betroffenen hatte er das MDMA mit zitternden Händen unter dem Tisch eingegossen und auf die Weise allen eine massive Überdosis verpasst. Mein Freund trank den Tequila und stürzte durch ein plötzlich im Boden klaffendes dunkles Loch in die Tiefe, mitgerissen von einem wild brausenden Wind.

Als er nach gefühlten acht oder neun Jahren wieder zu sich kam, lag er flach auf dem Rücken in einem hohen Korridor. Grelle Neonröhren an der fernen Decke überschütteten ihn mit Lichtsplittern wie mit gewichtlosen Eiszapfen. Er verstand nicht, warum er sich nicht vom Fleck bewegen konnte, obwohl sein Körper sich in unkontrollierbaren Zuckungen krümmte. Er fühlte das kalte Metall einer Krankenhausbahre an seinen nackten Armen und Beinen und um Hand- und Fußgelenke feste Bandagen, die ihn fesselten. Da schlug ihm eine harte, heiße Hand ins Gesicht. Noch einmal.

»Wie lange bist du schon Junkie? Was hast du dir gespritzt?«

Mein Freund fasste mit Mühe eine bullige Krankenschwester ins Auge, die sich über ihn beugte. Er schmeckte Blut, das ihm von der zerkauten Zunge in die Kehle lief. Sie wiederholte die Frage, während sie ihn mit Ohrfeigen zu Bewusstsein brachte.

»Was hast du genommen, hä?«, schrie sie. »Verstehst du mich?«

Er konnte ihr nicht antworten, weil ein Muskelkrampf ihm den Kiefer zusammenpresste. Außerdem wusste er die Antwort nicht. Was hatte er genommen? Wie war er hierhergelangt? Wer bin ich, überlegte er, an eine Stahlbahre in der Sklifossowskij-Klinik geschnallt und angestrengt bemüht, die Neonröhren an der Decke der Notaufnahme zu erkennen? Ist das hier vielleicht die Wirklichkeit? Das ganze wunderbare Leben in meiner Erinnerung, die englische Privatschule, die gut bezahlte Stelle, das noble Apartment, die schöne Freundin – vielleicht ist das ja alles nur ein Traum gewesen? Vielleicht bin ich in Wirklichkeit ein Moskauer Junkie? Ist das mein wahres Leben?

Mir geht es ähnlich wie ihm. Ich kann mich zwar an mein früheres Leben erinnern, aber ich bin außerstande, an seine Wirklichkeit zu glauben. Wir sind alle aus unserer Vergangenheit verbannt, erst recht, wenn wir den Schauplätzen unserer

Kindheit den Rücken gekehrt haben. Ich ging von zu Hause fort und kam in eine Stadt, die allem, was in meinen Augen anständig und normal war, einen Zerrspiegel vorhielt, eine Stadt, die mich vollkommen umkrempelte und in jemand anderen verwandelte. Wer genau dieser andere ist, kann ich nicht sagen. Wenn ich daran zurückdenke, wie ich war, als ich hier eintraf, sehe ich einen jungen Mann vor mir, den ich nicht wiedererkenne. Aber ich kann wenigstens beschreiben, wie ich einmal war.

Als ich nach Moskau kam, war ich verzweifelt. Wenigstens bildete ich mir das ein. Mit Sicherheit gefiel es mir, mich für jemanden zu halten, der verzweifelt nach Erfahrung dürstete, vom Fernweh aus der Heimat getrieben, von der Aussicht auf Abenteuer hinaus in die Welt gelockt. In London fühlte ich mich unverstanden. Meine Freunde meinten es gut, aber waren kindlich naiv. Meine Teilzeitstelle als Anzeigenakquiseteur empfand ich als unwürdig. Für so etwas war ich zu kompliziert, zu gefühlvoll und zu begabt. Das frühe Aufstehen und die schlechte Bezahlung würden mir den wilden, freien Bohemegeist austreiben, beschloss ich. Außerdem hatte ich hübschen Mädchen nichts zu erzählen, was Eindruck machte, und kein Geld, um sie auszuführen. Zeit für den Absprung, dachte ich. Zeit, irgendwo hinzugehen, wo es gefährlich war.

War mein Leben in London tatsächlich so banal, wie ich damals dachte? Ich kann das nicht ehrlich beantworten, weil meine damalige Existenz heute für mich nichts Reales mehr hat. Ich kann sie mir einfach nicht mehr vorstellen, kann mich nicht mehr zurückversetzen. Was da vor meiner Vergangenheit niedergerasselt ist wie ein eiserner Rollladen, ist mehr als nur der zeitliche Abstand zwischen damals und heute – gut anderthalb Jahrzehnte, um genau zu sein, gar nicht so lang vor dem Hintergrund eines Menschenlebens. Nein, es ist etwas anderes. Mir ist, als wäre meine Vergangenheit ein Traum, der unwiederbringlich über den Rand des Bewusstseins geglitten ist.

Ich bin ein Russe, und ich bin kein Russe. Das beweist schon mein zusammengewürfelter Name: Roman Lambert. Lambert wird schottisch ausgesprochen, nicht französisch, mit einem strengen protestantischen t am Ende statt einer weichen romanischen Verschleifung. Eine der pedantischen Beschäftigungen im freudlosen Leben meines Vaters ist die Ahnenforschung. Wie er mir erklärt hat, waren die Lamberts im Mittelalter ursprünglich italienische Bankiers. Einer unserer Vorfahren war angeblich Mosca de' Lamberti, den Dante als einen der Glaubensspalter in den achten Kreis der Hölle versetzte, wo sie zum Beispiel mit heraushängenden Eingeweiden am Wegrand stehen müssen, und sobald ihre Wunden sich schließen, kommt ein Teufel mit einem scharfen Schwert vorbei, um sie wieder aufzuschlitzen, und das in alle Ewigkeit. Zwietrachtstifter also, diese Lamberts, Schismatiker, Streithähne. Das will ich gern glauben. Auch wenn nicht viele von uns ihre Strafe so sehr verdient haben wie Mosca.

Für meine russische Hälfte ist Lidija Romanowna Burljuk verantwortlich, meine liebe, verrückte Mutter. Sie zu heiraten war wahrscheinlich die einzige Überraschungstat, zu der sich mein Vater im Laufe eines ansonsten wohlgeregelten und wohlanständigen Lebens jemals hinreißen ließ. Die beiden lernten sich kennen, als sie in London auf die Schauspielschule ging und er ein junger Arzt am St. Bartholomew's Hospital war. Sie wohnte mit drei Schwesternschülerinnen zusammen, und auf Partys tauchten sie immer als kleine Mädchenbande auf. Alles Weitere können Sie sich denken. Meine Eltern heirateten jung, wie man es damals tat, worauf meine Mutter auf der Stelle alles Interesse an einer ernsthaften beruflichen Ausbildung verlor und sich stattdessen in einer Reihe von flüchtigen künstlerischen Schwärmereien erging – nach der Schauspielerei verlegte sie sich aufs Malen, danach aufs Töpfern –, die sie alle nie richtig lernte. Die Mutterschaft ging sie ganz ähnlich mit großer sporadischer Begeisterung an, die zur Gleichgültigkeit verkümmerte, sobald ihre flatterhafte Aufmerksamkeit von neuen Freunden abgelenkt wurde, einem Artikel, den sie gelesen hatte, einer neuen Affäre. Sie ist wirklich eine untalentierte Amateurin, wie sie im Buche steht.

Interessant war dagegen ihr Vater. Roman Burljuk, Sohn von Wolgakosaken und aufgewachsen zwischen den Kriegen im freien Polen, kämpfte nach dem Rückzug der Deutschen gegen die Sowjets für eine freie Ukraine. Ein Krieg im Krieg, einer der vielen blutigen Strudel, die Stalins Staatsschiff auf seiner Fahrt nach Westen zur Unterwerfung des Kontinents im Kielwasser zurückließ. Mein Großvater war einer der wenigen, die entkamen, als Churchill sich am Ende des Zweiten Weltkriegs bereit erklärte, sämtliche Sowjetbürger in den alliierten Zonen an Stalin auszuliefern. Er lag zufällig mit einem Beinbruch in Triest im Krankenhaus, als der Befehl kam, alle, die in General Wlassows antisowjetischer Armee gekämpft hatten, ukrainische Nationalisten, monarchistische Kosaken, in die Sowjetunion zu deportieren, zu den Hinrichtungsgruben des NKWD.

Wie einen vom Sturm verwehten Geldschein aus einem untergegangenen Staat trieb es Burljuk durch ganz Europa. Er arbeitete als Koch in einem Flüchtlingslager in Italien und lernte ein zartes, Tb-krankes russisches Mädchen kennen, das seine Frau wurde. Auf den zwei Fotos, die es von ihr gibt, sieht sie wie ein nervöses Vögelchen aus; ihre Tochter hat ihre fein geschnittenen Züge geerbt, ihre hohen Wangenknochen. Sie brachte meine Mutter in einem Kloster nahe Bozen zur Welt und starb bald danach. Vater und Tochter schlugen sich nach England durch. Sie hatten Rotkreuzdokumente und übernachteten auf eiskalten Bahnhöfen und in überfüllten Herbergen. Als Roman dann schließlich mit fünfunddreißig Jahren nach Großbritannien kam – nach einem Leben, das so maßlos tragisch war wie sein ganzes Jahrhundert –, baute er sich eine Existenz von konsequenter kleinbürgerlicher Mittelmäßigkeit auf. Er suchte sich das Pendlerdorf Banstead knapp außerhalb von London als neues Zuhause aus. Die Reihen winziger Doppelhäuser aus der Vorkriegszeit muteten ihn wahrscheinlich heiter und optimistisch an. Sauberes Vorstadtleben als Gegengift zu dem viel zu vielen, das er mitgemacht hatte. Jedenfalls brachte er es zum Aufseher in den Kommunalwerken der Gemeinde Reigate and Banstead – wobei es immer ein Rätsel war, wie er es schaffte, selbst diesen bescheidenen Posten zu behalten, weil er den starken russischen Akzent sein Leben lang nicht verlor und seine Englischkenntnisse immer sehr dürftig blieben. Vielleicht verstand er sich darauf, Leute zu kommandieren. Wer einen kosakischen Reitertrupp in den galizischen Wäldern ins Gefecht schicken konnte, der konnte wahrscheinlich auch dafür sorgen, dass ein Arbeitstrupp renitenter nordenglischer Rohrleger an einem kalten Novembermorgen den Arsch hochkriegte.

Er war ein übellauniger alter Sack. Ein Trinker. Ein Schreihals. Er ist mir von zwei oder drei Kindheitsbesuchen in seiner kleinen Wohnung in Banstead lebhaft in Erinnerung geblieben. Er war von stämmiger Statur und sein rotes Alkoholikergesicht von einem riesigen Schnurrbart beherrscht, mit dem er aussah wie das lebende Abbild von Semjon Budjonny, einem Kavallerieführer aus dem russischen Bürgerkrieg, den er sehr bewunderte, obwohl dieser auf der falschen Seite gekämpft hatte. Auf Fotos trug er immer einen adretten Zweireiher mit einem sauber gefalteten Einstecktuch. Doch der Blickfang ist dieser Schnurrbart, der gleichzeitig prächtig und lächerlich war. Er starb, als ich sieben war, doch selbst in diesem zarten Alter begriff ich, dass er ein Wrack war. Das Haus stank nach Zigarettenrauch und gebratenem Speck. Der stachelige Schnurrbart meines Großvaters kitzelte mich bei der Begrüßung im Gesicht, und sein Atem roch nach Whisky.

Er heiratete nach dem Tod seiner ersten Frau nicht wieder, aber die ganze Kindheit meiner Mutter über zog eine Frau nach der anderen für einige Jahre bei dem resoluten Witwer ein. Alle empfanden Mitleid mit der kleinen Lidija. Am längsten von allen hielt es eine Frau aus, die meine Mutter Tante Ellie nannte. Ich habe sie nie kennengelernt. Sie war Stenotypistin und hielt sich, nach den Berichten über sie, für etwas Besseres. Von Ellie bekam meine Mutter ihre übertrieben gewählte Aussprache und ihren Hang zum Künstlerischen mit. Von ihrem Vater bekam meine Mutter nichts mit als strenge und unnachgiebige Ratschläge nach viktorianischer Patriarchenart, die ins Tyrannische ausarteten, je mehr er trank. Von Russland bekam sie wenig bis nichts mit. Russisch sprach ihr Vater überhaupt nur dann mit ihr, wenn er sie anschrie, weil ihm vor Entrüstung und betrunkenem Zorn die fremde Sprache abhandengekommen war.

Für meine Mutter war Russland an allem schuld, was kaputt, unbeherrscht und profan an ihrem Erzeuger war. Sie mied ihn, erst zu Hause, indem sie sich in die Mysterien des gehobenen englischen Sprechens und Benehmens versenkte, und dann sofort nach Schulabgang, indem sie nach London flüchtete, auf die Schauspielschule, in die Ehe mit einem ernsten, nüchternen jungen schottischen Arzt, dessen großer Reiz, scheint mir, darin bestand, dass er so unrussisch war, wie man überhaupt nur sein kann.

Und trotzdem, als ich zur Welt kam – im St. Barts, wo die alten Freundinnen meiner Mutter die Krankenschwestern waren, die meinen zappelnden kleinen Körper trocken rieben –, nannte sie mich Roman. Schuldgefühle? Um irgendwie die russische Seite zu ehren, die sie bis dahin so entschieden abgelehnt hatte? Ich habe keine Ahnung. Ich glaube nicht, dass ich es mit ihr besprechen könnte; sie ist zu britisch, um sich mit solchen unsinnigen Selbstbespiegelungen aufzuhalten. Auf jeden Fall war ich dadurch mit einem unauslöschlichen Makel fürs Leben gebrandmarkt. Nicht Roman hieß ich wie in »Roman Empire«, sondern mit der Betonung auf der zweiten Silbe. Was ist denn das für ein Name? Russisch. Großvater Kosake. Ein ewiges Spießrutenlaufen, viele Hundert Mal im Jahr. »Hey, wie interessant«, hieß es. »Du bist gar kein richtiger Brite.«

Und so flüchtete ich mich vor den Banalitäten meines englischen Lebens in die Romantik eines vorgestellten russischen Lebens. Was soll ich Ihnen über dieses englische Leben erzählen? Ich war schlau genug, um es nach Oxford zu schaffen, aber nicht schlau genug, um dort unter den Gescheitesten zu sein. Ich war ein Snob wie meine Mutter, aber die echten Aristokraten in meiner Umgebung waren stets darauf bedacht, diejenigen zu demütigen, die sich am eifrigsten bemühten, sie zu imitieren. Im Studium trug ich Tweedanzüge und feste braune Brogues, ich rauchte ovale ägyptische Zigaretten und spielte den liebenswerten versoffenen Dandy. Ich hatte drei Smokings, weil wegen Grasflecken, zerdrückter Kanapees und Teichwasser zwei für die permanente Zirkulation durch die Reinigung nicht ausreichten. Ich hatte einigermaßen Erfolg bei Frauen, ja, nach den bescheidenen Maßstäben des Studentenlebens hielt ich mich für einen ziemlichen Don Juan. Wenn ich mir Fotos aus der Zeit anschaue – nach dem Examen die Champagnerflasche schwenkend, der Talar besudelt mit zur fröhlichen Feier geworfenen Eiern und Mehl; beim Maiball, elegant und schlank in meinem superb sitzenden Frack –, sehe ich einen jungen Mann mit Schnittlauchlocken, halbwegs gut aussehend, glücklich. Ganz gewiss liegt in diesen unschuldigen Augen keine Mordlust.

Mit den denkbar besten Voraussetzungen zum Scheitern wurde ich aus dem Paradies von Oxford vertrieben und in die raue weite Welt entlassen. Ich hatte den Kopf voll schlauer

Ideen, aber keine besonderen Fähigkeiten oder Wertbegriffe. Die Krise kam in London, nachdem ich ungefähr drei Jahre herumgesumpft und in diverse Verkaufs- und Werbetätigkeiten, die ich vom ersten Moment an verabscheute, hineingerochen hatte. Ich hatte was mit einer durchgeknallten, aber wunderschönen Künstlerin aus Südlondon. Sie war ziemlich unhygienisch, aber ungemein sexy. Als wir uns einmal in meinem schmalen Kinderbett in der Dachstube liebten, bekam sie heftiges Nasenbluten, und ohne aufzuhören, wischte sie sich langsam das dunkelrote Blut in Streifen über Gesicht und Brüste. Ja, sie war wirklich ein verrücktes Huhn. Als ich mit ihr Schluss machte, kreuzte sie eines Nachts vor der Haustür meiner Eltern auf und bemalte sie mit satanischen Symbolen. Wer weiß, vielleicht hatte ich damals schon ein Faible für Verrücktheit, für Grenzüberschreitung, ja für Blut.

Was noch? Ein paar recht schreckliche Partys in Mietwohnungen in Clapham, krampfhafte Versuche, die Zauberwelt von Oxford zurückzuholen, die wir alle verloren hatten – Pastoren und Nutten, Great Gatsby, Engels- und Teufelskostüme. Ich erinnere mich an eine Engländerin mit Pferdegesicht, die Natasha hieß und dermaßen volltrunken auf der Treppe saß, dass sie Zigarettenkippen aus dem Aschenbecher aß, weil sie sie für Nüsse hielt. Schwitziges Rammeln im Luxusloch der dickschenkeligen Freundin eines Freundes unten auf dem Wohnzimmerteppich, während der Hahnrei oben schnarchte. Gemütliches abendliches Abhängen in Soho und dabei vor dem Gesocks so tun, als wären wir Sendboten aus der mondänen Welt der Reichen und Privilegierten, und dann auf den Nachtbus nach Hause warten müssen, weil wir uns kein Taxi leisten konnten. Mein Leben war faul, sinnlos und zwischendurch lustig.

Über mir aber hing der Gedanke, dass ich, wenn ich so weitermachte, eines Tages selbst zum Gesocks von Soho gehören würde, das ich in meiner jugendlichen Verblendung noch verachtete. Und dann war da noch mein Vater, der sich den Großteil des Tages in seinem Arbeitszimmer einigelte, aber im ganzen schmalen viktorianischen Haus in Clapham gedämpften Unmut verbreitete wie der aufs Dach trommelnde Regen. Als verbissener schottischer Arzt, aufgewachsen im qualmenden, schuftenden Glasgow der Vierzigerjahre, hatte er die kluge Entscheidung getroffen, sich auf die Leiden der Reichen zu spezialisieren. Doch seine presbyterianische Herkunft überschattete das neue großstädtische Wohlleben seiner Familie im laxen London. Rauchen und Trinken, seelische Höhen und Tiefen, satanistische Künstlerfreundinnen aus Südlondon und andere lose Frauenzimmer, es gab keinen Winkel in meinem Privat- und Arbeitsleben, den seine Missbilligung ausgelassen hätte. Das Fass zum Überlaufen aber brachte mein Vater mit der Idee, mir für mein Kinderzimmer im Dachgeschoss Miete abzuverlangen. Mit seinem Missfallen konnte ich leben, in tolldreisten Momenten genoss ich es sogar, da es mir einen Anflug von jugendlicher Rebellion verschaffte. Aber dem alten Saftsack Miete zu zahlen ging entschieden zu weit. Ausgeschlossen.

Zeit für den Absprung, weiß Gott. Wohin? Die Antwort lag auf der Hand. Ich erkannte in mir gewisse selbstzerstörerische Tendenzen, für die ich meine durchbrechende russische

Seele verantwortlich zu machen begann: ein Talent zum Dramatisieren und zum Selbstmitleid, erste Anzeichen von Alkoholismus. Die Neigung, mich mit den großen, unverstandenen Helden der Literatur zu identifizieren: mit Lermontows dandyhaftem und gewissenlosem Petschorin, mit Dostojewskis idealistischem Mörder Raskolnikow.

Ich hatte das reale Russland einmal auf einer Klassenfahrt in die Sowjetunion im Frühsommer 1989 besucht. Aber gegen das literarische Russland des 19. Jahrhunderts, das praktisch meinen einzigen Vergleichsmaßstab darstellt, war die Wirklichkeit des späten 20. Jahrhunderts bedrückend. Die Fahrt hinterließ Erinnerungen an heiße Reisebusse, die nach Desinfektionsmittel und Körperausdünstungen rochen, an albtraumartig lange Korridore im Hotel Rossija, an widerlich warmen Wodka in flimsigen sowjetischen Plastikbechern, an zahllose gleich aussehende orthodoxe Kirchen. Die Restaurants, in denen wir aßen, waren immer die gleichen Betonbauten, und wir nannten sie zum Scherz »Pektopahs«, nach der kyrillischen Aufschrift PECTOPAH. Das Essen war regelmäßig abscheulich: dürre Hühnerbeine mit blassgrünen Erbsen aus der Dose, blassroter Borschtsch mit Knorpelstückchen.

Am meisten verwundert es mich heute, dass es dem Sowjetstaat irgendwie gelungen war, die slawische weibliche Schönheit zu unterdrücken. Die Obrigkeit hatte Russlands schöne Frauen so geschickt verborgen wie seine Raketenanlagen. Ihre Tarnung waren blauer Eyeliner, wasserstoffstrohige Föhnfrisuren, unförmige Nylonblusen und lila Röcke. Die Sowjetunion stand zu Recht im Ruf, Russlands ungeheure Ressourcen zu verschwenden, doch von allen Verbrechen des Politbüros an der Natur war die talibanartige Wildentschlossenheit, mit der die Genossen die Weiblichkeit ihres Landes der Fähigkeit beraubten, sich attraktiv aufzumachen, gewiss das verwerflichste. Die am besten aussehenden Frauen, die unsere Klasse sexhungriger halbwüchsiger Jungen in vierzehn Tagen Russland zu sehen bekam, waren ein Team mongolischer Volleyballspielerinnen, die wie schüchterne junge Störche durch den Frühstücksraum stakten. Als wir wieder zu Hause in London waren, bekamen zwei Jungen die Krätze, was hocherregtes Gemunkel über den Kontakt zu einer geschminkten sowjetischen Hure auslöste. In Wahrheit hatten sie sich die Milben von befallenen Bettlaken im Nachtexpress »Roter Pfeil« von Moskau nach Leningrad geholt.

Trotz dieser Enttäuschungen beschloss ich, Russische und Neue Geschichte zu studieren. Nachdem ich mich in Oxfords heiligen Hallen eingenistet hatte, verbrachte ich allwöchentlich eine ungemein zivilisierte Stunde im Kolloquium bei einem zerstreuten alten Emigranten, dessen letzte Erinnerung an Russland war, wie er sich 1921 auf der überstürzten Flucht aus Riga am juwelenprallen Korsett seiner Mutter festgeklammert hatte. Meistens mied ich die Gesellschaft der anderen Russologen. Das moderne Russland und seine Werke hatten etwas Grobschlächtiges und Fleischliches, hatte ich beschlossen, etwas Vulgäres und Viehisches und Betrunkenes und Lautes. In meinem hart erarbeiteten gesprochenen Russisch eignete ich mir eine Palette von vorrevolutionären Wendungen an und würzte meine Äußerungen mit archaischer Förmlichkeit. Echte Russen gaben vor, diese Affektiertheit charmant zu finden, doch in Wirklichkeit, vermute ich, hielten sie mich für einen albernen Wichtigtuer.

Trotzdem verschaffte mir der Gedanke, dass ich wenigstens für eine Laufbahn in Russland beruflich qualifiziert war, in den Jahren nach dem Studium, als ich auf dem berühmten »Rasiermesser des Lebens« langsam nach unten glitt, immerhin einen kleinen Trost. Und als sich nach drei Jahren faktischer Arbeitslosigkeit in London meine berufliche Krise verschärfte, wälzte ich im Kopf immer häufiger mögliche Karriereschritte in russischen Gefilden – als Holzmagnat vielleicht oder als Wolgaschiffsmogul.

Schließlich war es meine Mutter, die mir aus der Patsche half. Von ihr erfuhr ich eines Tages, dass ein gewisser Charles Pound, den ich von feuchtfröhlichen Partys bei einem russischen Freund meiner Mutter in der Harley Street flüchtig kannte, gerade eine PR-Agentur in Moskau gegründet hatte. Sie nannte sich Publicitas. Pound war, wie es schien, auf der Suche nach aufgeweckten jungen Mitarbeitern, die Russisch sprachen. Ich rief Pound in Moskau auf einen Plausch an. Eine Frau, die sich verdächtig nach einer russischen Babuschka anhörte, meldete sich und schlurfte los, um Herrn Charles zu holen. »Und wie ist es um Ihre PR-Erfahrungen bestellt?«, fragte Pound mich mit aufmunternder Vertraulichkeit. Ich gestand, dass ich keine hatte, versicherte ihm aber, ich lernte schnell. »Keine Sorge. Sie müssen bloß Ihren Charme spielen lassen!«, krähte er. Ich hatte die Stelle.

Ich rüstete mich für mein neues Leben in Moskau im Geiste eines viktorianischen Entdeckers, der auf Safari auszieht. Ich deckte mich mit Handelswaren ein, die ich im wilden Osten brauchen würde: Stangen Marlboro Red, Jeans, CDs. Nach einer Anzeige auf der Rückseite der Zeitschrift *Soldier of Fortune* besorgte ich mir Mace-Abwehrspray. Ich versah mich mit optimistischen Mengen von Durex-Kondomen. Im West End kaufte ich herbmännliche Parfüms von Crabtree und Evelyn und außerordentlich geschmackvolle Liberty-Krawatten, um mich deutlicher von den barbarischen Einheimischen abzuheben. Zum Versumpfen in der Halbwelt packte ich einen bedrohlich aussehenden Ledermantel ein, den ich einem meiner Freunde gestohlen hatte. Dazu meinen besten Smoking. Man konnte nie wissen. Derart ausgestattet absolvierte ich meine Runde melodramatischer Abschiede, aus denen ich natürlich so viel sexuelles Kapital schlug, wie sich in vierzehn Tagen überhaupt nur schlagen ließ. Ha! Ich lachte der Gefahr ins Gesicht. Dann zog ich los ins Unbekannte, Lämmlein, das ich war, mit meinen runden Brillengläsern, meinem adretten Haarschnitt und meinem prompten Grinsen.

Traf ich schon befallen in Moskau ein? Wurde dort etwas wach, das von jeher in mir geschlummert hatte? Oder schlich sich erst später etwas in mich ein, ein Parasit, ein tödlicher Wurm im nächtlichen Sturm, der sich in mein Herz fraß?

2

Die Zone

»Wenn du das lesen kannst, ist die Braut runtergefallen«
Aufdruck auf dem Jackenrücken eines Moskauer Motorradfahrers

Im tiefen Winter bleibt es bis fast zehn Uhr vormittags dunkel. Präsident Dmitri Medwedew unterzeichnete vor drei Jahren einen Ukas, der Russlands Zeitzonen von elf auf neun reduzierte und die Sommerzeit abschaffte. Unsere Morgen sind deshalb dunkler, unsere Abende heller. Genau darum sollte sich die russische Regierung in der Tat kümmern: Nacht und Tag zu regeln. Die Sonne scheint hier nicht oft, da ist es nur recht und billig, dass ihre Zuwendungen rationiert werden. Im Dezember hat sie kaum ihr Gesicht gezeigt, schon verschwindet sie hinterm Horizont und lässt uns in der Kälte der Winternacht zurück. Aber unsere weisen Herrscher haben dafür gesorgt, dass die Bevölkerung von ihren spärlichen Auftritten wenigstens möglichst viel mitbekommt – morgens ein bisschen weniger, abends ein bisschen mehr. Auf die Weise hat man die Bewegungen der Himmelskörper optimal an die Bedürfnisse unseres Landes angepasst.

In meiner ersten Zeit in Russland fand ich es absonderlich, den Tag zu beginnen, wenn es noch Nacht war. Heute finde ich es anheimelnd. Es gibt mir das Gefühl, dass ich dem Tag ein Schnippchen geschlagen habe, ihm zuvorgekommen bin. Ich bin bereit. Das verringert die Wahrscheinlichkeit, dass er mich mit irgendwas überrascht. Ich mag nicht gern überrascht werden.

Mein Bürofenster geht nach Osten, sodass ich die aufgehende Sonne in einer Million Fenster gespiegelt sehe. Die Hochhausblocks der Moskauer Vorstädte stehen in Reih und Glied, so weit das Auge reicht. Früher, als ich noch süchtig war nach der Dunkelheit dieser Stadt, als ich glaubte, Verfall sei schön und Hässlichkeit erregend, hätte ich vielleicht geschrieben, dass diese Häuser wie Grabsteine auf einem städtischen Friedhof aussehen. Doch es sind keine Gräber. Im Gegenteil, die meisten dieser Häuser sind blitzblank und neu. Sie zeugen von Geld. Menschen, die sich Hoffnungen auf die Zukunft machen, haben sich Wohnungen darin gekauft, Menschen, die arbeiten und Bankkonten haben und im Urlaub bescheidene Auslandsreisen unternehmen.

Noch vor zehn Jahren hätte ich bei diesem Anblick nicht geglaubt, in Russland zu sein. Ich hätte nicht geglaubt, Russen könnten lange genug davon ablassen, sich gegenseitig zu bestehlen, um etwas Dauerhaftes zu errichten. Ich hätte nicht geglaubt, jemand mit Geld würde die Möglichkeit, dieser Stadt zu entkommen, ungenutzt verstreichen lassen.

Jetzt aber ist Ordnung eingekehrt. Zucht und Furcht, mehr war dazu nicht nötig – ein bisschen staatliche Gewalt, wohldosiert angewandt von Polizisten mit schwarzen Sturmhauben. Dazu noch ein paar Schauprozesse gegen die unbequemeren Oligarchen, ein paar Schläge der Steuerfahndung gegen aufmüpfige Fernsehsender. Gerade genug, um den Leuten zu zeigen, dass jemand wieder das Heft in der Hand hat. Und die meisten Russen seufzten erleichtert auf. Endlich, dachten sie. Endlich haben wir einen Anführer, der für uns denkt und uns das sündige Fell gerbt, wenn wir uns etwas zuschulden kommen lassen. Je mehr du deine Frau schlägst, sagt ein russisches Sprichwort, umso besser wird die Suppe. Die ewige Weisheit: Furcht und Zucht.

Meine Ankunft in Moskau Anfang November 1995 war glatt gelaufen. Pound gab sich Mühe, seinen neuesten Mitarbeiter nicht zu verschrecken, und bereitete ihm eine möglichst sanfte Landung in Moskau. Ich flog von London mit British Airways, nicht Aeroflot. Und als ich aus dem Flugzeug stieg, wurde ich von einem hübschen Mädchen empfangen, das ein großes goldenes Schild mit der Aufschrift »Roman Lambard – Publicitas« trug. Nach westlichem Deodorant duftend und liebreizend lächelnd, geleitete sie mich zur VIP-Lounge. Die anderen Passagiere stürmten los, um sich eine stickige, schwitzige Stunde lang in dem allgemeinen Gedränge vor der Passkontrolle die Füße in den Bauch zu stehen. Ich dagegen wurde in einen langen, niedrigen Raum geführt, der im schicksten sowjetischen Apparatschik-Stil der Achtzigerjahre eingerichtet war und schwer nach Zigarrenrauch roch. Mein Pass entschwand, ein Drink erschien in meiner Hand, und ich versank in einen tiefen Kunstledersessel, berieselt von CNN-Geplapper auf dem Breitbildschirm. Pound hatte ein gutes Gespür für die menschliche Eitelkeit und rechnete sich zutreffend aus, dass ein bisschen Gehätschel mein junges Ego tief beeindrucken würde. Meine psychologische Rejustierung dauerte wenige Minuten. Dann war ich bereit für meine neue Rolle als einer der Konquistadoren des Kapitalismus.

Nachdem die belanglosen Formalitäten der Passkontrolle und der Zollabfertigung von einem Team eifriger Unterfunktionäre hinter den Kulissen abgewickelt worden waren, war schließlich die Zeit gekommen, Mister Lambert in seinen Träumereien zu stören. Ein Gepäckträger erschien mit meinem Koffer, ein uniformierter junger Mann händigte mir mit einer Verbeugung meinen gestempelten Pass aus. Das Mädchen erschien wieder mit meinem Mantel und – entzückende Gogol'sche Geste! – überreichte ihn einem grauhaarigen Vorgesetzten, der mir ehrerbietig hineinhalf. Überschwängliche Danksagungen von beiden Seiten, dann wurde ich reibungslos an Kostja weitergereicht, einen der drei semikriminellen Chauffeure der Publicitas, dessen wuchtiger Volvo direkt vor dem Ausgang unter einem Parkverbotsschild stand. Wir fuhren hinaus in die Abenddämmerung über der Leningradskojechaussee und ihren schmutzigen Spritzwassernebel vom Schneematsch, den unsere schweren schwedischen Winterreifen mühelos zerteilten. Der junge Herr war auf dem Weg in die Stadt.

Kostja fuhr mich direkt zum Restaurant Scandinavia, wo Pound mich an einem Ecktisch erwartete. Als ich eintrat, stand er auf und streckte mir, während er den Raum durchquerte, zur Begrüßung beide Hände entgegen. Lang und dünn, wie er war, die schütter werdenden Strähnen vom spitzen Haaransatz zurückgekämmt, entsprach er mit seinem Tweedjackett und seinen teuren Brogues genau dem Bild, das sich der Ausländer vom mustergültigen Engländer machte.

»Mein lieber Freund«, dröhnte Pound. »Gott, bin ich froh, dass Sie hier sind. Der Flug war hoffentlich einigermaßen annehmbar? Hat man Sie am Flughafen gut behandelt? Ordentlich Kohldampf mitgebracht? Das will ich schwer hoffen!«

Er lotste mich fürsorglich an meinen Platz, eine Hand an meinem Ellbogen. Der würdevolle norwegische Oberkellner schwebte mit einer schweren ledergebundenen Speisekarte für mich herbei. Pound brauchte keine.

»Bestens, Mitthaug«, sagte Pound. »Wie wär's mit zwei oder drei Ihrer köstlichen Langusten, während mein Gast seine Wahl trifft? Gott, das Steak ist gut hier! Garantiert. Erschießen Sie mich, wenn's nicht stimmt.«

Zuerst fand ich Pounds weltmännisches Gehabe ein wenig aufgesetzt. Er wirkte wie ein Schmierenkomödiant, der in einer schlechten mexikanischen Seifenoper den englischen Gentleman spielte, zu viele »old boys« und Kricketanekdoten, um wirklich echt zu sein. Engländer im Ausland, schien mir, klammerten sich an die Totems ihrer Nation und ihrer (häufig erfundenen) Klasse wie Schiffbrüchige an Treibgut. Ihr Marmite und ihre langen Regenschirme, ihre guten braunen Schuhe und ihre zerknautschten Filzhüte. Diese Dinge verliehen ihnen Status, eine vorgefertigte Identität, einen Schild gegen die Fremdheit, von der sie umgeben waren. Pound hätte es »Markenidentität« genannt. Aber für ihn war die James-Bond-Nummer mehr als nur Eitelkeit. Sie war das schwere Geschütz seines Berufslebens, sein Alleinstellungsmerkmal. Und er machte sie gut. Dieser blendend verchromte Charme – den ich im Laufe des nächsten Jahres noch häufig in Aktion sehen sollte – war wie eine starke Strahlung, die den abgebrühtesten Kunden zum Schmelzen bringen konnte.

»Irgendwas, was Sie besonders gut können? Was ich wissen sollte?« Pound schenkte Chablis nach. »Computergenie zum Beispiel? Jiu-Jitsu-Schwarzgurt? Ihre Mutter sagt, Ihr Russisch ist absolut brillant.«

Ich machte englische Abwiegelungsgeräusche.

»Unsinn. Heller Kopf wie Sie. Oxford und so weiter. Bin selber nie mit der Sprache warm geworden. Sollte mich schämen: drei Jahre im Land und kaum ein Wort.«

Pound stieß ein wieherndes Lachen aus und bleckte seine langen Zähne.

»Na, egal. Sie werden wissen wollen, was wir so machen. Was Sie machen werden. Wissen Sie, was PR-Arbeit ist? Hm?«

Ich setzte eine höflich erwartungsvolle Miene auf.

»Man sagt, Werbung heißt, dass man Lügen über Klopapier verbreitet. Dann heißt PR-Arbeit, dass man Lügen über die Leute verbreitet, die das Klopapier herstellen.«

Er ließ den nächsten lauten Lacher los.

»Nein, im Ernst. Jeder in dieser Stadt hat seine spezielle Masche. Unsere Masche ist Seriosität. Das ist es, was unsere Kunden wollen, auch wenn sie es selbst noch nicht unbedingt wissen. In ihrem tiefsten Innern wollen sie reicher erscheinen, als sie wirklich sind. Sie wollen cleverer erscheinen. Sauberer, professioneller, besser vernetzt. Wir sind Bildermacher, Image-Maker. Ich habe sogar ein russisches Wort für uns erfunden: *imidsch-meiker*.«

Während Pound sich vor Vergnügen über seinen Witz ausschüttete, schenkte er abermals nach und wedelte dem Kellner mit der leeren Flasche zum Zeichen, dass er die nächste bringen sollte.

»Unterm Strich heißt das Folgendes, Roman. Diese Stadt schwimmt in schmutzigem Geld. Massenhaft Kohle. So viel, dass es zum Himmel stinkt. So sehr, dass die Einheimischen es nicht mal mehr riechen. Aber: Alle andern riechen es!«

Mit erhobenem Finger gebot Pound dem Gespräch Einhalt, denn der Rotwein kam. Er wurde entkorkt und mit großem Zeremoniell eingeschenkt. Gekostet. Huldvoll für gut befunden.

»Russen? Finden Sie mal jemand in Europa, Amerika, der die auch nur mit der Pinzette anfassen würde. Gut, es gibt ein paar präsentable Geschäftsleute in der Stadt; ungefähr dreieinhalb. Ein paar inzwischen halbwegs stubenreine frühere KGBler. Ein oder zwei ehemalige Außenhandels-Apparatschiks der Partei. Ein oder zwei neue Gesichter, Jungspunde, die in Omas Küche ein Warenmaklerbüro aufgemacht haben und sich dumm und dämlich verdienen. Die kommen ganz ordentlich geschniegelt daher. Aber die andern? Die Aluminiumbarone und die Nickelkönige und die … die Chromdingsbumsprinzen? Wissen Sie, was die Welt von denen hält? Na klar wissen Sie das, da kommen Sie ja gerade her. Die Welt denkt, dass die in der Mafia sind. Dass sie Plutonium verhökern. Gebrauchte U-Boote. Dass sie Killer sind. Mutterschänder … Vaterschänder!«

Zwei riesige Steaks, in heißen Eisenpfannen serviert, von denen eine aromatische Duftwolke aufstieg, unterbrachen Pounds Redefluss kurzzeitig. Stahlmesser blitzten.

»Sie sind vielleicht skeptisch. Sie fragen sich: Warum sollten sich die Mutterschänder und Vaterschänder in Russland dafür interessieren, was andere von ihnen halten? Warum sollten sie ihr sauer verdientes Geld für die gute Meinung anderer Leute ausgeben, wenn sie sich dafür einen glänzenden schwarzen BMW anschaffen könnten? Oder ihre Freundin auf das neueste Modell upgraden? Sozusagen. Oder sich einen neuen roten Blazer von Versace kaufen, oder zwanzig? Deswegen: Weil schmutzig sein sie teuer zu stehen kommt. Genau das mache ich ihnen klar. Na ja, nicht direkt, versteht sich. Ich drücke es so aus: ›Iwan, du hast ein Imageproblem, und deswegen nimmst du nicht den Rang ein, der dir eigentlich zusteht. Niemand wird dir ernsthafte Beträge leihen, solange du nicht nach Rosen riechst. Niemand wird dir ein Visum geben oder dich auf eine Gartenparty im Palace einladen. Heute gehört dir UralNepp. Morgen die ganze Welt!‹

Pound hob sein Glas. Ich lachte dermaßen, dass ich kaum einen Happen hinunterbrachte. Wir stießen an.

»Glauben Sie mir«, fuhr er fort. »Eines Tages werden diese Leute halb London kaufen. Manhattan. Südfrankreich. Villen. Rennpferde. Nein, vielleicht keine Rennpferde – nicht ihr Stil. Fußballmannschaften! Ein britisches Premier-League-Team im Besitz eines Russen? Warum nicht?«

Oh, wie wir uns ausschütteten vor Lachen über diese absurde Vorstellung.

Der Wein, die Wärme, die schwere Tischdecke, der Kerzenschein, die Aromen von bratendem Fleisch und teurem Eau de Cologne verbanden sich allesamt zu einer Wolke des Wohlbehagens. Stilbestimmend in dem Restaurant waren nicht dänische Designermöbel und ergonomische Stühle, sondern ein älteres Skandinavien, das großteils nur in der russischen Fantasie existierte, ein Land baltischer Barone und uriger Kamine. Kein Zoll nackte Kiefer war zu sehen, nur schlichte dunkle Eichentäfelung, solides germanisches Mobiliar, die Ausstattung der Altreichen. Erst später erfuhr ich, dass das Lokal ein ehemaliges staatliches Knödelhaus war, das zwei Jahre zuvor von einem Team türkischer Arbeiter umgebaut worden war.

Pound bestand auf Cognacs, einer dicken Zigarre und doppelten Espressi – »schwarz wie die Nacht, stark wie der Tod und süß wie die Sünde«. Das Herz machte drei Sprünge. Als wir schließlich in die Dezembernacht hinauswankten, war die Kälte angenehm, klar und für meine englischen Wangen, die das nicht gewohnt waren, unerwartet stechend. In fast allen Wagen auf dem Parkplatz hingen die schlaffen Gestalten von Fahrern, die darauf warteten, ihren Herren zu Diensten zu sein. Kostja hielt mir die Volvo-Tür auf. Er brauche ihn nicht, ließ Pound ihn wissen, die Nacht sei so schön, da gehe er lieber zu Fuß nach Hause: »Fahr Roman ins Hotel!« Er drehte sich abrupt um und ging mit einem Winken davon.

Wir fuhren an geduckten Fußgängern vorbei, an rußigen gelben Fassaden und bunten Plakatwänden. Ich erkannte keine der Straßen oder Sehenswürdigkeiten von meinem Besuch als Schüler wieder. Unter der Decke aus schmutzigem Schnee war mir die Stadt völlig unkenntlich geworden. In helles Licht tauchten wir erst wieder ein unter der schützenden Eingangsüberdachung des hiesigen Vier-Sterne-Radisson mit seinem dick vermummten Portier, seinen Gepäckwagen und dem amerikanischen Flair internationaler Hotels. In meinem Zimmer mit Blick auf den Fluss versank ich in einen Kissenhaufen und in den zufriedenen Tiefschlaf, den die Russen den

»Schlaf von einem, der seinen ganzen Weizen verkauft hat«, nennen.

Der nächste Morgen begrüßte mich mit einem grausamen Kater und einem schneeträchtigen dunklen, tief hängenden Himmel. Der Optimismus und die Zuversicht des Vorabends waren einer dumpfen Beklemmung gewichen. Vom Telefon im Bad aus bestellte ich mir zur Aufmunterung für siebenunddreißig Dollar ein amerikanisches Frühstück aufs Zimmer und ließ mich in der Badewanne durchweichen, bis es kam. Zum Rasieren stellte ich mir die Mittagsnachrichten des russischen Ersten Kanals ein. Eine Gasexplosion in einem ukrainischen Kohlebergwerk; neun Männer tausend Meter unter der Erde vermisst. Ein Geschäftsmann auf einer Moskauer Straße in seinem Mercedes in die Luft geflogen. Ein Schneeballgeschäft in Kasachstan zusammengebrochen, eine halbe Million Anleger um ihr Geld gebracht. Wieder ein russischer Eishockeystar von einer kanadischen Mannschaft gekauft. Das Wetter in Russland, von der Ostsee zum Pazifik. Smolensk minus zwei bis minus fünf, Moskau minus fünf bis minus sieben und so weiter durch ganz Sibirien bis zu knochensprengenden minus dreiunddreißig Grad in Jakutsk. Pound fragte telefonisch an, wann er Kostja vorbeischicken solle, und ich murmelte, ich wolle lieber zu Fuß zum Büro gehen. Habe er nicht gesagt, es sei vom Hotel nicht weit? Ich würde es schon finden.

Während ich mich anzog, wallte ein weißer Schleier über die irreale Stadt vor meinem Fenster. Die Moskwa und die Häuser am anderen Ufer wurden von einem Schneetreiben verschluckt. Auf dem Platz vor dem Kiewer Bahnhof schnitten langsam fahrende Autos schmutzige Reifenspuren in das frisch gefallene Weiß. Massen dunkel gekleideter Gestalten schwappten rhythmisch zur Metrostation Kijewskaja hinein und hinaus, sodass sie sich wie eine Lunge zu füllen und zu leeren schien.

Als ich das umzäunte und schwer bewachte Hotelgelände verließ, kam ich mir wie ein Scout vor, der ins Indianergebiet aufbricht. Außerhalb der Wohlstands- und Sicherheitsblase des Radisson baute sich sofort die Stadt herausfordernd vor mir auf: eine hohe schmutzige Schneeverwehung an der Bordsteinkante, gefolgt von einer spiegelglatten schwarzen Eisfläche und dicht dahinter eine Reihe knatternder Wolga-Taxis, deren Fahrer heraussprangen und mir ihre Dienste anboten. Ich schloss mich der Menschenflut an, die aus den Pendlerzügen in Richtung Metro strömte. Ein älterer Mann mit stählernen Zähnen, ein anderer mit goldenen, ein sehr ungleiches Paar. Frauen unbestimmten Alters, fast kugelrund in ihren Wintermänteln. Babuschkas mit Wollschals um den Kopf. Blasse Männer in billigen Mänteln, einer vom anderen nicht zu unterscheiden. Weiße Haut, rot gefleckt von der Kälte; einzelne Strähnen krisseliger Frauenhaare in alarmierenden Orange- und Blautönen. Und dann auf einem Strom warmer Luft aus der Unterführung wehend der unverkennbare Geruch der Metro, Reinigungsmittel, gemischt mit etwas halb Organischem, halb Maschinellem, warmem Motoröl oder Fahrstuhlschmiere.

Ich folgte der Menschenmenge in die Unterführung und gelangte durch die unentwegt auf und zu klappenden schweren

Glastüren der Metrostation auf die andere Straßenseite. Die Dorogomilowskajastraße säumten Zigarettenkioske, dubiose Dönerbuden und – unerklärlicherweise – viele Stände, die teure frisch geschnittene Blumen verkauften. Ich hatte beim Frühstück den Stadtplan studiert: Links den Ukrainskiboulevard hinunter, einen sowjetischen städtischen Grünstreifen, flankiert von Mietskasernen aus der Breschnew-Zeit, und an der Ecke des Kutusowprospekts kam dann der Diplomatenkomplex, in dem die Publicitas ihr Hauptquartier hatte. Er war von den umstehenden Gebäuden nur an dem Tor zu unterscheiden, das den Hof absperrte.

Da man mir den Ausländer schon von Weitem ansah, drückten die knurrigen alten Wachmänner einfach auf den Summer und machten sich nicht einmal die Mühe, mich zu befragen. Hinter der Sperre erstreckte sich ein riesiges Areal voll ausländischer Fahrzeuge mit gelben und roten Diplomatenkennzeichen, gediegene Volvos und solide Saabs dicht zusammengedrängt, als suchten sie Sicherheit in der Herde. Wie das Radisson war auch dies eine Insel der Seligen, von der Russen und alles Russische strikt ausgeschlossen waren. Ich schritt an ein paar unglücklich aussehenden indischen Kindern und schwer bepackten Afrikanern vorbei, an einer Frau in einer bunten Daunenjacke, unverkennbar Amerikanerin, die Kleinkinder zu einem Schaukelgerüst bugsierte. In einigen Fenstern der kasernenartigen Häuser, die den Hof umgaben, blinkten schon frühe weihnachtliche Lichterketten wie Warnsignale auf einem großen Armaturenbrett. Obwohl es gerade erst kurz nach Mittag war, trübte sich der bleiche Wintertag bereits ein. In fast allen Fenstern brannte Licht.

Nach einigem Herumirren fand ich das gesuchte Publicitas-Logo auf einer neu aussehenden Messingtafel neben einem der Hauseingänge. Die Treppe war schlecht beleuchtet und im Behördengrün gestrichen, die Stahltür im ersten Stock mit Kunstleder gepolstert. Ich drückte unsicher die Klingel. »Kommen Sie einfach, wann es Ihnen passt«, hatte Pound locker am Abend zuvor gesagt. Doch selbst mir war es leicht peinlich, an meinem ersten Arbeitstag um zwei Uhr nachmittags zu erscheinen.

Eine Frau mit der Statur eines Kühlschranks machte die Tür auf. Unter ihrem wasserstoffblonden Haarschopf blickte sie finster und missbilligend. Sie hätte ebenso gut vierzig wie siebzig sein können und hatte eines dieser aufgedunsenen blassen Gesichter, die aussahen, als wären sie aus trocknendem Teig.

»Da?«

Ich stellte mich vor. Die alte Scharteke knurrte und ließ mich widerwillig in das Welthauptquartier der Publicitas ein. Ein kurzer, niedriger Flur, von dem sechs Türen abgingen. Die Erkennungsmelodie von CNN International ertönte. »Mr Pound ist nicht da. Niemand ist da. Nur Mr Hastings. Mr Michael Hastings, der ist da. Ich bin Walentina Wladimirowna«, sagte sie über die Schulter, während sie vor mir herschlurfte. Sie deutete auf das Zimmer am Ende.

»Tee? Möchten Sie Tee?«

Ich sagte, ja, gern, und sie verschwand in einem Empfangsbereich mit Firmenkalendern an den Wänden und beherrscht von einem antiken sowjetischen Fernseher und einem scheußlichen Blümchensofa.

Ich hängte meinen Mantel auf. Rechter Hand ein leeres Zimmer, vermutlich meines. Gegenüber ein anderes Zimmer mit einer Zeile von Aktenschränken und zwei Schreibtischen, übersät von weiblichem Krimskrams – Modemagazinen, Handtasche, Lippenstift, einer großen bunten Pralinenschachtel. Dann ein größeres Zimmer mit geschwungenen Bücherregalen, zwei Sesseln und einem Couchtisch, der unter einem Berg Zeitungen so gut wie verschwand. Zwei geschlossene Türen. Und am Ende des Flurs eine Tür, geschmückt mit einem dreieckigen amerikanischen Footballwimpel, auf dem »Raiders« stand. Ich klopfte zögernd an.

»Michael? Ich bin Roman. Hallo.«

Ein hünenhafter maisgemästeter Amerikaner saß gebeugt hinter einem kleinen Schreibtisch wie der Comicschurke Bluto hinter dem Lenkrad eines winzigen Autos.

»Fuck, yeah, äh – hi!« Er schwenkte zu mir herum, grinste und fuhr sich mit der Hand durch die Haare. »Kleine Sekunde noch«.

Er wandte sich wieder seinem pappkartongroßen Apple Mac zu, um noch einmal zwanzig Sekunden lang hektisch die angreifenden Aliens abzuknallen, die auf seinen Bildschirm geschwebt kamen. »Muss das Level noch schaffen. Muss es … schaffen. Sauhunde! … Flachwichser! Da! Da! Jaaa! 'tschuldigung. He!«

Mike trug riesige Turnschuhe, kariertes Hemd und Baseballmütze. Er war ungefähr mein Alter, und er hatte die Statur und die Körperbehaarung eines jungen Gorillas und ein typisch amerikanisches Grinsen von einem Ohr zum andern.

»Tja, bis jetzt ist noch niemand aufgekreuzt«, sagte er und winkte mir, auf einem in die Ecke gequetschten unförmigen Sofa Platz zu nehmen.

»Oh, tatsächlich? Gott sei Dank.«

»Nee, hab Sie bloß verarscht. Seit zehn sind alle da. Pound wollte wissen, ob wir Sie gesehen hätten. Schien ziemlich sauer, dass Sie noch nicht da waren. Aber jetzt sind alle essen.«

»Scheiße. Ich war mit Pound im …«

»Scandinavia. Wo sonst? Pound wohnt praktisch in dem Laden. Entspannen Sie sich. Pound ist cool. Jedenfalls meistens.«

Wir lachten zusammen. Walentina Wladimirowna kam angewackelt mit einem Teetablett, zwei großen gesprungenen Bechern und zwei schweren Kristallglasschalen, eine voll Zucker und die andere voll russischer Pralinen, eingewickelt in mit kleinen Bären bedrucktem Papier.

»Maaaik? Warum ist es hier drin immer so unordentlich? Wie oft muss ich es dir noch sagen?«

Ich hätte schwören können, dass die alte Hexe mit Hastings schäkerte, der einfach grinste und mit den Wimpern klimperte.

»Und was führt Sie nach Moskau?«, fragte Hastings, nachdem sie ihre Leibesfülle wieder zur Tür hinausmanövriert hatte. »Sind Sie Eins, Zwei, Drei oder Vier?«

»Bin ich was?«

»Kennen Sie noch nicht? Ist die übliche Kategorisierung hier. Wer in Moskau landet, passt mindestens in eine der vier Kategorien. Eins ist Alkoholiker, Zwei ist pleite, Drei ist Verbrecher, Vier ist geschieden. Ich bin Eins und Zwei. Pound ist Zwei und Vier. Was sind Sie?«

»Das Gleiche wie Sie, würde ich sagen«, lachte ich.

»Fuck, yeah! Irgendwo muss man ja anfangen, seine Laster zu sammeln, nicht? Kommen Sie, ich zeige Ihnen Ihr Zimmer.«

Mit dem Einsetzen der Dämmerung fanden sich nach und nach meine neuen Kollegen bei der Publicitas wieder ein. Pound, den ein flüssiges Mittagsmahl sichtlich von seiner angedrohten Gereiztheit kuriert hatte, trudelte um halb vier ein, während ich gerade meinen Schreibtisch herrichtete.

»Schon alle kennengelernt? Die reizende Walentina Wladimirowna? Den fröhlichen Mister Hastings? Den talentierten Mister Popow? Unsere Büroschönheiten?«

Eine ätherische Blondine mit einem schüchternen Lächeln huschte vorbei. Die Leuchtspur einer weißen Jeanskluft blieb in der Luft hängen.

»Tanja.«

Ein Poltern im Flur von abgestreiften schweren Stiefeln.

»Die andere heißt auch Tanja. Kleine Tanja, große Tanja. Übersetzerinnen. Sie werden sie natürlich nicht brauchen.«

Die zweite Tanja war weniger groß als rund, eine Frau mit Pfannkuchengesicht und dem stämmigen Körper einer Bäuerin. Während sie hinter Pound vorbeiging, nickte sie mir herausfordernd zu.

»Und höre ich da Mister Popow? Schieb mal deinen Popo zu uns rein, Popow.«

Ein übergewichtiger Russe mit einem Schopf sich vorne lichtender dunkelblonder Haare erschien in der Tür. Er beachtete Pound gar nicht.

»Wadim. Sehr erfreut. Willkommen. Sie haben sicher schon gemerkt, dass wir den witzigsten Boss der Welt haben. Das macht es so einfach und wunderbar, hier zu arbeiten.«

»Ich überlasse Sie Popow. Er wird Sie in alles einweihen«, sagte Pound schon im Hinausgehen. »Popow, erklär dem Mann unser System des aufgeklärten Despotismus. Die Philosophie hat er gestern Abend schon von mir bekommen. Jetzt wollen wir, dass er loszieht und im Menschendschungel der Großstadt jagt und sammelt. Erklär unserem neuen Mitarbeiter die Gesetze des Dschungels.«

»Er ist ein echter Witzbold.«

Wie viele Russen war Popow ein geborener Stoiker, an dessen unbewegter Miene sich der Grad seines Sarkasmus nicht ablesen ließ.

»Aber als Boss ist er gar nicht so schlecht. Geizig halt. Kneift den Geldbeutel zu wie ein Mäusearschloch. Wie viele Tage zahlt er Ihnen das Hotel? Haben Sie ihn gefragt? Nein? Mike meint, drei Tage, aber ich tippe auf vier. Danach werden Sie in einem Dreckloch sitzen.«

Popow gab ein eigentümliches freudloses Lachen von sich.

»Aber wir sitzen alle in Drecklöchern! Selbst ...«, Popow zeigte mit dem Daumen auf Pounds Zimmer, »... selbst er. Das reine Dreckloch. Ein großes Dreckloch im Zentrum, aber ein Dreckloch. ›Nächstes Jahr sind wir reich, dies Jahr noch nicht so.‹ Das erzählt er mir jetzt seit zwei Jahren.«

Popow trug einen teuer aussehenden Argyll-Wollpullover über einem T-Shirt und verschossenen Armani-Jeans, die möglicherweise echt waren. Seine dicke Hornbrille sah kauzig aus, doch vielleicht machte gerade das sie hip. Er ließ sich auf einen wackeligen Bürostuhl fallen und zündete sich mit einem Zippo eine Marlboro Red an.

»Andererseits...«, fuhr er fort, während er eine Rauchwolke ausstieß und sich einen Aschenbecher griff, »... andererseits werden wir in harter Währung bezahlt. Die Provision, wenn man einen Kunden fängt, ist ganz ordentlich. Mittagessen geht auf die Firma, wie im Kommunismus.«

Lautes Zetern von Walentina Wladimirowna am Empfang, Variationen zum Thema Rauchverbot im Büro. Popow schnitt eine Grimasse und winkte mir, die Tür zu schließen. »Verrücktes Huhn. Lassen Sie sich von ihr nicht schikanieren. Hastings? Ganz in Ordnung, aber leihen Sie ihm kein Geld. Tanja? Süß, aber ein bisschen, sagen wir, verdreht im Kopf. Pound hat sie eingestellt, weil er dachte, sie geht mit ihm ins Bett. Amateurfehler! Nur ein Schwachkopf hält so ein Versprechen, bevor das Geschäft im Bett besiegelt ist. Jetzt ist es zu spät, jetzt kriegt er sie im Leben nicht mehr rum! Ich schon. Bitte denken Sie daran, sie gehört mir. Danach, *poschaluista* – bitte sehr. Aber ich bin als Erster dran.«

Er drückte die Zigarette aus und musterte mich tief aufseufzend mit der selbstverständlichen Schamlosigkeit, die den Russen eigen ist.

»Gut. Heute Abend – wie wär's, wenn wir uns heute Abend mit dem degenerierten Hastings und anderen kapitalistischen Schmarotzern betrinken gehen?«

Ich merkte bald, dass man als leichtlebiger junger Ausländer, der Mitte der Neunzigerjahre in Moskau lebte, vom Glück geküsst war: zur richtigen Zeit am richtigen Ort, in allem freie Bahn. Für die Einheimischen war die ausländische Herkunft immer noch von einer Aura des Besonderen umstrahlt. Wir waren eine höhere Kaste, die Vertreter der Zivilisation, die ihre eigene besiegt hatte. Hier im Wilden Osten konnte man ein geiler junger Revolverheld sein, ein knallharter Bursche mit einer Braut in jedem Arm und einer Handvoll Dollar. Und was für mich und meinesgleichen am wichtigsten war: Wir konnten ungehemmt unsere geheimsten schmutzigen Fantasien ausleben. Nach vielen, ja fast allen zivilisierten Kriterien war Moskau zweifellos das hinterletzte Kaff. Doch es war unser Kaff. Mehr noch, in diesem Kaff wandelten wir einher wie Könige.

Wie Berlin zur Zeit des Kalten Krieges war Moskau in Besatzungszonen unterteilt. Sie grenzten nicht geografisch aneinander, aber die Kluft zwischen dem amerikanischen und dem russischen Sektor war so eklatant, dass nur die steinern blickenden Grenzer fehlten. Das Starlite Diner war ein chromglänzender Schuppen, dessen Fertigteile aus Florida importiert und mitten auf den Aquarium-Park am Majakowskajaplatz gepflanzt worden waren. Popow nannte es »die Mondlandefähre« und witzelte, es sei der Sitz des örtlichen CIA-Chefs. Mit Ausnahme von ihm und ein paar anderen verwestlichten Russen waren sämtliche Gäste Ausländer. Der Geschäftsführer, ein Bodybuilder aus Kalifornien, steckte die ganzen hübschen russischen Kellnerinnen in amerikanische Cheerleader-Kostüme der Fünfzigerjahre: plissierter Mikrorock, Söckchen und Turnschuhe, dazu Pferdeschwanz. Anders als echte amerikanische Kellnerinnen flirteten sie mit den Gästen. Eine Zeit lang war es ein gängiger Moskauer *rite de passage*, mit einer Starlite-Kellnerin ins Bett zu gehen.

Zu klassischem Rock 'n' Roll aus der Jukebox vertilgten wir im Starlite riesige Mengen Schinken-Käse-Toast, Reuben-Sandwich mit Räucherpute, Eggs Benedict und Beef Burger, zertifiziert vom US-Landwirtschaftsministerium. Draußen fielen weiche Schneeflocken auf Moskau, auf seine rußigen Oberleitungsbusse und seine gigantischen öffentlichen Plätze. Sie wehten in die düsteren Unterführungen und legten sich auf die Krägen geduckter Fußgänger. Doch drinnen im Starlite wurden wir in dem Gefühl gewiegt, irgendwo gemütlich in New Jersey zu sitzen.

Die Kommandozentrale des britischen Sektors war der John Bull Pub, eine Attrappe von *merry old England* wenige Meter vom Westtor des Kremls entfernt. Pubs mit ihrem Bierdunst und ihrer aufgesetzten Kumpelhaftigkeit waren mir schon immer zuwider gewesen, selbst in Großbritannien. Das John Bull machte da keine Ausnahme. Ich fand die dort vertretene Ansammlung schmerbäuchiger britischer Lüstlinge deprimierend. Der französische Sektor war selbstverständlich zivilisierter. Sein Mittelpunkt war das Restaurant des Ducs im früheren Verwaltungsflügel einer stillgelegten Textilfabrik in Krasnaja Presnja, nachempfunden einem französischen gotischen Château. Es war teuer, protzig und exklusiv, zog aber – das musste man den Franzmännern lassen – von sämtlichen Ausländergettos die hübschesten Mädchen an.

Nach wenigen Tagen hatte ich eine normal scheuß-

liche Wohnung gefunden mit Blick auf die sechzehn Fahr-
spuren der Straße mit dem hochgradig unpassenden Namen
»Gartenring«, die um die Moskauer Innenstadt führt. Mein
Abschnitt des Rings nannte sich mit krasser russischer
Unverblümtheit Sadowaja-Tschernogrjasskaja, wörtlich »Gar-
ten-Schwarzschmutz«-Straße. Die Wohnung hatte zwei Zimmer und schief zueinander stehende Wände, was der über-
hitzten Fantasie eines doktrinären konstruktivistischen
Architekten zu verdanken war, der das Haus 1935 entworfen hatte. Es war ausgestattet mit schrillen sowjetischen Ta-
peten und blank polierten tschechoslowakischen Möbeln. In
der Küche stand ein klotziger sowjetischer SiS-Kühlschrank,
gebaut 1949 im Stalinwerk, die Kopie eines alten amerikanischen Westinghouse aus den »Happy Days« der Nachkriegs-
zeit. Das Ding rumpelte alle halbe Stunde los wie ein Trak-
tor, wenn das Thermostat es mit einem dumpfen Schlag zum
Leben erweckte.

Die Mutter des Vermieters, die Witwe eines kleineren
sowjetischen Ministers, war anscheinend wenige Tage vor
meinem Einzug unsanft ausquartiert worden, und dies schien
zum natürlichen Lauf der Dinge zu gehören. Ihr Altfrauen-
geruch hing noch eine Weile im Kleiderschrank, bis aggres-
sivere maskuline Düfte wie Gauloises und verschwitzte
Wäsche ihn vertrieben.

Popow hatte recht: Es war ein Drecksloch. Aber die zwei
Zimmer gehörten mir allein, und die Lage galt als gut. Ich
kaufte drei Kisten Wein und Bier im Eckladen und ließ sie
mir vom Wachmann des Geschäfts gegen Barzahlung in den
achten Stock schleppen. In einem altersschwachen Sessel aus

Vor-Ikea-Zeiten sitzend, mit der Aussicht auf Straßenverkehr und schneebedeckte Dächer, ein Salamibrot in der Hand und *Zooropa* von U2 auf dem Plattenspieler, fühlte ich mich rundum glücklich.

Kein schicker junger Auslandsbrite mit Geld und Geschmack konnte sein Leben ohne eine Freundin, vorzugsweise mehrere, für vollkommen erachten. Popow hatte klargemacht, dass die kleine Tanja aus dem Büro unberührbar war, und ich kann ehrlich behaupten, dass ich seine kollegiale Ermahnung zu beachten versuchte. Meine Beherrschung hielt mehr als zwei Wochen. Für den lüsternen Gott, der meine Libido regierte, wurde Tanja durch das Verbot natürlich zur unwiderstehlichsten Frau in ganz Moskau. Zudem machte Popow es mir leicht. Er war häufig schlecht gelaunt und gab fast immer nebenbei irgendwelche Gemeinheiten von sich. Es war deutlich, dass seine Grobheit Veranlagung war und sich gegen alle Welt, nicht gegen mich persönlich richtete. Dennoch erleichterte sie mir den Verrat. Auch wenn ich freundschaftlich mit ihm verkehrte, war er doch ein Arschloch, womit nach der in Moskau geltenden moralischen Buchführung sämtliche eingegangenen Verpflichtungen null und nichtig waren.

Tanja war schmal an Schultern wie Hüften und hatte sehr feine strohblonde Haare. Sie trug gern Jeansanzüge und klobige Turnschuhe. Sie hatte ein freundliches Lächeln und eine flittchenhafte Unbeschwertheit. Ich gewöhnte mir an, sie in mein Zimmer zu bitten und mir von ihr Genaueres über die Geschäftspraktiken der Publicitas erklären zu lassen, selbstverständlich hinter geschlossener Tür, um in Popows Hirn paranoide Fantasien zu schüren. Zu seiner zusätzlichen Provokation ging ich Bekannte in Moskau und London um Witze an und erzählte sie ihr, wenn ich wusste, dass er die Ohren spitzte. Das kleine Dummchen verstand viele erst, wenn ich sie ihr erklärte, dann aber quiekte sie sich dankenswert schrill in die Faust wie ein kleines Mädchen.

Zu unserem ersten Rendezvous lud ich Tanja ins Café Margarita an den Patriarchenteichen ein. Es war während der Perestroika eines der ersten Privatrestaurants in der Stadt gewesen und mit Motiven aus Bulgakows Roman *Meister und Margarita* dekoriert. Eine ausgestopfte schwarze Katze, eine abgestoßene Tuba, dilettantische Wandmalereien von Woland, wie er und die Hexe Hella mit ihren flatternden roten Haaren über den Teichen dahinfliegen. Das Essen war grauenhaft, doch das Lokal war immer voll besetzt und gemütlich. Eine Kombo aus Geigen- und Klavierspieler fetzte russische Volkslieder und Zigeunerweisen herunter. Die Darbietungen wurden im Laufe des Abends immer stürmischer und gefühlsduseliger, und die Gäste spendierten den Spielern immer mehr Wodka. Die Besitzerin, eine lange, hohlwangige Frau, die nur in hauchdünnen Flatterkleidchen herumlief, verströmte müden Weltschmerz und hatte lebenserfahrene graue Augen. Tanja erzählte mir, sie sei berühmt dafür, die Rechnung der am ärmsten aussehenden Gäste zwischen denen aufzuteilen, die am reichsten aussahen. Mir klang das nach einer Geschichte für die Leichtgläubigen, doch ich verkniff mir die Bemerkung. Jedenfalls fielen wir eindeutig in die zweite Kategorie. Die alte Lesbe zwinkerte mir zu, als sie mir die überzogene Rechnung reichte.

Nach der stickigen Luft und der lauten Musik war die scharfe kalte Luft an den Patriarchenteichen erfrischend. Es war eine klare Novembernacht; der Himmel war mondlos schwarz. Wir spazierten zu den Bänken mit Blick auf den Teich. Während ich innerlich mit mir beratschlagte, welche der studentischen Verführungstechniken aus meinem reichhaltigen Arsenal ich anwenden sollte, kam sie mir zuvor, indem sie ihre kleine Hand in meine Manteltasche schob, womit sie eine gewaltige Erektion auslöste.

»*Nu kak?*«, fragte sie schlicht, als wir vor einer der Bänke anhielten. »Und jetzt?«

Ich nahm sie in die Arme und küsste sie. Zu Hause schlängelte sie sich aus ihren Sachen wie ein kleines Tier und begab sich direkt unter die Dusche. Ihr Körper war fest und stark; sie roch jung. Hinterher, als ich wach lag und dem rhythmischen nächtlichen Rauschen des Verkehrs auf dem Gartenring lauschte, schmiegte sie sich schlafend mit dem Hinterteil an meinen Unterleib. Sie war warm wie ein Toast und geruchsintensiv wie ein junges Hündchen.

Am nächsten Morgen im Büro verriet mich mein Grinsen sofort. Ich traf Popow in der Küche. Er blickte auf, registrierte meine triumphale postkoitale Miene und atmete tief aus.

»Du Drecksack«, stellte er sachlich fest und fuhr fort, grimmig Zucker in einen riesigen Kaffeebecher zu löffeln. »Tanja?«

Ich zuckte hilflos die Achseln.

»Drinks gehen auf dich das restliche Jahr. Arschloch.«

»He!« Hastings erschien in der Tür. »Sieh es doch so: Das Jahr hat eh nur noch fünf Wochen. Das ist es unbedingt wert, Mann. Komm, Popow, ich geb dir auch mal einen aus.«

Ich mochte Tanja gern. Auf den ersten Blick wirkte sie so hirnlos und leicht durchschaubar wie eine Qualle. Doch als ich sie näher kennenlernte, erkannte ich, dass sie eine bäuerliche Verschlagenheit besaß, einen skrupellosen Überlebensinstinkt, der sie nach oben bringen konnte. Auf ihre zierliche, mäusetittige Art war sie hübsch, und sie hatte (wenigstens bildete ich mir das zu dem Zeitpunkt ein) das Zeug zu einer jungen Abenteurerin. Sie zeigte mir Fotos von sich mit neunzehn während des abchasischen Bürgerkriegs in Suchumi, begleitet von ihrem Freund, einem Kriegsfotografen, mit dem sie auch schon in Tschetschenien gewesen war. Vor meinem inneren Auge sah ich uns beide auf der staubigen Terrasse eines ausgebrannten Sheraton Cocktails schlürfen – sie in Khakikluft und mit Kameras behängt, ich auf einer schlechten Leitung mit New York telefonierend –, während in der Nähe Rebellenfeuer knatterte. Sie zeigte mir auch die Medaille, die sie als Schulbeste im Kalaschnikowschießen gewonnen hatte. In der guten alten Zeit damals lernten Schulmädchen noch, Automatikwaffen zu bedienen, was ich hocherregend fand.

Tanja war außerdem eine überaus fantasievolle pathologische Lügnerin. Beim Essen im Café Margarita hatte sie mir Geschichten von ihrem Familienleben in einem elitären Datschendorf außerhalb von Moskau erzählt. Ihr häufig abwesender Vater sei ein Militärdiplomat, der in Tunesien und Ägypten gedient habe. In Wirklichkeit aber, meinte Tanja, sei er wahrscheinlich ein Spion. Ihre Mutter sei eine ehemalige Ballerina und habe eine leidenschaftliche Affäre mit einem berühmten sowjetischen Filmregisseur gehabt, der ein Nachbar gewesen sei. Ihr Vater sei über seine KGB-Kontakte hinter die Liaison gekommen, habe aber nichts unternommen. Er liebe seine Frau so sehr, erzählte mir Tanja, dass er sie nicht zur Rede stellen wollte, nicht einmal wegen ihres Geliebten. Stattdessen habe er mit ihr eine romantische Urlaubsreise nach Paris gemacht, um nur irgendwie die Zuneigung seiner Frau zurückzugewinnen.

»Sie hat also nie gemerkt, dass er von ihrer Affäre wusste?«

»Ach, Roman. Du hast keine Ahnung. Sie lebt in ihrer eigenen Welt und kümmert sich nicht darum, ob er es weiß oder nicht. Sie ist Künstlerin, verstehst du? Sie lebt tiefer als wir andern. Sie leidet, sie lacht, sie liebt leidenschaftlich. Mein Vater weiß, dass sie ohne Liebe nichts ist. Jeden Tag, wenn er von der Arbeit kommt, bringt er ihr Blumen mit.«

Ich glaubte das alles. Nicht weil ich besonders naiv bin, sondern vermutlich eher, weil ich die ansonsten recht gewöhnliche Tanja vor mir selbst größer machen wollte. Ich wünschte mir, dass ein Nimbus sie umgab, dass sie das romantische Geheimnis Russlands verkörperte. Leider jedoch stellte sich heraus, dass Tanja als Lügnerin so unbegabt wie sprunghaft war. Ihr Vater sei Oberst bei den Strategischen Raketentruppen, kein Diplomat. Ihre Mutter sei eine berühmte Schauspielerin, keine Ballerina. Tanja hatte mich bei einer Verabredung zum Essen versetzt, angeblich wegen einer Konfrontation zwischen ihrer Mutter und deren Freund, einem Filmregisseur – sie sei ihren Liebhaber leid, und der habe vor Verzweiflung gedroht, sich zu erschießen. Wobei er in Wirklichkeit gar kein Filmregisseur sei, sondern ein reicher Geschäftsmann. Nachdem ich mir ihre Räuberpistolen mehrere Wochen lang mit schwindender Gutgläubigkeit angehört hatte, hielt ich Tanja diese Widersprüche vor wie auch andere himmelschreiende Märchen, die sie mir aufgetischt hatte. Sie sah mich einfach mit großen Augen an, und ihr ironisch zerknirschtes Lächeln war unwiderstehlich.

»Ach, Roman, wie kannst du nur so ein Langweiler sein!«, sagte sie. »Ihr Engländer seid so unromantisch!«

Tanja, begriff ich, log gar nicht, um zu täuschen, sondern um die erbärmliche und peinliche Wahrheit zu kaschieren. In einer Anwandlung von Eifersucht oder weiblicher Bosheit nahm die große Tanja mich irgendwann in der Küche beiseite und ließ die Katze aus dem Sack. Die kleine Tanja wohnte in Wirklichkeit in Ljublino, einer hässlichen Trabantenstadt. Ihre Mutter war Kindergärtnerin; ihren Vater kannte sie nicht.

»Ich weiß nicht, was sie dir alles erzählt«, empörte sich die große Tanja, und ihr rundes Gesicht leuchtete vor Erregung über ihren Verrat. »Aber sie... sie ist nichts Besonderes. Sie ist bloß eine ganz gewöhnliche *baba*.« *Baba* heißt »Frau«, aber mit einem nahezu unübersetzbaren verächtlichen Unterton.

3

Winter

»*Morte saison,*
Lorsque les loups vivent de vent«
François Villon, *Le lais*

»*… jene tote Zeit,*
wo sich vom Wind die Wölfe nähren«
François Villon, *Das kleine Testament*

Mitte der Neunzigerjahre war Moskau die Hauptstadt eines besiegten Weltreichs. Keine Wolkenkratzer von Norman Foster stießen in rüden Scharen in den Himmel. Keine Superjachten lagen am Stadtrand in luxuriösen Marinas. Nein, das Moskau, in das ich kam, hatte den doppelten Schlag noch nicht verwunden: den Zerfall seiner Weltmacht und den Zusammenbruch seiner Wirtschaft. Das Gesicht der Stadt war weiterhin hart und autoritär, aber ich merkte rasch, dass die Autorität des Staates sich ebenso verflüchtigt hatte wie die Furcht der Bevölkerung davor. Die Fassaden von Ministerien und Behörden setzten dicke Rußschichten an, und die einzigen sauberen Fenster der Stadt gehörten den neuen Restaurants und teuren Supermärkten. Große Mercedes machten direkt vor den Augen der Verkehrspolizisten haarsträubende Wendemanöver in dem sicheren Gefühl, dass jeder Verstoß mit einem lachhaft geringen Schmiergeld geregelt werden konnte.

Moskau war eine Stadt, die ums Überleben kämpfte, um das Festhalten am letzten Rest zivilisierten Lebens, mit dem sie den Schein wahren konnte. Die Bewohner hatten ihr Geld, ihren Staat und ihr Reich verloren. Das Wertesystem, das ihr ganzes Leben fundiert hatte, Moral, Geschichte, Wissenschaft und Regierung, war für ungültig erklärt worden. Alle Bürger waren in dem Glauben erzogen worden, ihr Land sei das mächtigste, reichste und gerechteste auf der Welt, und selbst wenn davon in der Wirklichkeit nicht viel zu spüren gewesen war, hatten diese Mythen doch eine eigene Wirklichkeit gehabt. Jetzt stürzte selbst diese Fantasiewelt in sich zusammen. In einem sehr realen Sinne durchlebten die Stadt und ihre Menschen eine sich langsam abspielende Apokalypse.

Meine Mutter hatte Moskau nur einmal besucht, als sie in den Sechzigerjahren mit einer kleinen und bestenfalls halbprofessionellen Theatertruppe aus Surrey auf Tournee gegangen war. Sie waren wegen der glühenden kommunistischen Überzeugung des Leiters nach Moskau eingeladen worden – von dem ich außerdem den Verdacht hatte, dass er ein Liebhaber meiner Mutter gewesen war. Die Tournee fiel zufällig mit dem Besuch der Stars des British National Theatre zusammen, und das hingerissene Moskauer Publikum überschüttete alle Besucher gleichermaßen mit seiner Liebe und Begeisterung. Meine Mutter war zweiundzwanzig und von der etwas eckigen Schönheit früher Stummfilmstars. Ihr blieb die Stadt in Erinnerung als ein wilder Strudel von jubelnden, weinenden Fans, Kaviarempfängen in großen Sälen und der Allgegenwart breitschultriger KGB-Agenten, denen die undankbare Aufgabe zufiel, die freigeistigen britischen Mimen durch die Stadt zu lotsen. Sie behauptete, die Stadt zu lieben, aber

was sie meiner Meinung nach liebte, war die unverdiente An-
betung, der herausgehobene Prominentenstatus, den sie in
Moskau und nirgendwo sonst genossen hatte. Sie kehrte nie in
das Land ihrer Vorväter zurück, zweifellos weil sie befürchtete, es würde keinen so glanzvollen Eindruck mehr machen
wie beim ersten Mal.

Aber vom Aufenthalt meiner Mutter in der Sowjetunion
blieb doch eine reale menschliche Verbindung zurück. Bei
einer Aufführung im Mali-Theater hatte sie eine Frau ungefähr ihres Alters kennengelernt, Sinaida Wolkowa, ihres Zei-
chens Übersetzerin englischer Romane des 19. Jahrhunderts.
Seit der Zeit korrespondierten sie miteinander. Sinaida schrieb
lange und schmerzlich ernste Briefe über ihr tägliches Leben
in gestochener Handschrift, aber etwas unbeholfenem Englisch. Meine Mutter, überspannt und unbeständig wie eh und
je, rang sich ein paar längere Antwortschreiben ab, brachte danach aber nur noch eine jährliche Weihnachtskarte mit hastig
hingehudelten Neuigkeiten zustande. Die treue Sina schrieb
trotzdem unbeirrt weiter, und manchmal schickte sie auch
Bücher und Schallplatten für meine Schwester und mich. Ich
war Sina nie persönlich begegnet, aber ihre briefliche Gegenwart in meinem jungen Leben wird, vermute ich, mein späte-
res Interesse an Russland gefördert haben.

Als Schüler und Student schrieb ich der Freundin, die
meine Mutter seit 1969 nicht mehr gesehen hatte, meinerseits
Briefe in holprigem, grammatikalisch falschem Russisch. Sina
antwortete mit überschwänglichen Lobeshymnen auf meine
Fortschritte und überschüttete mich mit teuren zweisprachi-
gen Ausgaben russischer Klassiker. Als ich auf meiner Klas-

senfahrt die Sowjetunion besuchte, entschieden meine Lehrer, es wäre zu gefährlich für Sina, sich mit einem Ausländer zu treffen und Geschenke zu erhalten. Rückblickend glaube ich, sie wollten sich einfach die zusätzliche Komplikation ersparen. Wie auch immer, wir trafen uns nicht. In meiner Vorstellung wurde sie zur eigentlichen Stimme Russlands, überwältigend warm und von Lob nur so übersprudelnd, dankbar für unsere paar Aufmerksamkeitsbrocken aus London. Sina, meine unbekannte russische Patenmutter, die mich immer begleitete und mir alles verzieh.

Nach vierzehn Tagen in Moskau und mehreren drängenden Briefen meiner Mutter, die Neues von mir erfahren wollte, wählte ich schließlich Sinas Nummer. Aus mir selbst unerklärlichen Gründen hatte ich bis dahin davor zurückgeschreckt. Vielleicht aus Angst, eine Kindheitsfantasie zu zerstören? Wie dem auch sei, Sina nahm beim ersten Klingeln ab. Ich machte ihr mühsam klar, wer ich war – schlechte Verbindung, beginnende Schwerhörigkeit, im Hintergrund das Plärren von Radio Majak. Doch als sie begriff, dass Roman aus London am Apparat war und dass ich mich in Moskau befand, konnte sie es kaum glauben.

»Der kleine Roman! In Moskau!«, juchzte sie. »Dass ich das wirklich noch erleben darf! Ein Wunder!«

Ich verabredete mich mit ihr zum Tee und vergaß den Termin. Er fiel mir erst wieder ein, als ich schon eine halbe Stunde überfällig war. Ich rief mit einer billigen Ausrede an und schämte mich für die Unterwürfigkeit in Sinas Stimme. Ja, natürlich, das verstehe sie, ich sei sehr beschäftigt, die Arbeit gehe vor. Sie habe ein paar Piroggen und Kuchen gebacken, aber sie und ihr Mann bedauerten nur, dass ich nicht da sein und mich daran sattessen konnte.

In der Woche darauf geruhte ich schließlich, Sina mit meinem Besuch zu beehren. Die Wolkows wohnten in einer Mietskaserne am Nordrand von Moskau, in einer Seitenstraße der Leningrader Chaussee. Die Angewohnheit der Russen, die Eingänge zu ihren Wohnblocks in den dunklen Winkeln der Höfe zu verstecken, war mir immer ein Rätsel. Die Vorderseite des Gebäudes, an der man die Haustür erwarten würde, bot einem häufig eine irritierende Fensterfront, aber keine Tür. Wenn einem der Weg zu jemand nach Hause erklärt wurde, bekam man stets noch langatmige Beschreibungen mit, wie man den Eingang fand, nachdem man das Haus gefunden hatte. Diese Hauseingänge hatten etwas Verstohlenes, man fühlte sich wie im Theater hinter der Bühne. Ein muffiger Geruch – oft auch übler als bloß muffig –, grüne Rohre, niedrige Decken und hinauf- oder hinunterführende Treppenstufen an merkwürdigen Stellen, eine Zeile demolierter Briefkästen und der uralte Aufzug aus Resopal und dünnem Aluminium. Russische Betrunkene hielten gern ihre Feuerzeuge an die vorstehenden Kunststoffknöpfe der Aufzüge, um sie zum Schmelzen zu bringen, ein landesweiter Zeitvertreib, den ich von Sankt Petersburg bis Wladiwostok beobachten durfte. Sinas Aufzug war, glaube ich, der erste, wo mir diese einmalig hirnrissige Form von Vandalismus begegnete. Wenn der Knopf für das eigene Stockwerk geschmolzen war, drückte man ein Stockwerk darüber mit noch funktionierendem Knopf und ging hinunter.

»Der Knopf für den vierten Stock ist kaputt, fahr in den fünften«, hatte Sina mir geraten. »Pass auf die kaputten Stufen auf.«

Für ein westliches Auge zeugte das Gebäude mit seinen besudelten Fluren und Treppen von extremer Verwahrlosung, vergleichbar dem scheußlichen Edinburgher Elendsviertel in *Trainspotting*. Aber nach der schwer begreiflichen Logik der Moskauer galt die Gegend als *prestischny*, »angesehen«, und zählte das Haus, ein spätstalinistischer Backsteinblock, zum Begehrenswertesten, was auf dem Wohnungsmarkt der Stadt zu finden war. Ich drückte eine der vier Klingeln, die neben einer großen Stahltür aufs Geratewohl in die Wand geschraubt waren. Sina machte mit einem Freudenschrei die Tür auf.

»Roman, willkommen, willkommen!«

Sie war viel kleiner, als ich sie mir vorgestellt hatte, und gebrechlicher. Obwohl sie wie meine Mutter Ende sechzig war, schien sie bereits ins hohe Babuschkatum eingegangen zu sein. Ihre Bewegungen waren steif und langsam und ihr Gesicht weich und tief zerfurcht wie ein sibirischer Knödel. Sinas Lachen aber war strahlend und ihre Stimme mädchenhaft. Sie führte mich durch einen breiten Gemeinschaftskorridor, der vollstand mit dem Gerümpel der vier Parteien, die sich dieselbe Wohnungstür teilten. Kinderschlitten, Langlaufskier, Zeitschriftenstapel, ein alter Kleiderschrank, alle von der robusten Machart sowjetischer Konsumgüter der Fünfzigerjahre.

An der Tür ihrer eigentlichen Wohnung stand Sinas Mann Alexander. Er hatte einen gepflegten Schnurrbart und hieß mich in straffer, fast militärisch förmlicher Haltung in seinem Heim willkommen. Als ich ihm die Hand geben wollte, streckte mir Alexander eine schwarze Kunststoffhand entgegen. Es gelang mir nicht, ein unwillkürliches Zurückzucken zu unterdrücken, bevor ich die Prothese ergriff.

»Sascha war im Großen Vaterländischen Krieg bei den Panzertruppen«, erklärte Sina sachlich. Beide schienen es gewohnt zu sein, dass Fremde sich über Saschas Behinderung erschraken. »Er verlor beide Hände, als die Granate explodierte, die er gerade hielt.« Während Sina sich umdrehte und die Tür abschloss und verriegelte, fiel mir nichts ein, was ich sagen konnte. »Aber erzähl mir von deiner Mutter! Wie geht es hier? Die gute Lidija, wie ich sie vermisse!«

Dies über eine Frau, die Sina fast vierzig Jahre zuvor kennengelernt und seither vielleicht ein Dutzend Mal am Telefon gesprochen hatte. Unbedacht hatte ich in einem teuren französischen Restaurant einen Kuchen gekauft und das Preisschild drangelassen. Zu spät ging mir auf, dass er wahrscheinlich mehr gekostet hatte, als sie monatlich Rente bekamen. Treu und brav überreichte ich ihn, dazu einen kleinen Plastikbeutel mit Geschenken aus London. Mit ihrem unfehlbaren Instinkt für die schäbigste Wahl hatte meine Mutter zwei Bücher bei Oxfam gekauft, einen Jilly-Cooper-Bumsroman und eine Biografie von Lew Tolstoi, und, um das Paket aufzufüllen, noch ein paar alte Illustrierte dazugepackt. Sina reagierte aufrichtig gespannt und erfreut.

»Ich werde meine Arbeit liegen lassen und Tag und Nacht lesen, bis ich sie durchhabe!«, sagte sie. Sie werde sie bestimmt gar nicht aus der Hand legen können, fügte sie in ihrem peniblen Englisch hinzu: »I am sure they are un-put-downable!«

Die Wohnung der Wolkows, sauber, gemütlich und mit russischem Krimskrams gefüllt, war ein krasser Kontrast zum heruntergekommenen Zustand von Treppe und Hof. Eine Wohnzimmerwand war von oben bis unten mit verglasten Bücherschränken bedeckt, in denen einige Bände mit der Titelseite nach vorn standen wie in einer Buchhandlung. Eine andere Wand war bis zur Decke mit gerahmten Gemälden vollgehängt, überwiegend russische Landschaften mit Birken und orthodoxen Kirchen. Ein wuchtiger sowjetischer Fernseher plapperte in der Ecke laut vor sich hin, ohne dass die Wolkows das zu bemerken schienen. Der Esstisch, offensichtlich eigens zu dem Anlass mitten in den Raum gestellt, war über und über mit Speisen bedeckt. Es war kurz nach vier, Zeit für das russische *obed*, eine unübersetzbare Mahlzeit, die reichlicher und später ist als das Mittagessen, aber früher als das Abendessen.

»Du musst doch bestimmt Hunger haben! Bitte, greif zu, erzähl uns alles! Ich bin ganz Ohr!«

Sina verschwand in die Küche und kam mit einer Suppenterrine zurück, gefolgt von einem großen Teller mit selbst gemachten Piroggen, saurer Sahne, gehackten Zwiebeln und Brot. Weil Sascha mit seinen Kunststoffhänden nichts tragen konnte, blieb er sitzen und ließ es freundlich lächelnd geschehen, dass seine Frau ihm eine Serviette in den Kragen stopfte und sie mit einer zärtlichen Geste glatt strich.

»Und es gibt roten Kaviar, und Hering. Und Sascha hat auf dem Markt hervorragendes Schweinefleisch gefunden! Heute feiern wir dir zu Ehren ein Fest, Roman!«

Das Essen hatte sie eindeutig ein Vermögen gekostet. Ich

hatte keinen Hunger, aber es war undenkbar, nichts zu essen. Gegen meinen Protest wurden Dosen mit wertvollem roten Kaviar geöffnet, eine zweite Portion Suppe verteilt, mein Teller mit Räucherfisch, selbst eingelegten Pilzen und sauren Gurken überhäuft. Eine gebratene Schweinshaxe kam aus dem Ofen, umgeben von Kartoffeln, die in paprikagewürztem Fett schwammen. Saschas Löffel und Gabel waren Sonderanfertigungen, die in seine Prothese passten. Sina schnitt ihm das Essen vor, und er verspeiste es vorsichtig und mit großer Würde, auch wenn ihm einzelne widerspenstige Brocken aufs Hemd fielen. Die andächtige Art, in der beide aßen, zeugte davon, dass dies ein Schmaus war, an den sie sich noch Monate später erinnern würden.

Nichts, was ich aus England kannte, hatte mich auf diese überwältigende Gastfreundschaft vorbereitet. Dies war mehr als nur Großzügigkeit – es war so etwas wie ein sozialer Harakiri. Hier, nimm alles, was wir haben, auch wenn es uns umbringt, es dir zu geben. Ich konnte mir aus meinem westeuropäischen Leben keine Situation vorstellen, in der Menschen sich so verhalten hätten. In meiner Familie hätte weder Geburt, Trauung noch Tod eine solche sagenhafte Aufbietung von Herzen kommender Gaben wie dieses Essen bewirken können. Als ich eine Keramikikone an der Wand bewunderte, sprang Sina sofort auf, und ich musste sie als Geschenk annehmen. Als ich Bücher erwähnte, die ich gelesen hatte, zog sie andere Bände vom selben Autor aus dem Regal und nötigte sie mir auf.

»Der Antiquar wollte wissen, ob ich diese Ausgabe hätte, aber ich sagte, von der würde ich mich nicht trennen!«, erklärte sie und reichte mir dabei ein leinengebundenes Exemplar von Bulgakow-Erzählungen aus den Dreißigerjahren. »Ich sagte, die würde ich nie weggeben – nur jetzt, an meine Freunde!« Ich fragte mich, welche anderen Bücher aus ihrer geliebten Bibliothek sie sich hatte abschwatzen lassen, um ihr Leben zu finanzieren, diese Mahlzeit.

Diese überfließende Liebe zu ihrer britisch-russischen Freundin Lidija war umso bedrückender, als ich wusste, dass meine Mutter vielleicht alle Halbjahr einmal mit einem sentimentalen Gewissensbiss an Sina dachte, ansonsten aber nichts für sie empfand. Aber vielleicht ging es hier in Wirklichkeit gar nicht um mich oder meine Mutter. Eine englische Freundin zu haben, den Sohn dieser Freundin *dostoino*, »gebührend«, zu bewirten, bedeutete für Sina und Sascha, dass sie noch zivilisierte Menschen waren. Der Zusammenbruch hatte die Wolkows, ihre Schicht und ihre Generation, erschüttert und verarmt. Zudem hatte er sie, was noch schwerer zu ertragen war, ihrer Fähigkeit beraubt, sich selbst zu behaupten. Studienabschlüsse, fachliche Qualifikationen und intime Kenntnis der russischen romantischen Literatur oder der *Nocturnes* von Chopin, dies alles zählte plötzlich nicht mehr. Doch trotz der unerklärlichen Schicksalswende, die sie ihrer Ersparnisse beraubt hatte, ihres wohlverdienten auskömmlichen Ruhestands, konnten sie immer noch gute Gastgeber sein. Das machte sie menschlich und bewies, dass sie trotz allem, was ihnen sonst genommen worden war, *kulturnije* waren und blieben, »kultiviert«.

Erst als sie überzeugt war, dass nichts auf der Welt Sascha oder mich zum Weiteressen bewegen konnte, lehnte sich Sina zurück. Mit trauriger Zufriedenheit ließ sie den Blick über den Esstisch schweifen wie ein siegreicher General, der ein verwüstetes Schlachtfeld inspiziert. Sie seufzte, und ihr Lächeln wurde ein bisschen schmerzlich und unsicher.

»Weißt du, Roman, ich habe Sartre gelesen. Er ist heute ganz aus der Mode gekommen, aber früher hielten wir ihn für fortschrittlich. Er schrieb, er hätte eine Nostalgie nach der Zukunft. Ich habe nie verstanden, was er damit meinte. Aber heute, glaube ich, verstehe ich ihn. In jungen Jahren hatten wir immer eine Zukunft. Es gab natürlich viele schreckliche Dinge, aber wir hatten diese große sozialistische Zukunft vor uns. Wir dachten immer, dass wir eine Ordnung anstrebten, wo die Menschen besser wären, glücklicher. Aber jetzt ist die Zukunft weg. Jetzt geht es mir wie Sartre, ich leide an Nostalgie nach der Zukunft, unserer glänzenden Zukunft. Damals taten wir so, als glaubten wir nicht daran. Bis sie weg war.«

Nach Tee und selbst gebackenem Kuchen streifte Sascha seine Prothesen ab und klappte ein blank poliertes sowjetisches Klavier auf. Mit seinen Stümpfen spielte er eine unbeholfene Version von Mozarts *Kleiner Nachtmusik* und als Zugabe noch *Für Elise* von Beethoven. Er strahlte wie ein kleiner Junge, als er fertig war, und hielt triumphierend seine verstümmelten Arme hoch: Schau her, keine Hände! Er war sehr darauf bedacht zu beweisen, dass er seine Behinderung kaum bemerkte, und legte beim Zeigen der Fotoalben und der Bibliothek eine fast manische Heiterkeit an den Tag.

Als ich schließlich vollgefressen bis zum Anschlag aus dem Haus taumelte, hatte ich zwar weitere Geschenke abwehren können, aber ein Päckchen mit Sinas ungegessenen Piroggen mitnehmen müssen. Draußen sog ich begierig die Winterluft ein wie kaltes Wasser. Während ich mich durch die müllübersäten Höfe zur Metro begab, hatte ich den Eindruck, dass das ganze postsowjetische Russland etwas mit Sascha gemeinsam hatte: die qualvolle Einsicht, dass es unvorstellbare Mühen kostete, die einfachsten Dinge zu bewältigen; was für einen Heldenmut man zum Kampf ums tägliche Leben, um seine Würde brauchte; wie schwer es war, unter der drückenden Last des Alltags einen Anschein von Normalität zu bewahren. Viele hatten diesen Kampf schon verloren. An den Luftschächten der Metro kauerte ein Häuflein Betrunkener in den heißen, gärenden, lebensrettenden Schwaden, die aus den Eingeweiden der Stadt stiegen. Eine Bettlerin kreischte irgendwo im Dunkeln betrunkene Beschimpfungen mit einer Stimme, die eher tierisch als menschlich klang.

Eine Atmosphäre endzeitlichen Verfalls haftete fast allem in Moskau an. Aber einige Relikte imperialer Herrlichkeit hielten sich noch, von den schaurigen stalinistischen Zuckerbäckerbauten zu den breiten Prachtstraßen, auf denen früher die großen Militärparaden stattgefunden hatten. Doch diese Hinterlassenschaften einstiger Größe schienen heute die armen kleinen Leben stumm zu verhöhnen, die sich in ihrem Schatten abspielten. Unter dem hochgeschwungenen neoklassizistischen Bogen der Metrostation Smolenskaja standen arm- und beinlose Afghanistanveteranen in einer Reihe und bettelten. In den monumentalen Pavillons zur Feier der Errungenschaften der Sowjetunion auf dem glorreichen WDNCh-Ausstellungsgelände aus den Fünfzigerjahren verkauften vietnamesische fliegende Händler Videorekorder und trieben Aserbaidschaner einen schwunghaften Handel mit braunen Bananen. Ich schleifte Tanja eines Samstagnachmittags dorthin, um zu schauen, was aus diesem einstigen stalinistischen Renommierobjekt geworden war. Sie wandte ein, das habe sie schon einmal gesehen — mit acht Jahren, auf einer Klassenfahrt. Tanja hätte gern einen Film im Kosmos angeguckt, dem modernsten Kino der Stadt und dem einzigen bis dahin, wo es Popcorn gab — die normalen russischen Kinos verkauften nur Bier und Sonnenblumenkerne. Doch ich blieb hart, und sie fügte sich schulterzuckend und schmollend.

Wir stapften zwischen den Heldendenkmälern und den geradezu disneyhaften Bauten der WDNCh herum, jeder Pavillon ein Pastiche des Nationalstils einer sowjetischen Teilrepublik. Als der Nachmittag in den Abend überging, entdeckten wir ein altes Panoramarundkino aus den späten Fünfzigerjahren. Filme waren eigens dafür mit einer speziellen Ringmontage mehrerer Kameras auf dem Dach eines Lasters gedreht worden, eine überraschend radikale Frühversion von Google Street View. Im Kino spielten elf Projektoren die Filme synchron ab, begleitet von erhebender Orchestermusik. Ein Zehn-Minuten-Film zeigte eine Fahrt auf der Gorkistraße — die inzwischen wieder Twerskaja hieß wie vor der Revolution — an einem Sommertag des Jahres 1969. Männer trugen weiße Hüte und Frauen gemusterte Kleider. Es gab Geschäfte mit absurd schmucklosen Namen wie »Fleisch«, »Fisch« und »Schuhe«, ein Paar nagelneue Autos auf der Straße, dirigiert von adrett uniformierten Verkehrspolizisten, die an jeder Kreuzung standen. Die Stadt sah sauber und neu und geordnet und zukunftsfreudig aus. Eine Stadt, die Großes erwartete.

Der nächste Film zeigte eine gemächliche Flussfahrt auf der Oka im Herbst, dazu auf der Tonspur klassische Musik, Tschaikowski, vermutete ich, in seiner lyrischsten Stimmungslage, schwellende Akkorde, durchsetzt mit melancholischen und erhabenen Passagen. Ein dritter zeigte die Flottenparade der sowjetischen Ostseeflotte im Finnischen Meerbusen zum fünfzigsten Jahrestag der Revolution. In Reih und Glied auf den Decks stehende winzige Seeleute salutierten wie aufgezogen. Zivilisten am Ufer winkten und jubelten ausgelassen, sofern sie nicht in die Kamera starrten. Sie wirkten unbeschwert glücklich.

Nach jeder kurzen Vorführung machte die Kassiererin schwerfällig die Runde, um uns während des Spulenwechsels neue Eintrittskarten zu verkaufen. Mit gedämpfter Stimme bot sie uns Bier, Wodka und ein Zimmer an, falls wir uns »ausruhen« wollten, russisch *otdychat*, ein wunderbar vielseitiges Verb, das wörtlich »ausatmen« und übertragen vögeln bedeutet. Ich war dafür – wie hätte man einen Nachmittag postsowjetischer Nostalgie schöner abrunden können als mit einer Nummer in einem fremden Zimmer? Aber Tanja zischte der Alten ihre Ablehnung recht bissig entgegen.

»Bist du verrückt? Die nehmen dir den Pass ab. Die nehmen dir die Nieren raus. Zehn Tschetschenen werden mich vergewaltigen.« Ich lachte, aber Tanja wurde sehr ernst. »Das ist nicht zum Lachen. Einer Freundin von mir ist das wirklich passiert.« Ich konnte nicht sagen, ob sie log oder nicht.

Pound erwies sich als idealer Chef. Die Unverblümtheit, mit der er seinen Untergebenen gestand, dass sein Unternehmen ein einziger Improvisationsakt sei, gefiel mir.

»Kunden! Ihr bringt mir die Kunden, und ich kriege raus, wofür sie bereit wären zu blechen«, instruierte er Hastings und mich, das Zwei-Mann-Team, das bei der Publicitas für Kundenakquise zuständig war.

Hastings selbst drückte es schroffer aus.

»Wir verkaufen ihnen die Idee, sie hätten Bedarf an einem Quatsch, der sich PR nennt. Ein Bedarf, von dem sie vorher noch gar nichts wussten. Sie drücken das Geld ab, wir überhäufen sie mit tollen Pressemeldungen und Ideen, wie wir noch mehr für sie tun können. Aber das A und O ist der Bedarf. Man muss sie überzeugen, dass sie uns brauchen.«

Pound war von der Idee besessen, dass jeder ein Image brauchte, aber darin war er seiner Zeit voraus. Nur wenige russische Kunden waren bereit, für so ein exotisches Produkt wie Imagepflege Geld hinzublättern. In der Praxis machte die Publicitas ihren Umsatz hauptsächlich mit ganz normaler Öffentlichkeitsarbeit, die nach meiner Sicht der Dinge nichts Komplizierteres von einem verlangte, als dass man Journalisten für eine positive Berichterstattung schmierte. Eine einfache, handfeste Sache. Die Kunden waren ganz scharf darauf, ihren Namen gedruckt unter einem Pressefoto zu sehen, auf dem sie grinsend irgendeine prominente Flosse drückten.

Für das Schmieren selbst war Popow zuständig; Pound nannte es »Medienbeziehungen«. Popow hatte an der Moskauer Universität Journalismus studiert, und die meisten

Topstars und auch die Loser in der Medienwelt der Stadt waren seine Freunde, Feinde oder wenigstens früheren Kommilitonen. Er sah sich selbst als Mittelding zwischen einem Sugar Daddy, der seine Gespielinnen mit Geschenken überhäuft, und einem wählerischen Freier.

»Wirklich, ich schäme mich für diese Leute«, klagte Popow bei den Dutzenden von Cocktails, die er sich von mir nach meinem Anbändeln mit Tanja spendieren ließ. Die Journalisten, die er bestach, seien zu faul, um die Artikel echt wirken zu lassen, sagte er. Diese seien zu offenkundig *jeansa* – ein herrliches spätsowjetisches Wort für gekaufte Artikel, und zwar gekauft von den ersten Importeuren westlicher Jeans, die damit offenbar die Korruption der russischen Journaille in den Achtzigerjahren eingeleitet hatten.

»Sie sind bereit, ausnahmslos alles zu bringen, was du ihnen gibst, Pressemitteilungen, Fotos, alles. Hirnlose Idioten sind das. Versuchen nicht mal, es echt aussehen zu lassen. Jede Frau kann ficken, sage ich dir, aber nur eine gute Hure kann dem Mann das Gefühl geben, dass er eine Interkontinentalrakete in der Hose hat. Aber ich zahle, und dann muss ich auch noch für sie denken. Ich schiebe zwei Jobs gleichzeitig.«

In meiner ersten Woche hatte Pound mich salopp beauftragt, ich möge »losziehen und ein paar Leute kennenlernen«. Nicht schlecht, dachte ich. Hier ist endlich mal ein Job, für den ich ideal geeignet bin: Leute kennenlernen und mich mit ihnen auf Firmenkosten betrinken. Aber mein Boss hieß Charles Pound und nicht Weihnachtsmann, und deshalb hatte er mein Dauergehalt wohlweislich an meine Leistung gekoppelt.

»Wir werden Ihnen zum frühestmöglichen Zeitpunkt eine Teilhaberschaft gewähren«, hatte er es eingangs formuliert, und es hörte sich großartig an, bis mir aufging, was das bedeutete: Anstelle meines Festgehalts würde ich bald schon einen Anteil an den so gut wie inexistenten Profiten der Firma erhalten. Erschrocken wurde mir klar, dass ich nicht mehr das Geld der Firma vertrank, sondern mein eigenes. Aber diese unerfreuliche Erkenntnis wurde dadurch gemildert, dass ich meine erste richtige, lebende Kundin an Land zog.

Isobel Hanson war eine englische Aristokratin mit scharf geschnittenem Gesicht und fleckiger Haut, die rauchte und trank und fluchte und mir schon in der ersten halben Stunde, die wir uns kannten, unumwunden erzählte, sie stehe auf Analsex. Mit ihrem Ehemann Steve, einem ellbogigen Amerikaner aus New Jersey, bildete sie ein merkwürdiges Paar. Er war der vulgäre, aufbrausende Typ eines Straßenköters, laut und dumm und unbegreiflicherweise von seiner Brillanz überzeugt. Steve war in seinen eigenen Augen offenbar ein harter, gerissener Geschäftsmann, der Mafiaboss von Hoboken.

Ich lernte die beiden im Krisis Schanra kennen, einer niedrigen, verräucherten und in einem Gewirr von Hinterhöfen versteckten Kellerbar, wo der DJ Beck und Nirvana auflegte. Es wurde überwiegend von armen Künstlern frequentiert und war eines der wenigen Lokale in der Stadt, wo Russen und Ausländer sich mischten. Es gab russische Hippiebräute mit heftigem Körperodeur und die Männer, die darauf standen, dazu ein kleines ausländisches Kontingent, die Frauen mit dickem Hintern und die Männer mit dröhnendem Organ.

Steve verbreitete sich lautstark über die Fortschritte eines neuen mexikanischen Restaurants, das er und Isobel demnächst eröffnen wollten. Er prahlte, es sei ihm gelungen, einen Möchtegern-Aasgeier auszutricksen, einen Künstler, der sich erboten hatte, die Verbindung zum Rathaus herzustellen – und wie? Na, einfach selber frech im Büro des stellvertretenden Bürgermeisters aufgekreuzt und sich mit amerikanischem Aplomb und einem Stapel unterschriftsreifer Papiere an den Sekretärinnen vorbeigedrängelt. Steve war seit einem Jahr in der Stadt und hatte sich bereits dem gängigen Moskauer Ganovenschick angepasst: schwarze Hose mit schwarzem Hemd, feiner schwarzer Lammfellmantel, klobige Armbanduhr. Ein anderer Vertragspartner habe ihn übers Ohr hauen wollen, fuhr Steve fort, aber den Schwanz eingezogen, als der frühere KGB-Oberst, den Steve für seine Sicherheit engagiert hatte, drohte, ihm die Beine zu brechen.

»Yeah, Oberst Kostja meinte, er hätte dem Kerl, sagen wir mal, ein Angebot gemacht, das er nicht ablehnen konnte«, prahlte Steve in seiner Rolle als kleiner Scarface. »Kostja hat Format. Wer sich mit ihm anlegt, kriegt ein paar Kugeln in den Arsch.«

Zu der Zeit fand ich dieses gangstermäßige Imponiergehabe ziemlich beeindruckend – auch wenn ich das Steve gegenüber natürlich nicht zugab. Da hatte ich sie also live vor mir, die breitbeinigen Freibeuter des Kapitalismus, hartgesottene Macher, die der russischen Mafia die Stirn boten und sich dabei eine goldene Nase verdienten.

Selbstverständlich erklärte ich dem großkotzigen Steve, dass er ein PR-Programm brauchte, wenn sein neues Restau-

rant richtig Furore machen sollte – positive Kritiken, Annon-
cen in den einschlägigen Blättern, Beratung zu Präsentation
und Vermarktung. Ich verstand nichts von diesen Dingen.
Andererseits wurde schnell klar, dass Steve seinerseits nichts
davon verstand, ein mexikanisches Restaurant zu führen. Er
war ein Dilettant und ein Schaumschläger, wie die meisten
Ausländer in der Stadt. Was uns für die Sachen, die wir in
Russland anzettelten, hauptsächlich qualifizierte, war die Tatsache, dass wir in einer Gesellschaft aufgewachsen waren, wo
exotische Einrichtungen wie mexikanische Restaurants und
PR-Unternehmen normal und vertraut waren. Allein dadurch
fühlten wir uns den Einheimischen überlegen, die von solchen
Grundelementen des zivilisierten Lebens wie Geldautomaten
und Sushi unbeleckt waren.

Am Ende des Abends hatte ich von Steve die mündliche
Zusage, dass er die Publicitas beauftragen würde.

»Faxen Sie uns morgen früh den Vertrag rüber«, blökte
er laut, um seinen Freunden zu beweisen, dass er ein großer
Mann war, der beim Bier Verträge schloss.

Es gelang mir außerdem, zwanzig Minuten lang unter vier
Augen mit der rauchig-hauchigen Isobel zu schäkern, deren
Erbe das Unternehmen finanzierte. Trotz ihrer unflätigen
Redeweise und ihrer unmöglichen Kleidung schlug bei ihr
doch die gute Erziehung durch. Die gepflegte Art, wie sie ihr
Bier nippte, ihre selbstverständliche Obszönität, die Emphase,
mit der sie sich ständig entschuldigte – »God, I'm so sorry!« –
und dabei mühelos das typische Kunststück der britischen
Oberklasse fertigbrachte, durch Übertreibung das Gegen-
teil auszudrücken. Sie war der Typ der Adelsschlampe, den

ich aus meinem früheren Leben kannte, wobei solche Frauen nach meiner Erfahrung eigentlich nur mit dem Pöbel oder der Hautevolee verkehrten und die bourgeoise Mitte mieden. Genauer gesagt gehörte Isobel zu einer besonderen Abart des Typs, nämlich zu der noch rareren Gruppe russophiler Adelsschlampen, die in der Wurzellosigkeit und Verantwortungslosigkeit Russlands eine originelle Möglichkeit sahen, ihre biederen Familien zu schockieren.

Als die Runde sich auflöste, steckte mir Isobel heimlich ihre Telefonnummer zu, mit ehebrecherischen Absichten, wie ich gebauchpinselt hoffte. Draußen auf der Straße wurde beschlossen, dass ich als der mit dem besten Russisch von allen die Heimfahrt meiner neuen Freunde organisieren sollte. Gleich mehrere Taxis hielten an, als wir an die Hauptstraße kamen. Keine offiziellen Taxis, versteht sich, sondern Privatwagen, die schwarz als Taxis betrieben wurden. Mit kurzem barschem Feilschen wurden Ziel und Fahrpreis vereinbart – eine Moskauer Alltagsfertigkeit, die ich mir wenige Tage nach der Ankunft angeeignet hatte. Die Fahrer wirkten nicht über das übliche Maß hinaus beängstigend und mordlustig. Tschüssis und Bussis wurden ausgetauscht. Als ich allein auf dem stillen Fußweg in diesem unspektakulären Stadtteil stand, fühlte ich mich mit einem Mal wider alle Vernunft hier zu Hause.

Am nächsten Morgen herrschte Triumphstimmung im Büro, als der Vertrag mit Isobels schwungvoller Unterschrift durch das Faxgerät gequietscht kam.

»Mein lieber Freund!«, rief Pound überschwänglich. »Siehst du? Ist doch ein Kinderspiel! Wie Fische in einem Fass abschießen!«

Hastings gratulierte mir mit einem kräftigen Schlag auf den Rücken. Auch Popow freute sich ehrlich für mich, soweit ich erkennen konnte, und nicht nur, weil ich endlich begonnen hatte, für die Firma Geld zu verdienen.

»Du bist der geborene Kapitalist«, sagte er mit einem schiefen Grinsen. »Jetzt bist du auf der Seite der Ausbeuter und Bosse. Bald trägst du einen schmucken Zylinder und hast einen dicken Bauch. Die Zigarre dazu spendiere ich dir. Aber eine gute kommunistische aus Kuba.«

Pound holte eine Flasche zwanzig Jahre alten armenischen Cognac aus seinem Schreibtisch und lud uns in sein Büro ein. Wir tranken aus Plastikbechern, und nach jedem Schluck atmete Popow schwer aus, wie die Russen es tun, wenn sie einen starken Tropfen gekippt haben. Eine freundschaftliche Stille trat ein. Ein dreifacher Blickwechsel, ein Grinsen unter Komplizen.

»Willkommen im Klub, Amigo«, sagte Pound.

Ich war in Moskau angekommen.

Moskau schien Menschen anzuziehen, die wahnsinnig gewieft, aber häufig getrieben und angeschlagen waren, vor einem Misserfolg flohen oder der Welt etwas beweisen wollten. Wie eine traumatische Beziehung brachte die Stadt die Leute dazu, sich selbst zu verlieren. Und wie eine Beziehung oder eine Droge berauschte sie einen anfangs, um dann mit zunehmender Dauer den Kick mit Zinsen zurückzufordern.

Während der Dezember dahinschlich, verbrachte ich immer mehr Zeit mit Hastings. Hinter seiner jovialen, kraftmeierischen Art verbarg sich eine überraschend scharfe Intelligenz. Eines Nachmittags überraschte ich ihn dabei, wie er Andrei Platonows *Baugrube*, einen berüchtigt schwierigen Text, im russischen Original las.

»Darf ich vorstellen?« Er grinste verlegen. »Meine innere Intelligenzbestie.«

Wenn er sich nicht gerade durch frühsowjetische existenzialistische Schriftsteller ackerte, frönte Hastings seiner Nachrichtensucht. Er hatte der großen Tanja aufgetragen, ihm auf dem Weg zur Arbeit an der Metro immer stapelweise Tageszeitungen zu kaufen, und zu der Besessenheit, mit der er sie verschlang, gehörte es auch, dass er alles herausriss, was sein Interesse weckte. Bis zum Mittag waren Schreibtisch und Sofa unter Bergen von Zeitungsfetzen begraben. Es war, als könnte er mit diesem Eintauchen in die Nachrichtenschwemme sein Ohr an die rauschende Menschheitsmuschel legen.

Wir hatten bald heraus, dass wir beide die Schauergeschichten von der brodelnden Nachtseite der Stadt mit kindlicher Begeisterung aufsaugten. Mike hatte meistens ein Grinsen von einem Ohr zum andern im Gesicht. Aber wenn er eine besonders skurrile Geschichte in der Zeitung sah, steigerte sich dieser Ausdruck in ein geradezu hysterisches Extrem, und er guckte wie ein kleiner Junge, der seiner Mami stolz sein großes Geschäft zeigt.

»He, Roman, komm mal her!«, rief Mike dann durch den Flur.

»Was gibt's?«

»Den irrsten Irrsinn, den ich in meinem ganzen Irrsinnsleben gehört habe.«

»Schon wieder?«

»Nein, echt, Alter!«

Dankbar für jede Abwechslung in den zwei langen Stunden zwischen meinem Eintreffen im Büro und der Mittagspause, schlappte ich in sein Zimmer. Hastings tauchte aus seinem Nest von Zeitungen auf und schwenkte dabei meistens den aktuellen *Moskowski Komsomolez*, sein liebstes Revolverblatt. Der MK, wie seine lumpenproletarischen Leser das Blatt liebevoll nannten, hatte eine besondere Vorliebe für todernste Berichte über die Aktionen unglaublich dummer russischer Verbrecher. Die gab es in rauen Mengen. Eine unserer Lieblingsmeldungen berichtete von einem Mann, der eine staatliche Bäckerei überfallen hatte – was allein schon dämlich war, da solche Bäckereien etwa fünfzig Dollar am Tag umsetzten. Doch als der prospektive Bäckereiräuber die Pistole ziehen wollte, die er sich vorn in die Jeans gestopft hatte, schoss er sich versehentlich in die Eier. Die Polizei musste nur der Blutspur folgen, die um die Ecke in die nächste Gasse führte. Wir bekackten uns fast vor Lachen. Eine andere Meldung wenige Tage später besagte, dass Jugendliche in Nachodka in Russlands Fernem Osten dabei erwischt worden waren, wie sie mit einem menschlichen Schädel Fußball spielten. In der Nähe waren zwei zerstückelte weibliche Leichen gefunden worden, die bewiesen, dass einer der vielen Serienkiller Russlands dort sein Unwesen trieb.

Warum fanden wir diese blutrünstigen Geschichten so unendlich komisch? Vielleicht genau deshalb, weil sie so finster und erbärmlich waren, so absurd und trostlos. Wie monströse Gogol-Erzählungen waren russische Zeitungen voll von den Schicksalen kleiner Leute, die in ausweglosen Situationen gefangen waren und sich verzweifelt bemühten, in ein anderes, besseres Leben auszubrechen. Der armselige Wahnsinn Russlands, seine alltägliche Tragik und Hoffnungslosigkeit, war der unbedingte Kontrapunkt zu unserem frivolen Luxusleben, der grundierende Bassbeat zum trällernden Popsong. Vielleicht lachten wir über diese Horrorshow, weil wir es fern der Heimat und ihrer bourgeoisen Annehmlichkeiten normal fanden, so gemein zu sein. Hier draußen in der Wildnis war selbst der Humor dornig, giftig und makaber. Moskau war verwüstet und seine sittliche Ordnung so gründlich über den Haufen geworfen worden wie unter der Besatzung grausamer und entmenschter Eroberer. Verbrecher gondelten in ihren protzigen Mercedes durch die Stadt, während Atomphysiker gezwungen waren, ihre eigenen Kartoffeln anzubauen. Diese Bilder werden schon so lange als Klischees wahrgenommen, dass man sich heute kaum noch vorstellen kann, was es tatsächlich bedeutete, in dieser verkehrten Welt zu leben, wie abartig es war. Wie berauschend.

So seltsam es vielleicht klingt, aber Hastings und ich pflegten außerdem so etwas wie einen Ersatzpatriotismus, ein Mitgefühl für den Verlierer, das uns veranlasste, das arme, chancenlose Russland zu bejubeln. Die Raumstation Mir lag uns besonders am Herzen. Die Station war in den Achtzigerjahren als letzte Zuckung des einst so bedeutenden sowjetischen Raumfahrtprogramms ins All geschossen worden, und während sie still die Erde umkreiste, zerfiel unten das Land, das sie hervorgebracht hatte. Anfang der Neunzigerjahre saß ein Kosmonautenteam wochenlang auf der Mir fest, während die russische Raumfahrtbehörde mühsam die Mittel zusammenkratzte, um es zur Erde zurückzuholen. Etwas später dann machten Raumfahrer Werbung für israelische Milch und Brezeln, um sich ein bisschen was dazuzuverdienen. Ein Feuer brach aus und wurde mit verzweifeltem Einsatz gelöscht; die Kosmonauten reparierten die Lebenserhaltungssysteme mit Klebeband und fledderten technische Teile. Was westliche Reporter an der Mir faszinierte, war nicht nur die Dramatik des jederzeit möglichen Kampfs um Leben und Tod im Weltraum, sondern auch die Tatsache, dass sie Russlands Unterlegenheit gegenüber dem Westen immer wieder augenfällig bewies. Russlands nationale Schande und Verzweiflung über das Schicksal des krankenden Raumschiffs hob vielleicht das Selbstbewusstsein von Lesern in Europa und Amerika. Aber Hastings und ich entrüsteten uns darüber, und wir waren stolz auf die mutigen Kosmonauten in ihrem Weltraum-Lada.

Weihnachten kam und mit dem Fest ein für die Jahreszeit ungewöhnliches Tauwetter, das die schmutzigen Schneebänke in Matsch verwandelte und die Rinnsteine in schlammige schwarze Tümpel. Ich war seit fast zwei Monaten in Russland und hatte mir ein paar Sachen angeschafft, die es mir heimeliger machen sollten: Reproduktionen sowjetischer Filmplakate aus der Vorkriegszeit, um die scheußliche rot-gelbe Tapete an den Wänden zu verdecken, eine Garnitur brandneuer weißrussischer Kochtöpfe, einen sündhaft teuren deutschen Wasserkocher. Als symbolische Handlungen hatte ich endlich meine leeren Koffer in einen Schrank geräumt und mir meine private Telefonnummer gemerkt. Offensichtlich richtete ich mich auf länger ein.

Hastings und ich feierten in meiner zugigen Wohnung etwas, das wir als Weihnachten ausgaben. Ich kaufte eine schlecht gerupfte Gans und füllte meinen rumpelnden Kühlschrank mit bayerischem Bier. Wir bastelten uns Partyhütchen aus Papier und versuchten, das draußen normal weiterlaufende Moskauer Leben zu ignorieren. Das russisch-orthodoxe Weihnachtsfest fällt auf den 6. Januar, der 25. Dezember ist ein ganz normaler Arbeitstag, nur nicht für die wenigen heimwehkranken Ausländer, die sich krampfhaft um eine Festtagsstimmung bemühen. Gegen Mittag waren wir betrunken, und als Tanja zu unserem späten Weihnachtsessen erschien, drehte ich sie rüde in der Tür herum und schickte sie mit einer Einkaufsliste von Sachen los, die ich vergessen hatte. Ich steckte ihr gönnerhaft einen Hundertdollarschein in den Pullover und gab ihr einen liebevollen Klaps auf den Hintern.

Zwei Stunden später, als die Gans im Ofen zischte und brutzelte, kam Tanja zurückgewankt, schwer beladen mit Einkaufsbeuteln. Hastings und ich waren sturzbetrunken und zu nichts anderem mehr imstande, als an einem Tisch voll leerer Bierflaschen lahme Witze zu reißen. Tanja unternahm ungeschickte Versuche, Gemüse zu kochen und die Gans zu wenden, was damit endete, dass sie den größten Teil des heißen Fetts im Ofen auskippte. Es fing Feuer. Sie kreischte und warf einen Topf mit kochenden Karotten auf die Flammen, was natürlich zur Folge hatte, dass das brennende Öl in einem kleinen, aber filmreifen Feuerball aufschoss. Beißender grauer Rauch wallte durch die Wohnung, und die Küche schwamm in fettigem, rußigem Gemüsewasser.

Wir rissen die Fenster auf und ließen die kalte Winterluft herein, dann retteten wir, was von dem Essen noch zu retten war, und zogen uns aus der verwüsteten Küche ins Wohnzimmer zurück. In schweigender Dreisamkeit setzten wir uns an den geschmückten Tisch, Hastings und ich immer noch mit unseren Partyhütchen, und kauten auf unserer halb garen Gans herum. Es gab einen Moment, da hätten wir alle in verzeihendes Gelächter über das Ausmaß der Katastrophe ausbrechen und zusammen auf unser aller Wohl anstoßen können. Wir ließen den Moment verstreichen. Die Geräusche des Gartenrings drangen durch das offene Fenster in die Wohnung ein, sodass unsere fragile Festtagsblase platzte und ich mich diffus misshandelt fühlte. Mit der Wärme war auch die Freundlichkeit aus dem Haus gewichen, und an ihrer Stelle legte sich eine Kälte auf das Herz.

»Na, das ist das beschissenste Weihnachtsessen meines Lebens«, nuschelte ich. Statt ihren üblichen Flunsch aufzusetzen, erstarrte Tanjas Gesicht zu einer Gipsmaske. Ihr gewohntes Schweigen kam mir plötzlich provozierend und dreist vor. Als ich ihr nahelegte, die fettigen Töpfe abzuspülen, stand sie auf und rüstete sich zum Gehen. In dem Blick, den sie auf mich abschoss, mischten sich Mitleid und Verachtung.

»Manche Leute vertragen einfach nichts«, sagte sie, während sie ihren Mantel anzog. »Ihr miesen Schweine. Ich hasse euch. Ihr widert mich an.«

Ich taumelte hinter ihr her. Hastings schnitt eine übertriebene Entsetzensmiene und wedelte mit den Händen, um mich zu stoppen. »Lass sie gehen, Mann! Lass sie gehen!«

Die Tür knallte zu.

»Okay, Alter. Ab in die Duck.«

Die Hungry Duck war eine Bar, die von einem Kanadier namens Doug Steele geführt wurde. Tagsüber war es eine ziemlich unspektakuläre Kneipe, die billige Hamburger servierte und auf ein überwiegend junges, ausländisches Massenpublikum zielte. Aber Doug hatte eine ebenso verruchte wie geniale Idee, und mit dieser Idee katapultierte er die Bar in eine Dimension der Libertinage, die selbst für Moskauer Verhältnisse extrem war. Zwischen sechs und neun Uhr abends ließ er für einen ganz geringen Eintrittspreis nur Frauen ein, die dann unbegrenzt und kostenlos Alkohol zu trinken und männlichen Striptease zu sehen bekamen. Um neun öffnete er dann den draußen wartenden lechzenden Männermassen die Türen, und die stürmten herein wie eine Mongolenhorde.

Die Ladies' Night in der Duck war nichts für scheue Rehlein. Es war ein wogendes, tobendes, schreiendes Treibhaus der Sünde, eine Art Bumscamp mit Spice-Girls-Soundtrack, wo Mädchen spontan auf dem Tresen strippten und in den abgedunkelten Nischen öffentlich gevögelt wurde. Betrunkene Frauen rutschten auf dem biernassen Tresen aus und krachten auf den vollgekotzten Fußboden.

An diesem Weihnachtsabend hatte das Geschiebe und Gedränge der schwitzenden, erregten Männer und Frauen eine besondere hemmungslose Triebhaftigkeit, eine bacchantische Tollheit. Es war ein wenig unheimlich, so als steckte man in einer gefährlichen und unberechenbaren Menschenmenge, die kurz vor dem Durchdrehen war. Doch während die Musik peitschte und die Menge auf dem Parkett rhythmisch zuckte, empfand ich nichts als die pure Euphorie. Wir waren die Vorreiter einer siegreichen Armee mit der Freiheit, zu plündern, so viel wir nur konnten, und mit den Weibern der besiegten Nation nach Lust und Laune zu verfahren.

Extra zu Weihnachten gab es ein Tequila-Special: Für sechs gezahlte Drinks bekam man sechs umsonst. So funktionierte der Laden. Der breitschultrige Hastings eroberte uns einen Platz an der Bar, und schon bald teilten wir an alles, was weiblich und in Reichweite war, Tequilas aus.

Natascha, ein resolutes kleines Reggae-Girl mit Glupschaugen, Dreadlocks und einer Baseballmütze der Yankees, landete schließlich auf meinem Schoß. Wir küssten uns mit betrunkener Unersättlichkeit, und irgendwann war mir klar, dass ich es schaffen musste, mit ihr das Weite zu suchen, wenn ich nicht auf dem Fußboden in Ohnmacht fallen wollte. Ich winkte Hastings zum Abschied, schnappte mir Natascha – das heißt, ich legte ihr den Arm um die Taille und hob sie buchstäblich vom Hocker – und wankte mit ihr zur Tür.

Wild knutschend und völlig benebelt erreichten wir meine Wohnung. Als ich aus dem Fahrstuhl stolperte, bemerkte ich vor meiner Wohnungstür etwas, das wie ein Kleiderhaufen aussah. Es war Tanja. Sie schlief halb und hielt einen Strauß Nelken in der Hand. Ich sackte gegen die Wand.

»Scheiße«, sagte ich.

Mit großer Würde stand Tanja auf und sah mich fest an. Ohne ein Wort zog sie den Mantel zu, ging rasch an uns vorbei und trappelte die Treppe hinunter.

»Ja, hau ab, du Sau! Verpiss dich! Er gehört mir! Fotze!«

Vom Suff enthemmt schrie Natascha ihr weitere Beschimpfungen hinterher. Sie war eine vulgäre kleine Rotzgöre. Mein schwacher Ruf: »Tanja, warte!«, ging in der Flut von Nataschas schrillen Obszönitäten unter.

Plötzlich packte mich das Verlangen, Tanja nachzulaufen und sie auf Knien zu bitten, mir zu verzeihen, mich zu halten. Zwei Wochen vorher hätte ich das vielleicht getan. Aber jetzt nicht mehr. Denn Roman Lambert war jetzt jeden Tag gegenüber dem Vortag minimal verändert. Dieser neue Roman, so betrunken er war, rechnete sich aus, dass es sinnlos wäre, sich an Tanjas Fersen zu heften. Ihrer ganzen oberflächlichen Unterwürfigkeit zum Trotz war sie ein zäher Knochen, das wusste ich. Eine solche Demütigung zu vergeben wäre ein Gesichtsverlust, den sie niemals hinnehmen würde. Und dennoch, in der langen Stille, die eintrat, nachdem wir die Haustür hatten zufallen hören, fühlte ich mich so einsam und fern der Heimat wie nie zuvor.

»Na dann, mein Hengst«, sagte Natascha und holte mich ruckartig in die Gegenwart zurück, indem sie ihre Hand tief in meine Hose schob. »Hoffe, du bist nicht zu betrunken zum Ficken.«

Zittrig schloss ich die Tür auf, und wir streiften gerade noch die Schuhe ab, bevor wir aufs Bett plumpsten.

Als ich früh am Morgen aufwachte, war Natascha schon fertig angezogen und auf dem Sprung zu gehen.

»Schlaf!«, befahl sie.

Etwas an ihrem Ton machte mich stutzig. Ich glitt vom Bett und tastete meine Jeans nach meiner Brieftasche ab. Sie war fort. Als ich auf Natascha zutrat, wich sie ängstlich zurück, weil sie einen Schlag erwartete. Aber ich nahm ihr sanft die Handtasche ab und durchwühlte sie: nichts. Ich durchsuchte ihre Taschen. Wieder nichts. Plötzlich bemerkte ich eine Ausbuchtung unter ihrem Pullover – da war sie, meine Brieftasche, in den BH gestopft, in der Achselhöhle.

Sie war ein Profi. Während ich auf meine Brieftasche schaute, trat sie mir kräftig ans Schienbein und hastete zur Tür. Es gelang mir, sie gerade noch an den Haaren zu packen, bevor sie verschwinden konnte, aber sie war sportlich und schleifte mich mit der Kraft ihrer nackten Angst auf den Treppenabsatz hinaus. Schließlich konnte ich sie nicht mehr festhalten, und sie fiel die steinernen Stufen hinunter.

»O Gott! Natascha!«, rief ich erschrocken und war mir sicher, dass sie sich den Schädel aufgeschlagen hatte, doch nein, sie sprang in die Höhe wie ein aufgescheuchtes Kaninchen und nahm Reißaus. Nackt stand ich da im Treppenhaus, in der Hand meine Brieftasche und am Bein einen sich ausbreitenden Bluterguss.

Ich rief Hastings an. Wir trafen uns im Diner zu einem Gipfelessen, bei dem ich das volle Ausmaß der nächtlichen Katastrophe gestand. Trotz seines kolossalen Katers war er voller Mitgefühl.

»Fuck, Mann, wir müssen raus aus dieser Stadt«, sagte er, nachdem er die Mitteilung verdaut hatte. »Aufs Land. Kaminfeuer. Verschneite Wälder. Lange Spaziergänge. Brauchen wir dringend, so Zeug. Diese Scheißstadt bringt uns noch um.«

4

Shiny Happy People

»Ihr betet zu euren Göttern,
Und eure Götter vergeben euch alles«
Lied im Radio

Die Datscha war perfekt: ein geducktes, ebenerdiges Block-
haus, vor der Straße von hohen Kiefern verborgen, deren
Zweige unter der Schneelast herabhingen. Sie hatte eine große
Sommerterrasse, an drei Seiten mit altmodischen kleinen
weißen Fenstern verglast und möbliert mit einem riesigen
Esstisch und einer altehrwürdigen Gruppe kaputter Korb-
stühle. Die Terrasse war ungeheizt, ein Zimmer voll Winter
im Weichbild des Hauses, und ich trank dort gerne Tee. In
einen Lammfellmantel gemummelt, betrachtete ich die fantastischen Muster, die das Eis auf die Scheiben malte.

Im Innern der eigentlichen Datscha waren die Zimmer
klein und niedrig, damit sie die Wärme hielten. Die Wände
waren aus wuchtigen Stämmen und unverputzt. In den Rit-
zen lugte die Hanfdichtung hervor. Das Wohnzimmer stand
voll mit ausrangierten alten Möbelstücken aus der Stadtwoh-
nung des Besitzers, die auf dem Lande noch ihre letzten Tage
fristen durften: ein durchgesessenes Sofa aus den Dreißigerjahren, ein Büfett und ein Tisch noch aus vorrevolutionären
Zeiten, beide ramponiert von hundert Jahren Dauerbenut-
zung, ein großes Ensemble ungleicher knarrender Bugholz-

stühle. Eine Lampe mit ausladendem Häkelschirm hing tief über dem Tisch. In der Ecke gab es einen eisenverzierten Kamin, und dahinter stand ein mächtiger russischer Ziegelofen, so lang wie ein Auto. Er bildete das Zentrum des Hauses und reichte vom Fundament bis zum Dach. Auf die Art hatten die Russen jahrhundertelang ihre Häuser gebaut: zuerst die lebensspendende Wärmequelle, dann das übrige Haus darum herum.

Die Männer, die die Datscha in den späten Zwanzigerjahren errichtet hatten, waren im vorrevolutionären Russland aufgewachsen. Wie man Axt und Säge führte, mussten sie von Leuten gelernt haben, die noch als Leibeigene geboren worden waren. Dieses Haus jedoch war nicht ganz nach traditioneller Art, sondern auf Bestellung wohlhabender Städter gebaut worden, Angehöriger der neuen Sowjetaristokratie. Und ein echtes Dorfhaus hätte man beispielsweise auch nie mitten in den Wald gestellt, immer nur neben einen Brunnen und unweit der Felder. Keine bäuerliche *isba* wäre mit so etwas Frivolem wie einer Terrasse ausgestattet worden oder mit einem verschwenderischen offenen Kamin. Aber dem Haus steckten trotzdem die Gene des alten Russlands in den Knochen. Als ich zum ersten Mal in der Datscha übernachtete, löste das leise Knarren, das die Balken im schraubstockartigen Klammergriff der abendlichen Winterkälte von sich gaben, in mir die Vorstellung aus, in einem geschlossenen Rettungsboot zu schwimmen, sicher und warm und geschützt vor dem tödlichen, stummen Kältemeer draußen.

In dieses ländliche russische Idyll hatten neue ausländische Mieter das Zubehör ihres westlichen Lebensstils eingeschleppt: einen Haufen bunter Goretex-Wintersachen, ein Monopoly-Spiel, hochmoderne Langlaufskier, einen silbernen Videorekorder und Stapel von Videos mit grellen Covern. Die Farbpalette der sowjetischen Intelligenzija, schien es, umfasste nur Braun- und Grautöne, angemessen für Gebrauchsgegenstände, die halten sollten und liebevoll repariert worden waren. Unser Kram war bunt, teuer und kurzlebig.

Wir hatten Glück gehabt. Hastings kannte ein junges amerikanisches Ehepaar, Tim, erfolgreicher Journalist, und seine hübsche Frau Janie, Fotografin, die Leute suchten, mit denen sie sich ihre Datscha teilen konnten. Hastings' Baseballmütze und seine kumpelhafte Art hatten sie allerdings nervös gemacht.

»Ich will nicht, dass das hier zu einer Art Vereinsheim wird«, hatte Janie uns eingeschärft. Aber ich hatte die beiden mit meinen besten Oxfordmanieren beruhigt. Wir bräuchten einen Ort, wo wir uns nach den Strapazen Moskaus erholen und neu sammeln, wo wir stille und friedliche Tage verbringen konnten.

»Und in aller Ruhe Drogen einschmeißen«, fügte Hastings wenig hilfreich hinzu.

In Ermangelung anderer Interessenten wurden wir dennoch als Mitbewohner akzeptiert und übernahmen die Hälfte der Miete von siebenhundert Dollar im Monat.

Die Datscha gehörte einem Ehepaar, beide über siebzig. Leonid Iwanowitsch Sobjanin war ein schwerfälliger Hüne, der nahezu taub war und davon ausging, dass alle anderen das auch waren. Er verständigte sich brüllend und trug drinnen wie draußen hohe Filzstiefel, *walenki* genannt. Seine Frau Olga Walerianowna war eine verwelkte Schönheit, die immer stark und nicht immer treffsicher geschminkt herumlief und deren Mund meistens missbilligend gekräuselt war, wie ein Hundehintern. Sie war es, die mit finsterem Unmut unser Geld entgegennahm und uns behandelte wie unliebsame Verwandte oder Soldaten einer Besatzungsarmee, die bei ihr einquartiert waren. Sich mit Leonid zu unterhalten war interessant, wenn auch anstrengend. Weil er andere kaum verstand, war seine bevorzugte Gesprächsform der Monolog. Und wie bei vielen tauben alten Leuten schien seine Schwerhörigkeit auch sein Sehvermögen zu beeinträchtigen. Er nahm gar nicht wahr, dass du gerade dabei warst, ein kaltes Bier und einen Teller mit heißen Spiegeleiern zum Küchentisch zu tragen, wenn er beschloss, dich wieder mal mit seinen Erinnerungen zu überfallen. Trotzdem lohnte es sich meistens, seinen lautstarken Ausführungen zu lauschen.

Leonids Vater war einer der führenden Flugzeugkonstrukteure der Sowjetunion gewesen. Tausende der immer noch fliegenden Aeroflot-Maschinen trugen seinen Namen. In den Vierzigerjahren war Iwan Sobjanin wegen des Verdachts der Spionage für die Japaner verhaftet, aber wegen Spionage für die Engländer verurteilt worden. Die Vernehmungsbeamten hatten anscheinend die Anklage geändert, weil ihr Plansoll britischer Spione dringender erfüllt werden musste als das für japanische. Auf jeden Fall fiel die Gulag-Erfahrung von Sobjanin senior insofern nicht ganz so schrecklich aus, als er fast umgehend in einen von Stalins geheimen Maschinenbaubetrieben überführt wurde, in denen ausschließlich politische

Gefangene mit besonders wertvollen Qualifikationen arbeiteten, die nicht in den Salzbergwerken verheizt werden durften. Leonid selbst war in einer Hütte in Kasachstan geboren worden, wohin seine Mutter als Frau eines Volksfeindes verbannt worden war.

Nach Stalins Tod waren Leonids Eltern rehabilitiert worden und durften ein Stück Land im Datschakollektiv ChLAM pachten — ein Akronym für »Arbeiter der Wissenschaft und der Künste«. Im Alltag wurde der Ort mit seinem älteren Namen Michailowa Gora genannt, Michaelsberg.

Wie der neuere Name vermuten ließ, war das Dorf der sowjetischen Künstler- und Wissenschaftlerelite vorbehalten. Als die Sobjanins dorthin zogen, wohnte in ihrer Straße bereits ein Physiknobelpreisträger; der Komponist Sergei Prokofjew wohnte in der Datscha gegenüber. Bedeutende und verdiente Männer, die in ihrem Leben große Staudämme und Traktorenwerke und Neutronenbomben und Überschallflugzeuge gebaut hatten, durften als besondere Anerkennung des dankbaren Staates ihre Gehälter und ihr mit Patenten und Preisen verdientes Geld dafür ausgeben, sich in diesem speziellen Dorf Privatgrundstücke zu kaufen. In Moskau entschieden diese Männer über die Schicksale Zehntausender von Arbeitern, Wissenschaftlern und Ingenieuren. Sie wurden von Chauffeuren in Luxuslimousinen herumkutschiert und bekamen in speziellen Parteigeschäften Delikatessen zu kaufen, von denen das einfache Sowjetvolk noch nie gehört hatte. Aber hier in Michailowa Gora, wie nirgends sonst im Arbeiterparadies, waren wirklich alle gleich. Sie pflegten in Hemdsärmeln ihre Blumengärten, während ihre Frauen Marmelade einkochten. Auf den gerahmten Familienfotos in Leonids Wohnzimmer saßen glückliche Dorffamilien um dampfende Samoware, die Männer mit runden Brillen und Hosenträgern, die Kinder mit Tennistrikots und Sommermützen.

Heute aber waren aus der großen Generation, die das Dorf erbaut hatte, die meisten tot, und die Kinder, die hochprivilegiert aufgewachsen waren — wenigstens für sowjetische Verhältnisse —, mussten plötzlich feststellen, dass die kalten Winde der Welt in ihr kuscheliges kleines Refugium wehten. Eine Schicht Neureicher, *Nowije Russkije* genannt, die »Neuen Russen«, begannen, dem Lebensstil der alten Sowjetelite nachzueifern. Mit ihrem frischen Vermögen kauften sie in den alten Parteihochburgen an der Moskwa stromaufwärts von der Stadt Grundstücke auf. Gewöhnlich ließen sie die reizenden alten Holzhäuser abreißen und potthässliche Backsteinpaläste errichten, die sie absurderweise als *kottedschi* bezeichneten, von dem englischen Wort *cottage*, »Landhäuschen«.

Leonids jüngerer Bruder, der nach dem Tod des Vaters die Hälfte des Grundstücks auf dem Michailowa Gora geerbt hatte, war seinerseits zwei Jahre zuvor gestorben. Seine Witwe hatte ihr Land an einen armenischen Bauträger verkauft. Der neue Besitzer verlor keine Zeit: Er holzte die meisten Bäume ab und errichtete ein imposantes dreistöckiges Schloss mit Türmen und Spitzbogenfenstern. Aber im Winter davor waren die Bauarbeiten rätselhafterweise zum Stillstand gekommen und der Armenier verschwunden. Zurück blieben unbezahlte Baufirmen und ein halb fertiges unbewohnbares Monstrum, das fast den ganzen Garten einnahm. Es überschattete Leonids kleine Datscha als unübersehbare Erinnerung an die Armut und Ohnmacht der Familie Sobjanin.

Da ihre Renten auf einen Schlag nichts mehr wert waren, hatten Leonid und seine Frau ihr geliebtes Familiendomizil einer Gruppe junger Ausländer unter dreißig überlassen und ihrerseits in eine kleine Hütte im Garten ziehen müssen, die in besseren Zeiten als Chauffeurshäuschen gebaut worden war. Als täglicher kleiner Akt der Rache an seinem neuen neurussischen Nachbarn schlug Leonid den Bretterzaun, den die Bauarbeiter über sein Grundstück gezogen hatten, Stück für Stück ab und zerhackte ihn zu Brennholz. Im nächsten Winter war es das Holzgerüst, das langsam, aber sicher in Leonids Holzschuppen verschwand.

Verglichen mit anderen postsowjetischen Abstürzen war der der Sobjanins nicht sonderlich hart. Leonid selbst hatte sich in seiner prekären Kindheit in Kasachstan vielleicht eine stoische Lebenshaltung zu eigen gemacht. Aber Olga Walerianowna fühlte die Wunde tief. Die rosige Zukunft, die sie durch ihre Heirat gesichert geglaubt hatte, war ihr von einer Meute junger Ausländer weggenommen worden. Ihre kleine Rache an der neuen Ordnung bestand darin, dass sie frühmorgens in die Datscha hineinplatzte und sich lautstark über das Chaos beschwerte. Hastings verfiel rasch auf eine brillante Gegenstrategie: Wenn ihr Nörgeln und Motzen ihn weckte, kam er splitternackt heraus, rieb sich die Augen mit einem Handtuch und tat so, als sähe er sie nicht. Damit bekam er sie meistens vertrieben, und wir konnten unseren Kater in Frieden ausschlafen.

Hastings und ich entwickelten bald einen festen Rhythmus

und fühlten uns als etwas Besonderes, weil wir freitags und samstags Moskau den Rücken kehrten. Wie waschechte Wochenendler kauften wir im Supermarkt Eldorado säckeweise Lebensmittel für unsere Datschentage ein. Das Eldorado war in Moskau der Gipfel des Luxus. Seine Gefriertruhen strotzten von Tintenfischen und Jakobsmuscheln, aus Amsterdam eingeflogenem frischen Salat, dicken Omahasteaks. Die gelbe Neonreklame, mit der der Supermarkt auf sich aufmerksam machte, nahm das halbe Gebäude ein, in dem er sich befand, und leuchtete vierundzwanzig Stunden lang durch das Glasdach der Tretjakow-Galerie nebenan. In der bescheidenen Anfangszeit damals waren die Kunden noch größtenteils Ausländer, die ihre Chauffeure draußen mit laufendem Motor in den Jeep Cherokees und Volvos warten ließen, während sie das Angebot heimischer Lieblingsprodukte durchstöberten, die zu ihrer Annehmlichkeit eingeführt worden waren: Oreo Cookies und Cheerios für die Amerikaner, Camembert »Président« und normannische Butter für die Franzosen, Nutella und Barilla-Nudeln für die Italiener, rätselhaft beschriftete Dosen für die Finnen. Für heimwehkranke Briten gab es Digestive-Schokoladenkekse, Heinz-Ketchup, Gläser mit Tescos Tikka-Masala-Sauce, ferner importierte Weine für fünfzig Dollar die Flasche, sogar schwedischen Wodka und finnische saure Sahne. Russische Erzeugnisse waren nur am Rande in Form von schmutzigen Kohlköpfen, Kartoffeln und Zwiebeln, verdächtig billigen tiefgefrorenen Rinderfilets, kackfleckigen Eiern und ein paar anämischen blauen Hühnern vertreten.

Gehörig beladen mit Eiern und Rinderfilets sowie Luxusartikeln wie Bechern Häagen-Dazs-Eis, Stangen Marlboro

Light und einem Rucksack voll Spirituosen, winkten wir uns ein Schwarztaxi zur Datscha.

Wir erwarben ein Trampolin zur sportlichen Betätigung und zum Vergnügen, aber auch weil Hastings beteuerte, das sei für Russinnen etwas ganz Neues und zur Anmache ideal. Ein paar amerikanische Diplomaten hatten sich mit enormen Unkosten für den US-Steuerzahler ein dreieinhalb Meter großes Trampolin kommen lassen. Vor dem Wegzug aus Russland annoncierten sie es in der *Moscow Times* für eintausendfünfhundert Dollar. Zwei Wochen später versuchten sie es aufs Neue, diesmal für einhundertfünfzig Dollar, und dieses Schnäppchen entging Hastings' scharfem Auge nicht. Kolja, unser Firmenchauffeur, und ein paar seiner Gaunerfreunde luden es ein und bauten es mitten auf dem Datscharasen neu auf. Wir vergnügten uns stundenlang mit dem Ding. Hastings übte einen Partytrick ein, bei dem er mit einem Salto vom Trampolin sprang, auf dem Hintern in einer tiefen Schneewehe landete und dabei kaum etwas von seinem Bier verschüttete.

»Über-ragend!«, schrie er, während er seine Renommiernummer vorführte. Seine hässlichen Freundinnen waren regelmäßig beeindruckt.

Tim stellte mich unserem Nachbarn Alexei Swerdlow vor, der rasch eine der Freuden unseres neuen Datschalebens wurde. Swerdlow, ungefähr Anfang fünfzig, war ein Schrank von einem Mann mit scharfen Augen und einem Tschechow'schen Spitzbart. Er war Journalist, und so sah er auch aus. Er trug die Einheitskluft des abgerissenen spätsowjetischen Intelligenzlers: alte Jeansjacke, Achtzigerjahre-Wranglers, schmutzige weiße Turnschuhe. Tim hatte ihn auf einem Empfang im »Haus der Journalisten« kennengelernt. Swerdlow hatte sich neben dem kostenlosen Büfett aufgebaut und beanspruchte eine Ecke davon zu seinem persönlichen Verzehr, denn er hatte die Kellner bestochen, damit sie ihm das Essen brachten, sobald es aus der Küche kam. »Wenn er gratis ist, schmeckt sogar Essig süß«, witzelte er.

Swerdlow war der klassische Bewohner von Michailowa Gora. Mit dem kleinen Einkommen, das er mit der Vermietung seiner Familiendatscha an irgendwelche amerikanischen Managertypen erzielte, mietete er sich eine andere, kleinere Datscha, in der er wochenlang saß und allem Anschein nach gar nichts tat. Wie Gontscharows Antiheld Oblomow konnte er den ganzen Vormittag auf seinem abscheulichen mit Laken abgedeckten Sofa liegen und übel riechende Papirossy rauchen – eine traditionelle russische Zigarettenart mit starkem Tabak am Ende und einem langen Pappröhrchen als Filter. Am liebsten rauchte er die konsequente Retromarke Belomorkanal, benannt nach dem Weißmeerkanal, einem von Stalins sinnlosen Bauvorhaben der Dreißigerjahre, die viele Strafarbeiter das Leben kosteten; sie waren beängstigend billig für fünfzehn US-Cent das Päckchen zu haben. Swerdlow aß meistens aus Dosen, die er in Kisten auf dem Dorfmarkt von Aserbaidschanern kaufte: Sardinen, Zuckermais, hellgrüne Erbsen, Kondensmilch. Von seinem Sofa erhob er sich nur, um den Wasserkessel zu füllen und einen bestialisch starken schwarzen Tee zu kochen, vier Teebeutel pro Tasse. Wie Hastings war er nachrichtensüchtig und hörte den ganzen Tag Radio

Echo Moskwy. Im Unterschied zu Hastings jedoch hatte er niemanden, der ihm Zeitungen besorgte, weshalb jeder, der ihn besuchen kam, ihm einen Stapel der jüngsten Presseerzeugnisse als Tribut mitbringen musste.

Swerdlow war ein begnadeter Erzähler. Der ersten Geschichte, die er uns vor dem Kamin unserer Datscha im flackernden Feuerschein erzählte, gab er den Titel: »Wie ich New York eroberte«. Swerdlow hatte ein paar Jahre zuvor, kurz nach dem Ende der Sowjetunion, Freunde in New York besucht. Sein Gepäck, behauptete er, habe hauptsächlich aus Zeitungen bestanden, die zu lesen er bis dahin noch nicht geschafft hatte. Nach anfänglichem planlosen touristischen Herumstiefeln verbrachte Swerdlow die ersten zwei Wochen seines Besuchs damit, dass er sich in der Wohnung seiner Gastgeber in Brighton Beach durch seinen mitgebrachten Zeitungsberg wühlte und sein Zimmer nur verließ, um sich Kaffee zu kochen und Eier zu braten. Als seine Freunde ihn schließlich fragten, was er davon hielte, sich aufzumachen und vielleicht ein bisschen Geld zu verdienen, wagte sich Swerdlow fast zum ersten Mal auf die Straßen von Brooklyn hinaus. In einem billigen Esslokal freundete er sich mit einem älteren Schwarzen an, der nachts Büroräume reinigte; gemeinsam zogen sie durch die Kneipen von Astoria und Glendale. An diesem Abend mit seinem neuen Freund und dessen Kollegen, die im selben Gewerbe tätig waren, hatte Swerdlow einen Geistesblitz. Im Laufe eines unsteten Lebens, dessen höchstes Ziel die Minimierung des Arbeitsaufwands war, hatte er schon vor Jahren erkannt, dass zehn Männer in einer Stunde viel mehr schaffen konnten als ein Mann in zehn

Stunden. Er beschloss, dieses Prinzip schöpferisch anzuwenden und ein Reinigungskollektiv nach sowjetischem Vorbild zu gründen, mit ihm selbst als Geschäftsführer.

Auf der nächtlichen Runde, die Swerdlows Putzkräfte, alles Schwarze und Hispanos, von nun an durch die Büros von Brooklyn und Manhattan drehten, erledigten sie gemeinsam, was vorher jeder einzeln verrichtet hatte, aber in einem Bruchteil der Zeit. Mit unbeschwertem russischen Rassismus nannte Swerdlow sie »meine schwarze Hundertschaft« (eine Anspielung, erklärte er auf meinen verständnislosen Blick hin, auf die vorrevolutionären Kosakentrupps, die sich in den Pogromen hervorgetan hatten). Er kutschierte sie in einem alten Laster, den er einmal für einen Händler im Viertel gefahren hatte und sich jetzt ohne Genehmigung des Besitzers allnächtlich auslieh, von einem Arbeitsplatz zum anderen. Er hatte sich den Schlüssel nachmachen lassen und klemmte den Tacho und den Meilenzähler ab, sodass der Händler von den außerplanmäßigen Nachteinsätzen seines Fahrzeugs nie etwas erfuhr. Für seine Organisations- und Chauffeursdienste nahm sich Swerdlow einen Anteil an den Einnahmen des Kollektivs, den er hauptsächlich für Walkmans und Gettoblaster zum Wiederverkauf in Russland ausgab. Mit den Profiten aus diesem Elektronikhandel konnte er sich unglaublicherweise eine Gemeinschaftswohnung am Stadtrand von Moskau kaufen. Die wiederum stellte er Gastarbeitern aus Tadschikistan mietfrei zur Verfügung und bekam sie dafür auf deren Kosten komplett renoviert. Die renovierte Wohnung verkaufte er zum doppelten Preis weiter. Auf diese Art häufte er in drei Jahren mit minimalem eigenen Einsatz achtzigtausend Dollar an.

»Dieser Kapitalismus! Jetzt verstehe ich, warum alle ihn lieben«, dachte Swerdlow. »Andere arbeiten, du lehnst dich einfach zurück und hast die guten Ideen!«

Doch sein Geschäftsglück verließ ihn 1994, als er fast sein ganzes Geld in ein Schneeballsystem namens MMM steckte. Der Kopf des Unternehmens, Sergei Mawrodi, hatte Swerdlow mit dem gemeinnützigen Werbetrick beeindruckt, alle Fahrgäste einen Tag lang kostenlos mit der Moskauer Metro fahren zu lassen. Mawrodi prahlte zudem im staatlichen Fernsehen, das Unternehmen nähme dermaßen viel Bargeld ein, dass sie es mittlerweile nach Zimmern zählten, also ein Zimmer voll Geld, zwei Zimmer voll Geld und so weiter. Mawrodi hatte eine jährliche Rendite von tausend Prozent versprochen, was Swerdlow mit seinen Geschäftserfahrungen bis dahin nicht unwahrscheinlich vorkam.

Selbstredend brach MMM nach wenigen Monaten zusammen, als sich die Schulden bei den Anlegern auf über fünfundzwanzig Millionen Dollar beliefen – nur die ursprünglichen Einlagen gerechnet, nicht die fiktiven phänomenalen Profite, die die MMM-Aktien erzielt hatten. Swerdlows Aktien waren – auf dem Papier – fast eine halbe Million Dollar wert. Er war gerade in Gagra, wo er ein paar bettelarmen Journalistenfreunden einen Luxusurlaub spendierte, als die Nachricht kam. Noch in derselben Nacht packten sie ihre Habseligkeiten in Plastiktüten und warfen sie aus dem Fenster, um sich beim Verlassen des Hotels nicht mit Koffern zu verraten. Dann nahmen sie den nächsten Zug nach Moskau, ohne ihre haushohe Rechnung beglichen zu haben.

»War es schön, reich zu sein?«, fragte ich den Donald Trump von Michailowa Gora.

Ein Weilchen dachte er ernsthaft über die Frage nach. »Schön, hm? In mancher Hinsicht ja. Fernreisen! Aber im Großen und Ganzen nein. Ich mag keine Freunde, die Geld mögen. Alle um einen herum sind ständig betrunken. Ich mag die Frauen nicht, die Geld mögen. Auf einmal wollen sie Champagner und Kinder haben. Aber am meisten war es mir zuwider, dass alle ständig zum Essen ausgehen wollten. Schreckliche Musik! Laut und zum Kotzen! Jeden Abend bummern sie an die Tür, Aljoscha, das Restaurant ist auf, wir haben den besten Tisch! Komm! Wir warten auf dich! Ein Grauen, sage ich dir.«

Swerdlows Besuch in Leonids Datscha war eine seltene Ausnahme gewesen. Meistens gingen wir zu ihm, um uns die Geschichte der Woche anzuhören, vom Gang der Handlung gefesselt wie kleine Jungs. Von der Kanzel seines durchhängenden Sofas aus spann Swerdlow das Garn seiner Geschichten – alle wirklich passiert, schwor er – über seine eigenen fantastischen Abenteuer und die seiner sowjetischen Journalistenkollegen.

Es war Alexei Swerdlow, der mir die Freuden des Gunstgewerbes nahebrachte. Er liebte Prostituierte. Für ihn waren Huren kein perverser oder anrüchiger Luxus, sondern schlicht eine der Grundzutaten des Lebens, wie Dosenerbsen, Freunde oder ein Auto. Sie befriedigten ein körperliches und soziales Bedürfnis, und er behandelte sie in etwa so resolut und freundlich, wie nach meiner Vorstellung ein altrussischer Landadeliger mit seinen liebsten, hin und wieder jedoch widerspenstigen Leibeigenen umgesprungen war. Swerdlow hatte auch normale Freundinnen, mitunter sogar recht ansehnliche, aber er dachte gar nicht daran, seinen Nuttenkonsum einzuschränken oder ihn vor seinen nichtgewerblichen Geliebten zu vertuschen. Ich fand diesen Verzicht auf Heuchelei großartig.

Nach Swerdlows Theorie kam es bei Huren allein aufs Herz an, nicht aufs Aussehen. Er mochte die billigen und fröhlichen und verschmähte die hochpreisigen eisigen Fräuleins der mondänen Moskauer Klubs. Er mochte Mädchen aus Odinzowo, einer hässlichen nahen Fabrikstadt, und bestellte sie sich in Wagenladungen. *»Wesiti, skolko wmestizja!«*, grölte er ins Telefon, eine wunderbar sparsame russische Formulierung, die »bring so viele, wie reinpassen« bedeutete. In der Regel kündigte das Tuckern eines altersschwachen Wolga-Motors — eines denkwürdigen Abends auch einmal eines gelben städtischen Minibusses — das Eintreffen der Damen an seiner Datschapforte an. Dann schlenderte Swerdlow auf seine eiskalte Veranda hinaus, häufig nur mit Boxershorts bekleidet, und schrie Anweisungen, während die Mädchen in ihren Stöckelschuhen durch die ungeräumten Schneewehen stakten wie Schauponys im hohen Trab.

»Hier sind wir! Wir sind bereit! Hier herüber, Mädels, in einer Reihe den Weg lang!«

Der erste Anblick der Ankömmlinge war gewöhnlich haarsträubend. Unter schön verstanden die Huren von Odinzowo paillettenbesetztes Lycra, toupierte Haare, dicke Schminke, synthetische Mikroröcke, im günstigsten Fall noch schenkelhohe Stiefel und billige Pelzmäntel. Derart aufgetakelt sahen die vier oder fünf Mädchen so fremdartig aus wie die Gäste der Alienkneipe in *Star Wars*, abstoßend und traurig.

Aber Swerdlow wusste sich zu helfen. Kaum dass die Mädchen zur Tür herein waren, befahl er ihnen, sich auf der Stelle auszuziehen und ins Bad zu begeben. Das war für sie keine Tortur. Mächtige gusseiserne Heizkörper sorgten für derart tropische Temperaturen, dass Swerdlows *fortotschki* – die kleinen Fensterklappen, die Russen zur Belüftung benutzen – bis auf die allerhärtesten Frosttage weit offen standen, damit die brüllende Hitze und der Zigarettenrauch in der Datscha abziehen konnten.

Sobald die Schminke abgewaschen, die dämlichen Frisuren ausgespült und die Körper nur noch in Handtücher gehüllt waren, machten die Mädchen in der Tat gleich einen sehr viel besseren Eindruck. Während die Waschungen im Gange waren, stellte er diejenigen, die auf die Dusche warteten, für verschiedene Haushaltsarbeiten an. Zwei sichteten die Einkaufsbeutel mit Lebensmitteln, die auf dem Terrassentisch abgestellt worden waren, öffneten Gläser mit Pastete und Räucherfisch oder, wenn einer von uns sich reich fühlte, mit Räucherlachs und Kaviar. Andere machten die Betten, spülten und verräumten die Berge von Teetassen und Tellern auf dem Tisch. Diese häusliche Szene, aufgeführt von nackten jungen Frauen, war mit Abstand die schrägste Nummer, die ich je gesehen hatte.

»Werft die schmutzige Wäsche in die Maschine, meine Schätzchen!«, befahl Swerdlow vom Sofa aus. Eine merkwürdige Ausnahmeregelung seines feudalen Haushaltsregiments schrieb vor, dass nur die Männer Alkohol austeilen durften. Die Vorstellung, eine Frau könnte sich selbst etwas zu trinken einschenken, ging fundamental gegen Swerdlows altweltliche Instinkte. Selbst die vulgärste Proletarierin teilte diese eigentümlich vorrevolutionäre Einstellung. Eher saßen sie stundenlang stumm mit leeren Gläsern da, als dass sie sich selbst bedienten. Mir, der ich in diesem Stadium meistens ebenfalls nur noch Boxershorts und T-Shirt anhatte, blieb es vorbehalten, mich auf Zehenspitzen zu der Schneebank vor der Tür zu begeben, wo russischer *schampanskoje*, Wein und Bier kühl standen, und den Damen ihre wohlverdienten Getränke zukommen zu lassen.

»Auf die talentierten Amateurinnen!«, rief Swerdlow aus und hob seine gesprungene Teetasse – gefüllt mit Tee, da er die harten Sachen nicht mehr anrührte. »Ihr und nichts anderes macht Russland zur größten Nation der Welt. Hockey, Fußball? Nein! Das Ficken ist unser wahrer Nationalsport!« Weil Swerdlow immer mehr Mädchen bestellte – und natürlich bezahlte –, als er beschlafen konnte, gab es einen gewissen freundlichen Wettstreit darum, welche von ihnen ihn und seine Freunde tatsächlich unter die Finger bekamen.

Als ich die samstagabendliche Ankunft der Odinzowoerinnen zum ersten Mal miterlebte, hatte Swerdlow Hastings und mich nicht vorgewarnt, sondern uns nur mitgeteilt: »Ein paar Mädchen kommen vorbei.« Doch als sie eintrafen, war ihr Gewerbe nicht zu verkennen, und ich merkte, wie mich meine sonstige Weltgewandtheit plötzlich komplett verließ; ich erstarrte förmlich vor Verlegenheit. Anfangs hatte ich nicht die Absicht, mit einer von ihnen zu schlafen. Stattdessen setzte ich eine Miene ernsten Interesses auf und befragte ein paar sehr gesittet nach ihrem Leben, so wie man mit einer jungen Verwandten beim Begräbnis einer Tante plaudern würde. Die Mädchen kicherten über meine Verklemmtheit und logen das Blaue vom Himmel herunter. Aber nachdem die zweite Runde ausgeschenkt und getrunken und ein paar lustige Geschichten erzählt worden waren, fühlte ich, wie sich eine warme kleine Hand zwischen meine Hemdknöpfe schob. Ein verlockendes Flüstern zischelte mir ins Ohr, eine warme priapische Woge hob mich aus meinem Sessel heraus, und ich sah mich von zwei Mädchen an die Hand genommen, den Flur hinuntergeführt und auf eines von Swerdlows wulstigen Einzelbetten gelegt. Aus dem Nebenzimmer drang ausgelassenes Kichern, das Krachen fallender Teller, von Swerdlow ein Triumphgebrüll wie von einem brünstigen Keiler. Dann fröhliche Kopulationsgeräusche. Später unter der Dusche sang Swerdlow in seinem grauenhaften Englisch den Queen-Song »Fat bottomed girls, you make the rockin' world go round«.

An ihre Namen kann ich mich nicht erinnern. Aber die Hände dieser Frauen, ihre Haut, ihre Bewegungen, der Schwung einer Brust oder der Tonfall eines Flüsterns, das alles hat sich mir tief ins Gedächtnis eingegraben. Nicht in den Teil meines Gedächtnisses, in dem ich normale Leute abspeichere, mit denen ich mich zivilisiert unterhalte, sondern in einen anderen, einen animalischen Teil, wo die physische Erinnerung ein rein sinnliches Separee für sich beansprucht. Die Erinnerung des Auges, der Haut. Vielleicht wollte Swerdlow deswegen, dass sie sich auszogen und ihre aufgeschminkten Charaktermasken abwuschen – damit nur die nackte menschliche Frau übrig blieb. Wie gesagt, es gab keine Göttinnen im Billigpreissegment der Arbeitermädel, die Swerdlow sein ukrainisches Fußvolk nannte. Aber irgendwie machten ihre Unvollkommenheiten sie schöner. Ein winziger, langnippliger junger Busen; ein flacher Hintern; ein blasser weißer Hals voller Sommersprossen; eine rundliche junge Mutter, deren Brüste ein Stockwerk tiefer plumpsten, wenn der Büstenhalter sie freigab.

Vielleicht erwecke ich den Eindruck, wir hätten diese jungen Frauen einfach konsumiert, wie man ein Steak verzehrt – ein rein fleischlicher Verbrauchsakt, eine eilig verrichtete Bedürfnisbefriedigung. Aber dem war nicht so. Wir plauderten miteinander. Wir rissen Witze, unterhielten sie, brachten sie zum Lachen. Das war nicht nur unsere Einbildung, als der Trick jeder professionellen Hure, die es versteht, ihren Freier glauben zu machen, er wäre furchtbar witzig und überdies toll im Bett. Ich glaube, sie mochten uns wirklich, und sei es aus dem einfachen Grund, dass sie im Grunde überhaupt nicht professionell waren. Die meisten waren gewöhnliche arme Frauen mit unglücklichen Ehen und beschissenen Jobs, die sich für Kleider und Kosmetik etwas dazuverdienen wollten. In Momenten postkoitaler Gewissensbisse fragte ich einige, die Stimme ernst und besorgt, warum sie sich prostituierten. Die Antwort war ein verständnisloses Stirnrunzeln. »Ich brauche Geld, und ich ficke gern!«, sagte ein munteres rothaariges Kruselköpfchen, das in einem Supermarkt arbeitete, mit offenem Grinsen.

Sie waren freundlich. Sie waren lustig. Und, so merkwürdig es klingt, wenn der Beischlafsturm abgeflaut war und ich mich erschöpft auf das verschwitzte Laken sinken ließ, waren ihre Liebkosungen sanft und mütterlich. Sie machten sich keine Illusionen über die Männer, diese Mädchen, und sie hatten die uralte Frauenweisheit schnell gelernt: wie wir Männer sind, wenn der Dämon der Begierde uns packt, was für Sachen wir dann wollen und was für Lügen wir ihnen erzählen. Und wie wir Männer in den wenigen Minuten nach dem Orgasmus sind, kurzzeitig abgekoppelt von der Matrix des sexuellen Begehrens. *Post coitum omne animal triste est*, lautet ein Spruch in Küchenlatein, der mir aus Oxforder Zeiten einfiel und den ich jetzt öfter zum Besten gab: Nach dem Koitus ist jedes Tier traurig. Und in diesen Momenten, wenn ihre Arbeit getan war – fürs Erste wenigstens – und sie es nicht nötig hatten, nett zu uns zu sein oder uns vorzuspiegeln, sie hätten uns gern, in diesen Momenten waren sie am süßesten. Mädchen, denen ich in einem Restaurant nichts zu sagen gewusst hätte, Mädchen mit gescheitertem Leben und dürftigster Schulbildung und grässlichem Geschmack und keinerlei Ehrgeiz. Menschen, die unter anderen Umständen nie in mein Leben getreten wären, sie waren plötzlich ganz nah und vertraut und intim und, ja, geliebt.

»*Saika*«, flüsterte mir eine mit einer solchen Zärtlichkeit ins Ohr, dass sich mir die Nackenhaare aufstellten. »Häschen.« Ich kann mir das Gefühl heute noch zurückrufen. »Schlaf jetzt. Erhol dich. Ich will dich noch mal«, sagte eine andere, legte ihre Stirn an meine und strich mir mit den Fingern durch die Haare. Eine zierliche Brünette fast noch im Schulalter, die hemmungslos fluchte, wie ein Tier fickte und mir dabei ihre abgekauten Fingernägel in den Rücken grub, rollte sich zusammen, sobald wir fertig waren, und schlief in meinen Armen ein.

In der zweiten Januarhälfte, um das orthodoxe Epiphanias herum, kam die Zeit der grimmigen Kälte. Der Himmel wurde hart und blau, und die Schneebänke überzogen sich entweder mit einer verharschten Eiskruste oder verwandelten sich in feinen Schneestaub. Die Luft selbst gefror. *Inei* nennen die Russen den seltsamen atmosphärischen Effekt, wenn die Feuchtigkeit in der Luft zu winzigen Eisteilchen gefriert, die in der Wintersonne funkeln.

In der Datscha drehte Leonid die Heizung hoch und zeterte laut, die Rohre könnten platzen. In Moskau konnte man die Fußgänger noch eindeutiger als zuvor nach ihren Kennfarben einordnen, als hätte der Winter eine Kleiderordnung einge-führt, an die sich jede soziale Schicht in der Stadt zu halten hatte. Ausländer trugen bunte, plusterige North-Face-Ski-kleidung in leuchtenden Blau- und Rottönen. Die Älteren tru-gen Schwarz und Grau, mit schäbigem Pelzbesatz. Normale jüngere Moskauer trugen billige chinesische Daunenjacken in Tarnfleck- oder Blumenmustern. Verkehrspolizisten und Sol-daten erschienen in Lammfellmänteln, Filzstiefeln und tra-ditionellen russischen Pelzmützen, *uschanka* genannt, mit denen sie aussahen wie Statisten in einem Eisenstein-Film. Seltsamerweise waren sie – außer ausländischen Touristen – fast die Einzigen, die man mit *uschanka* sah, wobei ein richti-ger russischer Mann um keinen Preis jemals den Ohrenschutz herunterklappt. Reiche Frauen trugen prächtige Pelze, rei-che Männer hüllten sich in elegante italienische Kaschmirmäntel, die gegen die Kälte wenig nützten, aber hervorragend zum Ausdruck brachten, dass ihre Besitzer in ihnen nie länger draußen sein mussten, als sie brauchten, um vom Büroausgang zur aufgehaltenen Wagentür zu schreiten.

Die Stadt zu durchqueren wurde ein Hindernislauf durch unterschiedlichste Temperaturzonen. In der Metro und den Geschäften schlug einem ein Schwall stechend heißer Luft entgegen, bei dem man sofort in Schweiß ausbrach. Wieder hinaus in die Kälte zu gehen war wie ein Kopfsprung in ein eiskaltes Schwimmbecken, ein belebender Schock. Der Schweiß auf der Stirn und am Rücken wurde augenblicklich klamm und unangenehm. Minus zehn war ein normaler Wintertag. Minus zwanzig Grad galt als ordentlich kalt, aber noch normal, nur halt kälter. Erst bei minus fünfundzwanzig nahmen die Moskauer den Winter richtig ernst und schlossen die Schulen. Walentina Wladimirowna erklärte, es sei dann gefährlich für Schulkinder, an Bushaltestellen zu warten. Erst wenn das Thermometer minus dreißig erreichte, war es mit der Machonummer, die Kälte stolz zu ignorieren, endgültig vorbei. Motoren sprangen nicht mehr an, weil das russische Frostschutzmittel gefror. Diesel gelierte. Ein Einkaufsgang war hochgradig unfallträchtig. Fußgänger verschwanden von den Straßen, der Verkehr dünnte sich aus, und man blickte stellenweise auf nackten Asphalt und Pflaster. Es war, als wäre die Pest ausgebrochen, oder wie nach einem Nuklearschlag. Bis auf die Hartgesottensten blieben alle zu Hause, schwelgten in der dampfenden Wärme, mit der der Staat sie nahezu kostenlos versorgte, und warteten das Ende des Frostangriffs ab.

Mein Klient Steve rief mich während der großen Kälte an. Ob ich mit ihm und seiner Frau auf eine Party im Firebird Casino gehen wolle? »Viel Prominenz« werde da sein, versprach er. »Einige richtig große Namen in Moskau, Sie werden staunen.« Ich war mir nicht schlüssig, ob Steve das ironisch meinte. Nach kurzem Bedenken hatte ich nicht den Eindruck und nahm die Einladung mit höflichem Dank an.

»Yeah. Die Moskauer High Society, Mann«, sagte er. »Werfen Sie sich in Schale, okay?«

Das Firebird lag im Keller des stalinistischen Wolkenkratzers an der Barrikadnaja. Sieben dieser abartigen Hochhäuser schmückten die Moskauer Skyline, alle im sogenannten Zuckerbäckerstil, mit einem hohen Turm als Spitze. Sie waren nach dem Krieg gebaut worden, orientierten sich aber an den neugotischen Wolkenkratzern der Dreißigerjahre in Manhattan und Chicago. Die Sieben Schwestern in Moskau waren kleinere, dickere Abarten des Chrysler Building. Zwei davon waren Wohnhäuser, aufgeteilt unter den verschiedenen Sparten der sowjetischen Elite. Das Haus an der Barrikadnaja beherbergte die großen Ingenieure und Soldaten der Sowjetunion, das an der Kotelnitscheskaja-Uferstraße war das Künstlerdomizil, in dem Ballerinen, Theaterregisseure und Schriftsteller wohnten. Auf dem Weg zum Eingang des Firebird kam ich an Reihen von Granit- und Porphyrtafeln vorbei, die zu Ehren der berühmtesten Bewohner des Hauses an der Fassade angebracht waren. Auf jeder war das Bild eines großen Mannes herausgemeißelt worden, dazu sein spezieller Beitrag zum Arbeiterparadies: ein Zeppelin, ein Staudamm, ein Hubschrauber, eine Brücke.

Vor dem Eingang zum Firebird stauten sich massenhaft teure Autos, alle schwarz, alle mit laufendem Motor. Ein kleines Rudel ungeladener Gäste drängelte sich vor der Tür, und alle versuchten, den steinern blickenden Sicherheitschef zu bereden, der das übliche Klemmbrett mit der Gästeliste hielt und die frierenden Bittsteller mit der grimmigen Zufriedenheit eines kleinen Mannes mit ein klein wenig Macht musterte. Das betraf mich nicht. Steve hatte viel Wesens darum gemacht, mir eine Einladung zu faxen, die ich mir in die Manteltasche gesteckt hatte. Aber wie sollte ich mich in dem Gedränge nach vorn schieben und mein Dokument vorzeigen?

»Hi!«

Eine kultivierte englische Stimme hinter mir. Ich drehte mich um und erblickte einen eleganten blonden Mann ungefähr meines Alters, die Hüften schlank, die Armbanduhr teuer. An seinem Arm kippelte auf unfassbar hohen Absätzen eine Frau von einem derart strahlenden Sex-Appeal, dass sie das Licht um sich herum zu beugen schien.

»James Gormley-Smith«, sagte er. »Neu in der Stadt?«

Ich bejahte und stellte mich vor. Mit einer hilflosen Geste deutete ich auf die anschwellende Meute vor der Tür.

»Machen Sie sich darüber keine Gedanken. Nicht vergessen: Die Schlange ist für die andern da, nicht für Sie. Einfach schnurstracks reinmarschieren. Lächeln, nicken. Auf geht's!«

Er grinste schelmisch und ging auf der Ausgangsseite der Samtkordel voraus. Beim Näherkommen beschleunigte er seinen Schritt und öffnete Mantel und Schal, sodass man seine schwarze Fliege sah. Ein blendendes Lächeln und ein freundliches Nicken zum Wachmann, und in der Tat, wie auf Schlittschuhen glitten wir mühelos auf Smiths chromglänzendem Selbstvertrauen an ihm vorbei und waren drin.

Der Eingang, der früher in das Kino des Hauses geführt hatte, war heute von ägyptisch bemalten Gipssäulen flankiert; das Treppenhaus zierte ein Fries von Palmen, Krokodilen und heiligen Ibissen. Umwerfend schöne lächelnde Mädchen standen vorn an der Garderobe. Die üblichen bulligen sowjetischen Garderobieren waren nach hinten verbannt worden, wo sie armweise Nerz und Kaschmir schleppten. Vom Panzer meines schweren schwarzen Mantels befreit, entpuppte ich mich als anständig gekleideter und teuer pomadisierter Engländer im Smoking. Ein etwas beleibterer James Bond, dachte ich, als ich mich in den langen Spiegeln betrachtete, oder ein heterosexueller Guy Burgess. Nicht schlecht.

Doch als Smith sich oben an der Treppe zu mir gesellte, stellte er mich mit seinen lässig gegelten Haaren und seinem perfekt geschnittenen Anzug in den Schatten. Er war makellos: ein solches Prachtexemplar, dass die Frauen ihn selbstverständlich sofort haben und die Männer wie er sein wollten. Dabei schien sich Smith seines Status als Halbgott gar nicht bewusst zu sein und besonnte alle, die ihm begegneten, gleichermaßen mit den warmen Strahlen seines Charmes.

»Ich nenne es den Jedi-Trick. Wie in *Star Wars*, nicht wahr?« Ich guckte verständnislos. »Ich meine das mit der Samtkordel. Wo Obi-Wan sagt: ›Das sind nicht die Droiden, die ihr sucht‹, und so eine Handbewegung macht. Und der Sturmtruppler sagt: ›Das sind nicht die Droiden, die wir suchen‹, und geht weg. Genauso muss man es mit diesen Türstehheinis auch machen.«

Er lächelte listig und bot mir eine Zigarette an.

»Ich importiere diese Dinger«, sagte er und zog halb entschuldigend die Brauen hoch. »Und Sie?«

Wie die meisten charmanten Menschen verstand es Smith, einem das Gefühl zu geben, man sei der interessanteste Mensch auf der Welt.

»Großvater Kosakenoffizier – fantastisch! Echt faszinierende Geschichte. Gott, da müssen Sie mir mehr drüber erzählen.«

Unser kleiner Plausch wurde von seiner Freundin unterbrochen, die von einem längeren Nachschminken zurückkam und überirdisch aussah. Sie trug einen knallroten Minirock und ganz offensichtlich nichts darunter. Ihr Körper bewegte sich wie Bergwasser über Steine, kühl und natürlich, fließend. Als Smith sie mir vorstellte – Anastassija –, legte sie mir zur Begrüßung die Hand auf die Schulter und ließ sie an meinem Arm hinabgleiten, sah mir in die Augen und nickte dann huldvoll, um mich augenblicklich zu vergessen.

Das Kasino selbst war ein großer Säulensaal mit einer Reihe grün bespannter Spieltische auf der einen Seite, Polsterbänken auf der anderen und einer riesigen Mahagonibar am Ende. In jeder Ecke standen Wachleute in schlecht sitzenden schwarzen Anzügen, breitbeinig, die Hände vor dem Schritt gefaltet, reptilienhafte Unruhe in den scharfen Blicken, die sie durch den Raum warfen. Die meisten Gäste waren massig gebaute, kurz geschorene Männer mit bösen Augen und breitkappigen Stiefeln. Mit schwer beringten Wurstfingern hielten sie ihren kostenlosen Champagner gepackt. Ihre Frauen waren blond und langbeinig wie Barsois und stolzierten unnatürlich auf Pfennigabsätzen einher.

Mitten im Saal, flankiert von zwei blutjungen Mädchen, stand ein kahlköpfiger Mann im ausgebeulten schwarzen Anzug. Er redete animiert mit ausladenden Bewegungen und lachte über seine eigenen Witze. Sein schwammiges Gesicht hatte schlaffe, finstere Züge. Seine Augen zuckten in unsere Richtung, und nach kurzem Stutzen brach er die Unterhaltung mit den Mädchen ab und deutete mit einer theatralischen Geste auf Smith.

»James!«, rief er dröhnend.

»O Gott«, hauchte Smith mir vertraulich aus dem Mundwinkel zu, bevor er sein blendendstes Lächeln anstellte.

»Dima! Wie unheimlich schön, dich zu sehen!«

»Da seht ihr mal einen richtigen englischen Gentleman! Ein richtig vornehmes Mannsbild! Das ist mein Freund, der berühmte britische Spion Mister James!«

Wie ein Händler, der seine kostbarsten Waren vorführt, legte er die Arme um die beiden Mädchen an seinen Seiten, während er sie vorstellte. Mascha: etwa sechzehn, schätzte ich, ein Püppchengesicht mit brutal gebleichten Haaren und dicken Brüsten, die aus einem engen weißen Cocktailkleid quollen. Dascha war ungefähr im selben Alter, dunkelhaarig, hoch aufgeschossen und schlaksig und noch etwas wacklig auf ihren jungen langen Beinen, wie ein Fohlen bei den ersten Gehversuchen.

»Und wer ist dein Freund?«

Smith zögerte, weil er gerade nicht auf meinen Namen kam. Um ihn nicht in Verlegenheit zu bringen, stellte ich mich kurzerhand selbst vor.

»Roman Lambert.« Ich sprach es auf die englische Art aus.

Mein neuer Bekannter hielt mir die Hand hin und deutete förmlich eine Verbeugung an. »Dmitri Malachow. Sehr erfreut.«

Malachow begutachtete mich offen von Kopf bis Fuß. Etwas übertrug sich in diesem Moment zwischen uns. Ein Funke der Komplizenschaft oder vielleicht des Erkennens, den wir zu dem Zeitpunkt noch nicht richtig wahrnahmen.

»Na, freut mich sehr, euch miteinander bekannt gemacht zu haben«, sagte Smith und fasste Malachow und mich dezent am Ellbogen. »Ich wusste gleich, dass ihr euch verstehen würdet. Dima. Roman. Großartig. Vielleicht noch die Visitenkarte. Meine sind gerade ausgegangen.«

Er steckte meine frisch gedruckte Karte ein, und mit einem Winken zum Abschied stieß er so flott zurück wie ein Formel-1-Champion und ließ uns stehen.

Ohne Smiths leuchtende Gegenwart wurde es mit einem Schlag kühl, als ob sich die Frühlingssonne hinter eine Wolke verzogen und uns im Schatten zurückgelassen hätte. Malachow fing sich rasch.

»Engländer. Mascha liebt Engländer«, sagte er mit einem verschwörerischen Zwinkern. »Sie lernt Englisch! Sie braucht viel Übung. Sagen Sie ihr bitte – auf Englisch –, wie oft sind Sie der Queen schon begegnet?«

»Sie sind der Queen begegnet? Echt?«

»Of course. Her Majesty is very well«, sagte ich.

Aber Mascha bemerkte das Grinsen, das mir übers Gesicht zuckte, und errötete vor Verlegenheit über ihre Naivität.

»Sie machen sich über mich lustig.«

Schmollend wandte sie sich von uns ab und zog ihre Freundin in die Menge mit.

»Mist. Tut mir leid.« Peinlich berührt, dass ich seine Mädchen vertrieben hatte, wandte ich mich Malachow zu.

»Was? Mascha?« Er gab ein knurrendes Lachen von sich. »Sie ist eine Landpomeranze. Hat in den letzten zwei Monaten einen Haufen unglaublicher Sachen gesehen. Automaten, die dir Geld geben, wenn du eine Plastikkarte reinschiebst! Echte Mercedes! Gläserne Fahrstühle und gläserne Tresen, in denen blaue Blasen aufsteigen. Frauen mit durchsichtigen Glasschuhen. Warum nicht auch einen Bekannten der Königin von England?«

Er lachte schallend über seinen lustigen Einfall, und ich musste ein wenig die Miene über seine Kaltschnäuzigkeit verzogen haben, denn Malachow versetzte mir einen krachenden Schlag auf den Rücken.

»Aaaaaaach, hab dich nicht so. Die Mädchen, die gehören zu mir. Mach dir über die keine Gedanken. Erst mal brauchen wir was zu trinken.« Er schob mich zur Bar. »Bist du Geheimagent? Wie James? Ich hab immer geträumt, mal einen richtigen englischen Geheimagenten zum Freund zu haben.«

Während Malachow sich über den Tresen lehnte und nach dem Barmann schrie, sah ich ihn mir genauer an. Er war etwa so groß wie ich, aber breiter in den Schultern und übergewichtig. Ich schätzte ihn auf Ende dreißig. Sein ausgebeulter Anzug war teuer und aus Italien – Armani oder annähernd die Preisklasse. Die Gemeinheit in seinen Augen war wirklich faszinierend. Es lag etwas von Wahnsinn darin und von unterdrückter Furcht und von Gier. Ich fühlte mich sofort stark von diesem Mann angezogen. Nicht sexuell, sondern von seinem Charisma, einem echten Zauber, der im Gegensatz stand zu seiner ziemlich abstoßenden äußeren Erscheinung.

»Ich bin auch Geheimagent«, sagte Malachow und drückte mir ein fast randvolles Highballglas mit eisgekühltem Wodka in die Hand. »Im Showbusiness müssen wir die Geheimnisse der Leute kennen.«

Er fragte mich eingehend nach meinem Leben und meiner Arbeit aus, nach der Agentur und nach Pound. Während wir uns unterhielten, betrachtete er die vorbeigehenden jungen Mädchen mit der Ruhelosigkeit eines Mannes, der ununterbrochen ein Kartenspiel mischt.

»Du gefällst mir.« Er unterbrach mich mitten im Satz, wobei er mir leicht mit der Faust an die Brust knuffte und dann demonstrativ mit dem Finger auf mich zeigte. »Doch, du gefällst mir, Roma. Ich kann dir nicht verraten, was ich für Pläne habe. Die Sache ist einfach zu groß. So was hat Moskau noch nicht gesehen. Die Stars, die ich holen werde? Die Show, die wir aufziehen werden? Hammer, sag ich dir. Kann ich dir nicht verraten. Aber ich brauche jemanden wie dich, der mir dabei hilft. Ja, dich! Das ist mir jetzt sonnenklar. Wir werden ein tolles Team sein. Einfach bombig.«

Bevor ich ihn fragen konnte, worin sein großer Plan für meine Zukunft denn nun genau bestand, begann er wild zu gestikulieren. Malachows ständig umherschweifendes Auge hatte Mascha und Dascha erspäht.

»Verdammt noch mal, Mädels, wo seid ihr gewesen? Wo habt ihr gesteckt? Eins sage ich euch, ihr hättet euch beinahe die geilste Nacht eures Lebens vermasselt. Jawohl! Roman wollte nämlich gerade gehen. Weil es ihn gekränkt hat, dass ihr euch einfach so verdrückt habt! Jawohl, das müsst ihr ihm wiedergutmachen. Ihr habt ja keine Ahnung, wie wichtig dieser Herr für mein neues Unternehmen ist. Ohne ihn könnte die Show gar nicht laufen. Seht zu, dass ihr ihn glücklich macht.«

Dabei legte Malachow mir den Arm um die Schulter und sah mit einem gespielten entschuldigenden Blick aus Hundeaugen zu mir auf, dann gab er mich mit einem kräftigen Schlag auf den Rücken in die Obhut der beiden Mädels. »Pass für mich auf sie auf«, zischte er mir ins Ohr. »Ich bin gleich wieder da.«

Malachow war so eine schräge Type, so ein Ausbund von haarsträubendem Irrsinn, so ein hundsmiserabler Wüstling, dass ich sofort von ihm angetan war. Er war ein Selbstdarsteller ohne das geringste Schamgefühl, ohne jede Befangenheit, ohne Selbstzweifel. Von den vielen Moskauer Gaunern, die ich in all meinen Jahren in Russland kennenlernte, war er mit Abstand der charismatischste und in mancher Hinsicht auch der widerwärtigste. Er kaschierte seine Hässlichkeit nicht und machte keinen Hehl aus seiner fehlenden Bildung, und doch hatte er offensichtlich problemlos Erfolg bei Scharen schöner junger Frauen. Wie und warum, war mir schleierhaft, aber wie so vieles, was mir in Russland begegnete, war es gleichzeitig schockierend und völlig selbstverständlich. Unmittelbar relevant für mich allerdings war, dass Malachows rotziger Charme sich irgendwie auf die Menschen, die mit ihm zu tun hatten, wie ein Pheromon übertrug.

Mascha und Dascha waren, erzählten sie mir, im Sommer aus einem Dorf bei Tscheljabinsk am südlichen Ural gekommen. Sie waren Schwestern. Nein, Schwestern im russischen Sinne, was auch Cousinen einschloss. Mascha murmelte etwas von einem Talentscout, einer Modelagentur. Was hatte sie vorher gemacht? In einem Kaufhaus gearbeitet, antwortete sie. Und was verkauft? Betretenes Schweigen. Wieder wurde sie rot. Bananen, gestand sie schließlich. Dascha kicherte und bekam von ihrer Cousine einen kurzen kräftigen Fauststoß versetzt. Dascha hatte im selben Kaufhaus chinesische Sportkleidung verkauft. In ihrem Wertesystem rangierte das anscheinend deutlich weiter oben. Malachow hatte sie nach Moskau gebracht. Beide waren zum ersten Mal mit dem Flugzeug geflogen, platzte Mascha heraus, und sie hatte solche Angst gehabt, dass sie die ganzen Baldriantropfen trank, die ihre Mutter ihr für die Fahrt mitgegeben hatte, und kaum wachzukriegen war, als sie in Moskau landeten.

Ich kam gut an. Inzwischen lachten sie fröhlich über meine Witze, dachte ich jedenfalls, über meinen Akzent, fragten mich nach England aus. Mehr Drinks, Heiterkeit steigend, Mascha kokett bei mir eingehängt, beschwipst auf ihren Stöckelschuhen wackelnd. Da kam Malachow wieder angerauscht, und sein Grinsen war breiter denn je.

»Roma, kann ich mir diese beiden reizenden jungen Damen ausleihen? Tut mir sehr leid. Ich mach es wieder gut. Versprochen. Du hast sie doch nicht allzu betrunken gemacht, oder?« Bevor ich etwas antworten oder mich von den Mädchen verabschieden konnte, schob Malachow sie schon rasch und bestimmt auf mehrere athletisch gebaute Männer im schwarzen

Anzug zu, die am Fuß der Treppe standen und sich gerade zum Gehen rüsteten. Die bunt gekleideten Mädchen verschwanden inmitten der Gruppe wie kleine Flugzeuge, die in eine Bank dunkler Gewitterwolken eintauchten.

Natürlich, dachte ich. Na klar. Mascha und Dascha waren nichts weiter als frische Köder im Haifischbecken, und zwar besonders schmackhafte Köder, die nur an die tödlichsten und gefräßigsten Haie verfüttert wurden, nicht etwa an mich.

Ich verfluchte Malachow als verlogenen Schweinehund und wandte mich verärgert zur Bar um.

»Roman!«

Malachows lauter Schrei dröhnte durch den Saal, und die halbe Bar drehte sich um. Er stand auf halber Treppe, die Hände um den Mund gewölbt.

»Roman!«, schrie er noch einmal. »Entschuldige!«

Malachow spreizte theatralisch die Hände, was alles bedeuten konnte – Bedauern vielleicht, vielleicht Hilflosigkeit. Er machte die weltweit verständliche Telefongeste, Faust mit ausgestrecktem Daumen und kleinem Finger am Gesicht, und eilte davon. Unwillkürlich musste ich lachen. Was für ein Vogel, dachte ich. Mit dem sollte ich öfter mal einen draufmachen.

Der Plan, den das Schicksal mit uns beiden verfolgte, war auf die Bahn gebracht. Unbemerkt von uns beiden rollte er an, und tick tick tick verstrichen die Minuten bis zu dem Punkt, an dem wir intimer aneinandergeraten sollten als zwei Liebende.

5

Meisterdiebe

»Sieben Monate im Jahr ein solcher Würgegriff – und ein Ganzes, das viel mehr ist als die Summe seiner Teile. Denn der Winter ist keine Jahreszeit wie andere, sondern ein Gemütszustand, der selbst den Sommer eintrübt, weil dieser zu kurz ist, um den Schmerz wirklich zu lindern. Der russische Winter ist das Lied des russischen Lebens: Unterwerft euch, ihr verlorenen Lämmer, eurem Schicksal unerklärlicher Entbehrung. Ihr seid geboren und werdet sterben in einem Land, wo alles ver-rückt ist – ein grausamer Zufall, doch zugleich eure Hoffnung auf Erlösung durch Leiden.«
George Feifer, *Moscow Farewell*

Nach den harten Frösten im Januar und Februar kam der März mit anhaltenden Winden angestürmt, die rings um die Datscha die Kiefern schüttelten und uns mit toten Nadeln und nassen Schneeklumpen überschütteten. Die Erde zeigte noch keinerlei Anzeichen des Lebens, doch in der feuchten Kälte der Luft und dem wilden Tanzen der Bäume lag die Verheißung baldigen Aufbruchs. Eines Nachts barst das Eis auf dem Fluss; Leonid behauptete, in seiner Jugend habe es immer dermaßen laut gekracht, dass man davon aufwachte. Die weiße Kruste, die das Wasser den ganzen Winter über zugedeckt hatte, verschwand in wenigen Stunden, und an ihre Stelle trat ein Gewoge schmutziger Schollen, die sich auf ihrer Fahrt stromab ins Vergessen in einem fort übereinanderschoben und verkeilten.

In der Stadt bestrich der Nieselregen tagsüber die ver-
schneiten Bürgersteige mit einer Wasserschicht, die in der
Nacht gefror, was die ganze Stadt in eine riesige Eisbahn verwandelte. Kaum dass ich zur Haustür hinaus war, rutschte ich
aus und fiel hin. Ich landete auf dem Müllsack, den ich in der
Hand hatte, und blieb dadurch unverletzt. Von der unwillkür-
lichen jähen Bewegung, die ich mit Rücken und Armen gemacht hatte, um den Fall abzufangen, taten mir noch Tage danach die verkrampften Muskeln weh. Viel länger blieb mir die
Erinnerung an den halben Überschlag, mit dem sich die Welt
in einem Sekundenbruchteil auf den Kopf stellte, an die Hilflosigkeit des Sturzes.

Im Büro wurde Tanja jedes Mal, wenn ich mich ihr näherte,
stocksteif und angespannt wie eine gereizte Katze, die bereit war, mir die Augen auszukratzen, falls ich ihr zu dicht
zu Leibe rückte. Den Vorfall zu Weihnachten hatte sie nicht
verwunden. Ich hatte mehrmals um Verzeihung gebeten, aber
wie befürchtet, hatte ich sie nicht bekommen.

»Für dich ist alles bloß lustig«, hatte sie gezischt. »Russland
ist für dich eine Comedyshow. Die Russen sind nur Witzfiguren. Tut mir leid, aber ich bin nicht die Ulknudel zu deiner Unterhaltung.«

Seitdem hatte sie ihre Frostigkeit beibehalten. Diese hatte
sich auch auf die übrige Weiblichkeit im Büro übertragen. Ich
erhielt missbilligende Blicke von Walentina Wladimirowna
und verächtliche Schnaubtöne von der anderen Tanja an der
Kaffeemaschine. Meine Schonzeit bei den Bürofrauen war
vorbei. Sie hatten mir einen Vertrauensvorschuss gewährt –
vielleicht der Sieg des Optimismus über die Erfahrung, der

es Frauen ermöglicht, allen Enttäuschungen zum Trotz ihren Weg durchs Leben weiterzugehen. Jetzt aber hatte ich bewiesen, dass ich genauso war wie alle anderen Mitglieder des männlichen Geschlechts. Tanjas Worte waren eher traurig als wütend gewesen.

Von da an ignorierte sie mich nach Kräften und setzte ein eiskaltes Lächeln auf, wenn wir uns im Flur begegneten. Es war, als ob ein Schalter in ihr umgelegt worden wäre. Ihr Gehirn schien die Männer automatisch in potenzielle Sexualpartner und alle übrigen einzuteilen, und mit einem Mal hatte ich die Rubrik gewechselt und war folglich für sie unsichtbar geworden. Nieten wie ich schienen auf ihrer Netzhaut nicht abgebildet zu werden. Ein paar Tage später versuchte ich noch einmal, sie in meinem Zimmer zu einer Aussprache zu bewegen. Der Sieg des Optimismus über die Erfahrung besteht männlicherseits vielleicht in der Annahme, Frauen würden vergessen, dass sie Nein gesagt hatten, und einen wunderbaren Sinneswandel erleben, wenn man sie oft genug fragte. Aber diesmal war sie im Vorteil, und das wusste sie.

»Such dir eine andere«, sagte sie leise, aber bestimmt, stieß meine Hände von ihren Schultern und legte mir ihre kleine Hand flach auf die Brust. »Es gibt viele Huren in dieser Stadt. Es ist keine Kunst, sie ins Bett zu kriegen. Viele machen es bestimmt auch umsonst.«

Sie versetzte mir einen letzten verächtlichen kleinen Schubser und rauschte in das kleine Zimmer ab, das sie sich mit der großen Tanja teilte. Mit schrillen Tönen der Entrüstung und Ungläubigkeit zogen die beiden Frauen einvernehmlich über Romans Nichtswürdigkeit her.

Pound stellte einen neuen Mitarbeiter ein, einen Buchhalter namens Sergei Swjagin. Er war, fanden wir, keiner von uns. Swjagin war klein und übergewichtig und trug hässliche Polyesterpullover über Hemd und Krawatte. Er hatte außerdem dicke Brillengläser und glatte schwarze Haare, und seine billige Daunenjacke strömte den unverkennbaren Kleineleutedunst der Menschenmassen in der Metro aus. Auf den ersten Blick wirkte er wie das perfekte Opfer zum Draufschlagen und Wohlfühlen, ein menschlicher Sandsack mit Mundgeruch.

Doch das Seltsame an Swjagin war, dass er seine Nullität gar nicht zu registrieren schien. Wie ein Mann, der nicht merkt, dass sein Hosenlatz auf ist, oder eine Frau, die sich in der Toilette versehentlich den Rock in die Strumpfhose gestopft hat und gar nicht verstehen kann, wieso alle gickeln, ging Swjagin in einer undurchdringlichen Wolke der Selbstvergessenheit umher. Dabei hatte er gar kein übersteigertes Selbstbewusstsein, sondern er schien sich wahrhaftig nicht dafür zu interessieren, was die Leute von ihm hielten, und reagierte überhaupt nicht auf Anzüglichkeiten.

»He, Sergei, schicker Pullover«, hörte ich Hastings in der Küche sagen.

»Danke schön. Deiner ist auch schick.«

»Sergei, ist das derselbe Pullover, den du letzte Woche schon anhattest, oder vielleicht ein anderer?«

»Es ist derselbe.«

»Ist der hier nicht ein bisschen … gelber?«

»Nein, Michael, da irrst du dich, das ist derselbe Pullover. Hast du die Rechnungen fertiggemacht, die ich dir gestern ausgedruckt hatte?«

»Ach, verdammt, entschuldige, hab ich vergessen. Kriegst du sofort. Eins noch – er ist von Versace, stimmt's?«

»Nein, nicht von Versace. Ein Geschenk von meiner Frau. Ich warte bitte auf die Rechnungen, Michael.«

Mit dem Kaffeebecher in der Hand watschelte Swjagin an meinem Zimmer vorbei, bedachte mich mit einem gravitätischen Nicken und ging weiter, das Kinn erhoben wie ein orientalischer Duodezfürst. Pound hatte Swjagin eingestellt, weil ein Bekannter ihn als fleißig und billig empfohlen hatte. Und tatsächlich, wenn ich in das Zimmer schaute, das er sich mit Walentina Wladimirowna teilte, war er stets still zufrieden damit beschäftigt, in irgendwelchen Zahlenströmen zu schnorcheln, hier und da in seiner sauberen Handschrift ein paar Korrekturen vorzunehmen und auf dem Regal hinter sich ein bescheidenes Bauwerk aus Aktenkästen zu errichten. Obwohl Swjagin jünger war als Hastings und ich, hatte er eine gesetzte Art, die auf uns ernüchternd wirkte. Nach wenigen Wochen gaben wir es auf, ihn zu triezen; er ließ sich durch unser kindisches Gestichel einfach nicht aus der Ruhe bringen. Es schien ihm nicht einmal etwas auszumachen, dass die Bürodamen ihn ignorierten. Swjagin war glücklich damit, dick und schlaff vor der Kiste seines Apple Mac zu hängen und sich sorgfältig Notizen zu machen.

Wir ahnten nicht, dass Swjagin so gewissenhaft wie erbarmungslos Pläne zur Vernichtung von Charles Pound schmiedete.

Nach meinem Zerwürfnis mit Tanja standen mir Hastings und Popow auf die einzige Art bei, die sie verstanden: Sie nahmen mich mit, wenn sie sich mit ihren Journalistenfreunden betrinken gingen. Ob Ausländer oder Russe, jeder war willkommen, der sich vom Spesenkonto der Publicitas aushalten lassen mochte. Und das waren so ziemlich alle.

Hastings hatte einen Freund namens George Bernstein, einen flinkzüngigen Juden mittleren Alters. Er rauchte Chesterfield, sprach mit breitem Brooklyner Akzent und hatte eine afroartige Mähne auf dem Kopf, die er seinen »Jew-fro« nannte. Er arbeitete als Wirtschaftsreporter für die *Moscow Times*, die englischsprachige Moskauer Tageszeitung. Bernstein umgab sich mit einem Kraftfeld aus zynischem Humor, gewürzt mit einem altmodischen aggressiven Sozialismus. Praktisch äußerte sich das als ein glühender Hass auf die Reichen und die Korrupten. Er hatte ein genauso altmodisches, speziell amerikanisches journalistisches Ethos. Wir trafen uns regelmäßig zu dritt zu ausgiebigen Lunch- und Brunchrunden im Starlite Diner. Hastings und Bernstein, beide Nachrichtenjunkies, sprudelten stets von dubiosen Sensationsmeldungen über, auf die sie bei ihrer obsessiven Zeitungslektüre der letzten Tage gestoßen waren. In diesen Gesprächen verlor ich schon nach wenigen Sekunden den Faden.

»Meine Fresse, habt ihr gesehen, dass der Norilsk-Nickel-Deal durch ist – zu eins-sieben-eins? Witz oder was?«, brüllte Bernstein etwa zur Begrüßung, als Hastings und ich eines Tages zu ihm auf die Kunstlederbank rutschten. »Das für 'ne Scheiße?«

»Sehr richtig. Was ist das für eine Scheiße?«, fragte ich. »Norilsk was?«

Sie tauschten einen mitleidigen Blick aus.

»Hastings, wir müssen diesen Neger aufklären.«

»Musst du machen. Klär ihn auf, wenn du meinst, dass er Aufklärung braucht.«

»Okay. Kurzversion. Schreib mit, wenn du magst. Fakt Nummer eins. Die Regierung ist pleite. Kein Mensch zahlt Steuern. Ölpreise sind am Arsch – neunzehn Dollar das Barrel, als ich zuletzt gecheckt hab. Weniger als die Förderkosten auf den meisten russischen Feldern. Problem. Das halbe Land ist beim Staat angestellt, und die Leute kriegen keinen Lohn, weil kein Geld da ist. Ein Problem ist das deshalb, weil in einigen Monaten Wahlen sind, wie dir vielleicht aufgefallen ist. Und Leute, die für ihre Arbeit kein Geld kriegen, wählen schon mal gern kommunistisch. Kapiert?«

Ich nickte einsichtig.

»Das heißt, Jelzin muss sich Geld leihen, aber nie im Leben, nie nie nie, wird irgendein Schwein im Westen einem Land etwas pumpen, das so verrückt und abgefuckt ist wie Russland – höchstens zu einer Million Prozent Zinsen. Aber ein paar Vögel in Harvard sind auf eine Lösung gekommen. Der russische Staat zapft die Einzigen in ganz Russland an, die Geld haben – reiche russische Investorengruppen. Als Sicherheit, sagt Harvard, gebt ihnen Anteile an staatseigenen Unternehmen – Öl, Nickel, Aluminium. Überhaupt, sagt Harvard, gebt ihnen die Leitung dieser Unternehmen dazu. Das Programm nennt sich ›Kredite für Aktien‹. Schon mal gehört?«

Eine blutjunge Starlite-Kellnerin im knappsten Cheerleader-Röckchen, das anscheinend ein Pädophiler entworfen hatte, brachte unsere Bestellung. Reuben-Putensandwich für mich, Eggs Benedict für Hastings, dünnen amerikanischen Kaffee für alle, die Beach Boys in der Jukebox.

»Nicht vergessen, im Ausrauben des Staates sind die Russen genial. Seit Jahrhunderten schon – lies mal Gogol. Nun also setzen die russischen Genies – die Jungen Reformer nennen wir sie übrigens in der westlichen Presse – den Plan um, den die amerikanischen Genies ausgekocht haben. Sie sorgen dafür, dass ihre Kumpels die ganzen besten Unternehmen für ein paar Cent den Dollar bekommen. Beispiel: Norilsk Nickel. Größte Nickelvorkommen der Welt. Allein im letzten Jahr Exporte von über einer Milliarde Dollar. Gestern hat die Regierung fast das halbe Unternehmen für 171 Millionen Dollar verhökert. Wenn wir in Texas wären, wäre der Laden zehn Milliarden wert. Ein einziger Bieter: Er pumpt der Regierung das Geld, und falls die es nicht zurückzahlt – und ich wette meinen linken Hoden, das tut sie nicht –, kriegt er das ganze Zehn-Milliarden-Dollar-Unternehmen für 171 Millionen. Das ist der größte Raubzug in der Geschichte der Geschichte. Noch ein Bier, bitte. Mann, dieser pädagogische Scheiß ist Schwerarbeit.«

Bernstein und Hastings waren ausgesprochene Korruptionsconnaisseurs. Wie Opernliebhaber oder Fußballfans hatten sie ihre Lieblingsakteure der Extraklasse. Wir saßen häufig zusammen, fast immer im Diner, und ihre angeekelte Bewunderung für die Chuzpe, den Zynismus, das kreative Genie von Russlands korrupten Herren und Meisterdieben wuchs mit jedem Ausverkaufs- und Privatisierungsdeal.

Ich begriff, dass in Russland die Korruption etwas Geniales hatte, dass die Dreistigkeit mehr war als bloße Raffgier, dass sie auf einem tiefen Verständnis der Herrschaftsmechanismen im Lande beruhte. Die Oligarchen stahlen, die höchsten Minister halfen ihnen stehlen und stahlen ihrerseits, und jeder, der eine Zeitung las oder fernsah, wusste bis ins kleinste Detail darüber Bescheid. Doch je mehr die Elite stahl und je unverfrorener sie das tat, umso nachhaltiger bewies sie die Machtlosigkeit des geknechteten Muschiks auf der Straße.

Das Ausmaß des Diebstahls war so grandios wie ein Mogulpalast, und dahinter stand auch die gleiche Absicht: die Gewalt der Herrschenden über die Beherrschten zu beweisen, ihre Unsterblichkeit, ihre Allmacht. Genauso durchschlagend war die Wirkung nach innen: Je tiefer jeder Einzelne aus der herrschenden Clique mit drinsteckte, umso loyaler wurde er als Mittäter, den die eigene Schuld auf das kollektive Schweigegebot einschwor, ähnlich der Omertà der sizilianischen Mafia. Die russische Regierung verhielt sich zu der Zeit, als lernte sie gerade die Käseherstellung: Schnuppernd und fingernd testete sie das fortschreitende Verfaulen ihrer Kulturen und wartete darauf, dass diese dick und reif genug waren, um eingepackt und verkauft zu werden. Und wir, die äußeren Beobachter, die Experten für Fäulnis, ergingen uns in gespielter Empörung und kritisierten von den olympischen Höhen unseres Ausländertums aus die Rückschrittlichkeit Russlands. Tief im Innern jedoch liebten wir dieses stinkende, faulende Land wie die Schweine den Schlamm. Wir liebten es vor allem deshalb, weil wir von außen darauf schauten wie Besucher im Zoo und aus sicherer Distanz am Schnüffeln und Wühlen und Rammeln der Kreaturen hinter den Gittern unseren Spaß hatten.

Bernstein nahm mich zu einer politischen Veranstaltung mit, die Eduard Limonow organisiert hatte, der Führer der proto-faschistischen Nationalbolschewistischen Partei. Er war ein radikaler Schriftsteller und desillusionierter Emigrant, der zu Sowjetzeiten in Paris und New York gelebt hatte, aber angewidert von der Leere und Oberflächlichkeit des westlichen Lebens in seine Heimat zurückgekehrt war. Die Suche nach dem Echten und Wesentlichen hatte Limonow während des Jugoslawienkriegs nach Bosnien geführt, wo er sich den serbischen Truppen anschloss und im belagerten Sarajevo Muslime beschoss. In Russland gründete der Heimkehrer dann seine radikale Partei, deren Emblem ein schwarzes Hammer-und-Sichel-Zeichen in weißem Kreis auf rotem Grund war – im Prinzip ein abgewandeltes Hakenkreuz.

Das Hauptquartier der Partei befand sich im Keller eines feudalen Mietshauses am Frunseufer. Ein knurriger Skinhead mit tätowiertem Gesicht bewachte die schwere Stahltür. Die Treppe führte hinunter zu einer Reihe niedriger Räume, in denen sich weitere Skinheads und diverse Randexistenzen drängten, wirrköpfige Teenager in Springerstiefeln und PVC-Anoraks. Es stank nach Schweiß und schalem Bier, und in der Luft hing der Muff von billigen Zigaretten und schlechtem Gras, einer schwach wirkenden Cannabisart, die wild in Südrussland wächst. An den Wänden hingen geschmacklose pornografische Gemälde und Plakatankündigungen absonderlicher Kunsthappenings. Elitäre Künstler verbrüderten sich mit den asozialen Skinheads und erregten sich an der Atmosphäre unterdrückter Gewalt.

In der langen Schlange vor der übel riechenden Toilette

lernte ich einen ausgeflippten amerikanischen Fotografen kennen, der John Ranard hieß. Er ging auf die fünfzig zu, hatte einen zotteligen Bart und sah schlicht arm aus, ungewöhnlich für einen Ausländer in Moskau. Aber er war witzig und high, und er erzählte mir, er habe etwas Speed bei sich. Ich gesellte mich in der Toilette zu ihm und Lisa, seiner mageren Freundin, einer missgelaunten kleinen Goth mit dickem Lidstrich. Er schabte sein Pulver auf dem Fensterbrett in Streifen, während Lisa ungeniert die Toilette benutzte. »Willst du was? Brennt wie der Teufel, wenn du's hochziehst, das Baby. Aber echt guter Stoff.«

Ich lehnte höflich ab: Bei harten Drogen war ich eine ängstliche Jungfrau.

»Selbst gemacht. Von Lisas Freund. Solide russische Wertarbeit.« Ranard warf den Kopf zurück und lachte wie irre, als der Amphetaminflash einsetzte. »Fuck, yeah. Geiler Scheiß.«

Lisa lächelte nie – keine Seltenheit bei den Moskauerinnen –, und sie sagte nie etwas. Aber ihr koboldhaftes Gesicht war das reinste Ausdruckstheater. Missmut, Verwirrung und Ärger kochten in ihrem kleinen Hirn auf und schwappten über ihr Gesicht, ohne dass sie ein Wort darüber verlor. Sie schien Ranard zu hassen, aber offensichtlich hasste sie alles und alle sonst noch viel mehr. Unterm Strich waren damit vielleicht die Bedingungen einer perfekten Beziehung erfüllt.

Viel Sinnvolles bekam ich an dem Abend nicht aus Ranard heraus, nur die Grundinformationen: Er hatte ein Fotoprojekt über Moskauer Junkies laufen, und die hatten ihm das Amphetamin besorgt. Lisa war seine Führerin durch die Unterwelt der Süchtigen.

»Komm doch mal mit«, murmelte Ranard, die Zähne im Speedrausch zusammengebissen. »Fuck, bei der Arbeit ist mehr Spaß drin als mit diesem Haufen Luschen.« Mit ausladender Geste deutete er auf die Freakshow aus Skinheads und Asis im Keller. Ich fragte mich, was für Leute Ranard wohl spannend fand.

In einem niedrigen Flur in den Tiefen des Kellerlabyrinths stieß ich wieder auf Bernstein. Er stand hautnah an dem stahlgrauen Limonow und kritzelte dabei in sein abgegriffenes Notizbuch.

»Wir sind Revolutionäre!«, schrie Limonow gerade gegen die laute Punkmusik an, mit Bernstein gegen einen Türstock gelehnt. »Daraus machen wir kein Geheimnis. Wir betreiben den gewaltsamen Sturz des Regimes mit allen erforderlichen Mitteln.«

»Okay. Und was haben Sie bis jetzt unternommen?«

»Unternommen? Dutzende von subversiven Protestaktionen. Angriffe auf staatliches Eigentum. Symbolische Verunglimpfung staatlicher Symbole.«

»Können Sie mir konkrete Beispiele nennen?«, fragte Bernstein, wobei er mich über Limonows Schulter hinweg mit unbewegter Miene ansah. Er hatte vorher im Scherz bemerkt, diese Frage sei seine »Wunderwaffe« – er konnte sie bis zu fünfmal hintereinander stellen, und wenn er dann immer noch keine richtige Antwort bekam, war sein Gesprächspartner meistens gründlich blamiert. Limonow nicht.

»Über unsere Aktionen wird in unserer Zeitung berichtet. Aber mit geänderten Namen und Orten.«

»Angriffe auf Polizeiautos, nicht wahr?«

Limonow nickte. »Und viele andere Sachen, zu denen ich Ihnen leider keine Auskunft geben kann. Aus Sicherheitsgründen. Wir können Ihnen nicht trauen.«

»Gut. Aber mir ist aufgefallen, dass es ein paar Häuser weiter tatsächlich … ähm … ein Polizeirevier gibt, und ich habe nichts davon gehört oder gelesen, dass dort irgendwelche Autos angesteckt worden wären.«

»Nein. Da haben Sie recht. Diese Polizisten, müssen Sie wissen, sympathisieren mit uns. Ich habe mit vielen von ihnen gesprochen, auch mit hohen Beamten. Sie hassen das verbrecherische Regime im Kreml und sind bereit, sich mit uns dagegen zu erheben. Von daher, nein, die Autos unserer Genossen verbrennen wir nicht.«

»Die sind dann wohl auch Ihre *kryscha*, stimmt's?« *Kryscha* – auf Russisch wörtlich ein Dach – bedeutete einen Schutz nach Mafiaart.

»Wie ich sehe, kennen Sie Russland gut, Mister Bernstein.«

Limonows blutjunge Freundin kam dazu, ein ausgemergeltes Geschöpf mit tief liegenden Augen und spindeldürren Beinen in löchrigen Strumpfhosen und Springerstiefeln. Limonow wirkte erleichtert über die Gelegenheit, das Thema zu wechseln.

»Ich gebe Ihnen einen guten Rat, meine Herren. Sie sind jung, aber eines Tages werden Sie an meine Worte denken. Wenn ein Mann fünfundfünfzig ist, ist das erste Gebot, dass er nur noch mit jungen Mädchen ins Bett geht. Um jung zu bleiben, heißt das, müssen Sie Ihre Alte abservieren und dürfen dicke, faltige Frauen nicht einmal von Weitem anschauen. Suchen Sie sich eine knackige Junge und ficken Sie sie, so oft

Sie nur können. Lassen Sie sich keinen Minderwertigkeits-
komplex einreden. Entgegen allen Spielregeln der bourgeoisen
Gesellschaft sind junge Mädchen in Wirklichkeit ganz scharf
darauf, die Aufmerksamkeit älterer Männer zu bekommen.
Die meisten Mädchen träumen von sexuellen Beziehungen
mit ihrem Vater. Als erregender Ersatz werden Sie gern genommen. Glauben Sie mir. Junge Mädchen geilen einen viel
besser auf. Junge Mädchen haben enge, heiße Mösen. Ihr junges Lachen, ihre Frische, sogar ihre naive Dummheit werden
eine verjüngende Wirkung auf Sie haben. Dämliche Hits mit
ihnen anhören, sie betrunken machen, sie ficken und glücklich sein, das ist es.«

Er wandte sich seinem Punkengel in Schwarz zu.

»Anja ist eine unserer revolutionären Speerspitzen«, sagte
Limonow. »Sie sehen ja selbst: Titten gleich null, netter Bröt-
chenarsch, Gesicht einer Dreizehnjährigen. Trägt Doc-Mar-
tens-Stiefel. Sie ist witzig und frech. Fickt, um sich erwachsen
zu fühlen. Man fickt sie wie die Tochter eines Feindes. Hart
und fest.«

Er grinste zum Abschied. Das Mädchen deutete ein Lächeln an. Es war jetzt für ihn an der Zeit, durch das weiße
Plastikmegafon, das sein Markenzeichen war, eine Rede zu
halten. Limonows Anhänger drängten sich in den Raum, um
ihn zu hören, und jubelten stürmisch, als er auf einen Stuhl
stieg und ihnen die Notwendigkeit von bewaffnetem Kampf,
Opfer und Blutvergießen einhämmerte.

Ich hatte Dima Malachow gerade vergessen, da spuckte das
Fax eine Einladung aus. Noch eine folgte. Und noch eine. Der

kleine Stapel, der nach meiner Rückkehr vom Mittagessen auf mich wartete, entlockte den beiden Tanjas Blicke schlecht verhohlener Missgunst und Bewunderung. Anlass Nummer eins war die Eröffnung der neuen Valentino-Boutique, Nummer zwei die Vorstellung eines neuen Hochglanzmagazins, Nummer drei die Präsentation eines neuen Parfüms von Chanel. Ich fühlte mich wie der Salonlöwe der Firma, zugehörig der Oberkaste der Reichen, die sich die Ruinen der Sowjetunion unterworfen hatten und jetzt von kleinen, schwer bewachten und über die ganze Stadt verteilten Außenposten regierten.

Eine Handvoll Luxusboutiquen – Versace, Fendi, Valentino – waren in einigen der alten Einkaufsstraßen aus dem 19. Jahrhundert wie dem Kusnezki Most aus dem Boden geschossen. Ihre frisch gestrichenen Fassaden, erlesenen Stuckarbeiten und hell beleuchteten bunten Innenräume hoben sich vom traurigen Verfall ringsherum ab. Die Geschäfte sahen aus wie außerirdische Raumschiffe, die auf einem zertrümmerten Eisplaneten gelandet waren.

Am Abend der Valentino-Party war der Bürgersteig vor dem Geschäft eigens abgesperrt worden, und die einfache Bevölkerung wurde von Wachmännern ferngehalten, denen kein Lächeln über die Lippen kam. Hinter der riesigen Schaufensterscheibe schwebten die Reichen der Stadt auf Seiden- und Parfümwolken schwerelos dahin wie exotische Tropenfische in einem großen Aquarium. Ich sah auch Malachow, der die Rolle einer Meeresschnecke spielte.

Valentino war tatsächlich persönlich anwesend, wie angekündigt, auch wenn er mit dem eingefrorenen Lächeln im Gesicht und dem herabgezogenen Mundwinkel, durch den er mit einem schlanken Adjutanten tuschelte, wie seine eigene braune Wachsfigur aussah. Ich nahm ein Glas eiskalten Prosecco und schritt schnurstracks auf den großen Mann zu, hauptsächlich um Malachow mit meiner Souveränität zu beeindrucken.

»Maestro! Buona sera!« Ich machte die Geste der italienischen Wachsfigur nach, ausgebreitete Arme mit gespreizten Händen zum Ausdruck unendlichen Entzückens, und zog mein breitestes, wärmstes Lächeln. »Wie wunderbar, Sie wiederzusehen! Ein Triumph!«

»Isch freue misch sehr. Wie gett es Ihnen? Wunderbar! Vielen Dank, dass Sie gekommen sind.« Er schüttelte mir drei Sekunden die Hand, dann glitt sein Blick von mir ab und weiter zu anderen Menschen im Raum.

»Vielen Dank, dass Sie gekommen sind!«, wiederholte er, und in Valentinos Wörterbuch hieß das eindeutig »Auf Wiedersehen«. Eine eins achtzig große rehäugige, jugendliche Schönheit in einem Kleid, das mehr wert war als das Haus ihrer Eltern, trat vor, drückte mir eine VIP-Geschenketasche in die Hand und nahm mich höflich beiseite, damit die nächsten Gratulanten an die Reihe kommen konnten.

Draußen auf der Straße, kaum zu erkennen wegen der davorstehenden Mannequins und des blendenden Lichts der Scheinwerfer, bemühte sich eine Traube gespenstisch weißer Gesichter um einen Blick durchs Fenster. Wir sind Schauspieler auf einer Bühne, dachte ich, in helles Licht getaucht und extravagant kostümiert. Die Leute im Raum – bullige Geschäftsleute in teuren italienischen Anzügen, dünne junge Frauen in der aktuellen Mode, ein paar ältere Frauen mit Klunker behängt – waren wenige Jahre zuvor selbst bloß gewöhnliche Sowjetbürger gewesen, Passanten, Kunden, U-Bahn-Fahrer. Die Gaffer vor dem großen Schaufenster waren sicher, Zeugen eines fremdartigen künstlichen Schauspiels zu sein, doch die Leute drinnen konnten selbst noch nicht so recht an ihre neue Rolle glauben. Sie wussten, dass sie unerfahrene Schauspieler waren, die ihr neureiches Leben in einer Show aufführten.

In früheren Zeiten waren viele der Gäste des Abends nach sowjetischen Kriterien wahrscheinlich recht betucht gewesen – die alte kommunistische Nomenklatura überschnitt sich großflächig mit der Elite des Neuen Russlands. Aber viele auf der Party sahen auch so aus, als hätten sie sich aus der Gosse emporgearbeitet. Männer, die aus dem Sumpf der Armut aufstiegen und dabei ihren Namen mit Blut auf die Straßen schrieben. Hier waren sie, diese Haie mit Gefängnistätowierungen auf den Fingerknöcheln und hin und her huschenden harten, gefühllosen Augen. Was sahen sie? Sie sahen, glaube ich, wie die feinsten und schönsten Menschen der Welt sich vor der Macht des Geldes niederwarfen. Der Anblick musste ihnen gefallen.

»Erstaunlich, was?« Malachow trat auf mich zu, ein hübsches Mädchen am Arm, dem er nicht mehr Beachtung schenkte als einem übergehängten Mantel. »Bude voll mit räuberischen Arschgeigen von der Russenmafia. Ihr Geld stinkt. Aber da steht der berühmte italienische Modeschöpfer Valentino und tanzt für sie wie eine billige Hure!«

Er lachte schallend und versetzte mir mit voller Kraft einen seiner gewohnten Rückenklatscher. »Geld ist was Magisches. Das Magischste auf der Welt.«

Die hervorragenden Kanapees – Kaviar natürlich, aber auch importierte Delikatessen wie Riesengarnelen und Wachteleier – waren schnell weg. Valentino selbst verabschiedete sich mit Luftküsschen zu einem privaten Diner im Metropol. Mit ihm verschwand auch die Notwendigkeit, sich gut zu benehmen. Einige der jüngeren Männer versammelten sich an der Bar, um lachend und grölend Wodka zu bechern. Malachow machte mir quer durch den Raum pantomimisch den Vorschlag, mit dem Auto wegzufahren, und deutete auf die Tür.

Draußen auf der Straße waren die Schaulustigen bis auf die ganz Hartgesottenen von dem eisigen Regen vertrieben worden, der vom Himmel peitschte. Wir mussten lange nach Wolodja und seinem klapprigen schwarzen Wolga suchen – es war die Zeit kurz vor dem Aufkommen der Handys, und bis irgendjemand seinen Chauffeur damit ausstattete, sollten noch ein paar Jahre vergehen. Als wir ihn schließlich fanden, war Malachow stinksauer.

»Blöde Sau, ich hab dir doch gesagt, du sollst auf dem Kusnezki Most parken.«

»Hab ich«, erwiderte Wolodja mürrisch. »Die Bullen haben mich weggeschickt.«

»Bist du nicht auf die Idee gekommen, die Arschlöcher zu bestechen?«

»Bin ich.«

»Und warum hast du's dann nicht gemacht?«

Wolodjas Antwort war ein resignierter Seufzer aus tiefster russischer Seele, mit dem er den Motor anließ.

»Wohin, Chef?«

»Nach Hause. Und gibt Gas. Hast du diese Scheißkarre nicht reparieren lassen?«

»Hab ich.«

Langes Schweigen, während wir an der Boulevardkreuzung auf Grün warteten. Malachow zündete sich eine Zigarette an.

»Hat aber nicht gehalten«, beendete Wolodja endlich seinen Satz und knallte mit aufheulendem Motor den Gang rein. »Ein neues Auto muss her.«

»Na klar. Mach nur so weiter, dann besorg ich gleich morgen eins. Und einen neuen Fahrer dazu. Du hirnloser Wichsknochen.«

Malachow goss seine Beschimpfungen ohne Groll, fast liebevoll über seinen leidgeprüften Chauffeur aus. Wolodja seinerseits schienen die Schmähungen seines Arbeitgebers nicht das Geringste auszumachen. Er hatte die langsamen Bewegungen eines schwerfälligen alten Leibeigenen in einem Tschechow-Stück, und wenn sein ledriges Gesicht überhaupt einmal einen Ausdruck annahm, dann den unendlicher Schicksalsergebenheit. Der Wolga war ein schweres Auto. Wolodja steuerte ihn weniger, als dass er ihn niederrang, wenn er knurrend das widerspenstige Lenkrad drehte. Scharfes Abbremsen würgte den Motor fast jedes Mal ab, deshalb versuchte Wolodja es auch dann zu vermeiden, wenn Fußgänger über eine Kreuzung eilten und kleinere Wagen wie Ladas ihm vor die Schnauze kamen. Er bevorzugte die Hupe und bediente die Bremse nur im äußersten Notfall, und auch dann meistens erst, wenn er den launischen und grummelnden Motor in Leerlauf geschaltet hatte.

Malachow rief ein paar Tage später wieder an und hinterließ eine kryptische Nachricht im Büro.

»Richten Sie Roman aus, dass wir den Durchbruch geschafft haben«, erklärte er einer konsternierten Tanja, die den Anruf entgegennahm, während ich (natürlich) beim Mittagessen war. Er weigerte sich, ihr seinen Nachnamen zu nennen, und ließ sich die Nachricht von ihr wiederholen. »Den Durchbruch! Dima hat den Durchbruch geschafft! Richten Sie ihm genau das aus.«

Malachow tat weiter geheimnisvoll, als ich ihn später am Nachmittag schließlich telefonisch erreichte.

»Ich habe große Neuigkeiten. Tolle Neuigkeiten. Wichtige Neuigkeiten. Für uns beide. Jawohl! Die Zukunft leuchtet uns strahlend und hell«, erklärte er mir. Ich solle noch am selben Abend um zehn Uhr zum Flussufer vor dem Hotel Meschdunarodnaja kommen.

Er verspätete sich natürlich. Aber was er mir zeigen wollte, war nicht zu übersehen. Ein großes, rostendes Ausflugsschiff namens *Alexandr Blok* lag am Kai. Über dem Eingang zur Gangway war ein neues Schild angebracht, auf dem in Leuchtschrift »Dmitri-Malachow-Entertainment« stand. Die knarrende Gangway selbst war mit altmodischen bunten Lichterketten beleuchtet, und ein leises Bummern von Discomusik drang aus dem Bauch des Schiffs.

Ich wartete zwanzig Minuten. Niemand betrat die *Alexandr Blok*, niemand kam heraus. Ein paar flussab treibende einzelne Eisschollen klopften dumpf an den Bug. Ansonsten jedoch war es eine unheimlich stille und leere Ecke der Moskauer Innenstadt. Die Einsamkeit heulte über der Stadt wie ein Nebelhorn über der See. Zu guter Letzt kündigte das Knattern von Wolodjas altem Wolga Malachows Ankunft an. Er sprang aus dem Wagen, wie gewohnt, ohne sich für seine Verspätung zu entschuldigen, und redete los wie aus der Pistole geschossen.

»Na, hast du's gesehen, das Schild? Das Dmitri-Malachow-Entertainment! Hab einen langfristigen Mietvertrag. Exklusivrechte! Es wird sensationell! Komm an Bord, ich zeig dir alles.«

In ihrer Glanzzeit musste die *Alexandr Blok* ein ziemlich luxuriöses Schiff gewesen sein. Aber das war vierzig Jahre her, und danach war sie mit jeder Umnutzung tiefer abgestiegen. Zuletzt war sie Ende der Achtzigerjahre ein sowjetisches Bordell gewesen. Die Schotten waren mit brauner Velourstapete beklebt und Treppen und Gänge mit Resopal verkleidet, wie in der Eisenbahn. Unter Deck in der Bar warf eine große Discokugel bunte Farbflecken auf Malachows kahlen Schädel. Ein paar halbseiden aussehende Gäste kauerten in den Kunstledernischen um die leere Tanzfläche und rauchten hektisch amerikanische Zigaretten. Der Barmann hing, wie es schien, in einem Zustand der Katatonie neben der Kasse; hinter ihm drangen Bratgerüche und eine entrüstete schrille Frauenstimme aus der Küche.

»Toll, hä? Ist es nicht toll?« Malachow war aufgeregt und aberwitzig stolz auf sein neues Reich. »Komm mit, das Beste hast du noch gar nicht gesehen.«

Er führte mich die Treppe hinunter auf ein tieferes Deck, wo von einem langen, spärlich beleuchteten Korridor Kabinen abgingen. Die dünnen Türen waren aus Resopal, und aus einer

Kabine kamen Fickgeräusche – rhythmisches männliches Stöhnen und hin und wieder ein Hurenquietscher gespielter Lust.

»Das ist Igor, mein Partner. Er wird dir gefallen. Komm.«

Malachow führte mich in eine Kabine, die offensichtlich seine war. Sie war erstaunlich geräumig, auch wenn Sessel und Bett mit Hemden- und Anzughaufen volllagen. An einem Ende standen ein Stapel Aktenordner und eine Kiste Johnnie Walker.

»Wohnst du jetzt hier?«

»Ja doch. Bin gerade eingezogen. Schmeiß das auf den Boden. Setz dich! Gibt noch viel zu tun, klar. Designer müssen her. Italienische Designer, schätze ich. Mir schwebt so ein Versace-Look vor.«

Ich setzte mich auf sein hartes Bett, und Malachow ließ sich auf einen federnden Bürostuhl plumpsen und drehte sich hin und her wie ein aufgeregter kleiner Junge.

»Das Dmitri-Malachow-Entertainment!«, wiederholte er mit sichtlicher Freude am Klang des Namens. »Ta-taa! Na, was hältst du davon?«

»Steckt auf jeden Fall Potenzial drin, Dima.«

Als ich hinterher in die kalte Nacht hinaustrat, hatte der Regen die letzten noch verbliebenen Eisschichten auf den Bürgersteigen fast vollständig abgeschmolzen. Zum ersten Mal hatte ich ein ganz neues Gehgefühl – Genuss an der Festigkeit des harten, nicht mehr vereisten Bodens unter den Füßen –, wie es nur Menschen kennen, die in Ländern unter der Herrschaft des Winters leben. Endlich harter Asphalt und Beton nach monatelangem weichen Schnee oder tückischen Eis, auf dem man sich mit den Trippelschritten einer Geisha bewegen musste. Es gab mir Sicherheit. Und als ich später in der Nacht im Bett lag und den gelben Schein der Straßenlaternen an meiner Decke anstarrte, übertönte das Trommeln des Regens auf dem Zinkblech der Fensterbank sogar den Verkehrslärm. Der Winter, die tote Jahreszeit, war vorbei.

Am Tag darauf ließen die Götter ein kleines gesellschaftliches Wunder geschehen: James Gormley-Smith rief mich tatsächlich an und fragte, ob ich nicht im ultraschicken Jazz Café zu ihm und seinen Freunden stoßen wolle. Ich war geschmeichelt. Damit hatte ich in Moskaus illustren Kreisen Fuß gefasst: Smith und seine formidablen Kumpane waren die Alphamännchen unserer Welt, unsere Sonnyboys. Smith winkte, begrüßte mich überschwänglich und vergaß mich auf der Stelle, während ich mich an ihrem teuren Ecktisch im Alkoven zu ihnen setzte. Um mich herum ein lebendes Tableau von Blondinen, Designerjeans, Champagnerflaschen und raffinierten Cocktails, gut aussehenden gegelten Männern. Eine zum Leben erwachte Hochglanzreklame.

Sie waren die Konquistadoren des Kapitalismus, die in den Wohnungen des Politbüros lebten und sich die schönsten Frauen der Besiegten nahmen. Gleichzeitig galt in dieser flotten Truppe eine Art Kodex, dessen Werte und Normen so streng und präzise waren wie die Regeln einer Jungenbande. Jedes Mitglied in ihrem Kreis musste sich mit den obligatorischen Perversionen qualifizieren, und alle gaben damit an wie Investmentbanker mit ihren Abschlüssen. Man konnte mit keinem von ihnen länger als zehn Minuten reden, ohne von seinem Drogenproblem und seiner bisexuellen, rumhurenden Freundin zu erfahren, seiner anderen geilen Mätresse, die auf Bondage abfuhr, seinem Wochenende auf einem Rave oder auf einer Jacht. In Moskau waren Koks und Nutten, was Rotwein und literarische Ambitionen für die verlotterten Bohemiens waren, die ich in Soho gekannt hatte. Aber die Orgien von London und Oxford waren Kindereien im Vergleich zu dem, was diese geschniegelten Prinzen der Dekadenz mit ihren glänzenden schwarzen Wagen und ihren Zweihundert-Dollar-Frisuren trieben.

Beneidete ich sie? Natürlich. Aber weniger um ihre Freundinnen und ihr Geld und ihre tollen Wohnungen und mondänen Urlaube. Nein. Vor allem beneidete ich sie um ihre Selbstsicherheit. Denn ich erkannte bald, dass ich mich noch so sehr anstrengen konnte, die selbstverständliche Anspruchshaltung, die Großspurigkeit und den lässigen Charme brachte ich höchstens in flüchtigen Momenten betrunkener Selbstvergessenheit auf. Was uns unterschied, war mehr als die Tatsache, dass ich in einer ärmlichen Wohnung über dem lärmenden Straßenverkehr des Gartenrings lebte und meine Freundinnen eher von der biederen Sorte waren. Irgendein Dämon des Weltschmerzes und der Selbstzweifel verhinderte, dass ich einer von ihnen wurde.

Mein Gewissen war sicher nicht reiner als ihres. Doch ich begriff eines: Wenn man in dieser verruchten Stadt die wahre satanische Majestät erlangen, wenn man sich ohne einen Hauch von Selbstzweifel oder Schuldgefühl an den menschlichen Opfern dieses Großstadtdschungels mästen wollte, musste man hartherzig sein. Smiths glamouröse Freunde waren in

einen schützenden Panzer aus Geld und Gleichgültigkeit gehüllt. Wie viele reiche Leute waren sie hart, wo einfache Menschen weich, und sentimental, wo wir Übrigen stumpf waren.
Sie waren keine wirklich schlechten Menschen, sondern einfach geübt im Ausnutzen der andern, und sie bemerkten selten die Folgen ihrer Handlungen, weil sie in einem Schauer
von Hundertdollarscheinen durchs Leben gingen, umgeben
von lächelnden Lakaien, die sich bückten, um ihr Geld auf-
zuheben.

Mein eigener Panzer, erkannte ich, war aus schwächerem
Stoff gemacht: ein wenig zynischer Humor, ein bisschen ge-
sellschaftlicher Schliff und Schnöseligkeit. Meine Rüstung
war brüchig, und Pfeile des Mitgefühls durchbohrten sie häufig. Diese Männer hatten Erektionen – ich hatte Reflexionen.
Ich konnte den Stahl in meiner Seele nicht derart schärfen,
dass er mir eine Bahn durch das Leben der anderen schnitt
und sie hinter mir zerbrochen zurückließ wie vom Pflug
gewendete schwarze Erde.

Während ich zwischen den Bräuten und den Cocktails und
dem Geschnatter im Jazz Café saß, wurde mir klar, dass ich
in doppelter Hinsicht ein Außenseiter war. Ein Ausländer in
Russland, aber auch kein richtiger Brite. Bestenfalls eine Rand-
figur für die Gruppe dekadenter junger Tausendsassas, der an-
zugehören es mir, wie ich im tiefsten Inneren wusste, immer
an Weltläufigkeit fehlen würde.

Ich mochte Smith gern. Anders als viele seiner auslands-
britischen Freunde verlor er nie den ironischen Blick auf sein
Leben in Moskau, das Wissen, dass dies alles nur eine kurz-
lebige Glückssträhne war, die Laune eines mutwilligen Got-

tes. Er tanzte mit dem Teufel, ohne sich je davon anfressen zu lassen und ohne bindende Verträge zu unterschreiben. Sein Grinsen verlor selbst dann, wenn die Drogen es zu einer zähnefletschenden starren Grimasse verzerrten, nie seine Kindlichkeit, dieses »He, schau mal!« eines kleinen Jungen, den man in einer Schokoladenfabrik losgelassen hat. »Wenn ich monogam bliebe, würde ich eine Frau glücklich, aber alle andern Frauen auf der Welt unglücklich machen«, scherzte er. »Mit welchem Recht? Gefragt, ob sie mit mir Sex haben wollten, antworteten neunundneunzig Prozent der russischen Frauen: ›Nie wieder.‹«

Als Anastassija am späten Abend sah, wie James an der Bar von einer anderen Frau angemacht wurde, zog sie ihr Cocktailkleid aus Goldlamé hoch, kniete sich im Halbdunkel auf der Polsterbank breitbeinig über ein anderes Mädchen und küsste sie lange und hingebungsvoll. Das erregte immerhin Smiths Aufmerksamkeit, und er zog die Frau, mit der er sich gerade unterhalten hatte, einfach mit zu den anderen.

»Fuck«, sagte er grinsend, als er sich gegen fünf Uhr morgens allseits verabschiedete und beide Mädchen auf die Straße hinausschob, wo sein Chauffeur im Jeep wartete. »Das wird noch eine lange Nacht.«

6

Liebe

»Verlieren Sie Ihr Herz niemals an etwas
Wildes, Ungezähmtes, Mr Bell.«
Truman Capote, *Frühstück bei Tiffany*

Als ich Sonja zum ersten Mal sah, lag sie zwischen Kakerlaken und Müll auf drei Sofakissen am Fußboden einer schmutzigen Junkieabsteige, der ausgestreckte Arm von Nadelstichen zerlöchert, die schweißnassen Haare an die blasse Stirn geklatscht. Sie zitterte leicht und bewegte die Lippen, hin und wieder von einem Murmeln begleitet. Ihre Beine waren in einer fleckigen Decke verheddert, und Licht aus dem Nebenzimmer verlieh ihren feinen Gesichtszügen dramatische Konturen. Sie sah so maßlos tragisch aus wie von Caravaggio gemalt.

»Was is'n das für eine?«, fragte Ranard, während er seine Kamera am Türrahmen abstützte und ein paar Schnappschüsse mit langer Belichtung machte. Ich, der Tourist, der ehrbare Besucher aus der überirdischen Normalwelt, steckte den Kopf ins Zimmer, um die ganze Elendsszene zu überblicken, die sich vor mir ausbreitete.

»Das ist Sonja«, sagte Lisa mit einem beiläufigen Nicken zu ihrer Freundin und ging weiter. »Sie ist ziemlich am Arsch.«

Am Ende des Flurs war die Küche. Lisa stieß mit dem Fuß die Tür auf, die Arme über der Brust verschränkt. Im Schein einer einzelnen nackten Glühbirne saß ein bärtiger junger Mann inmitten treibender Rauchschwaden gebeugt an einem langen Tisch. Seine mittelgescheitelten langen Haare verdeckten sein Gesicht, und Hemd und Jacke hingen ihm sackartig von den dünnen Schultern. Als er zu ihr aufschaute, sah er aus wie Jesus als Junkie.

»Freunde«, sagte Lisa. An uns gewandt nickte sie in die Richtung des Mannes. »Kirill.«

Wir ließen uns auf einem durchgesessenen Sofa nieder und zündeten uns Zigaretten an. Kirill war völlig in etwas vertieft und ignorierte uns. Umgeben von allen möglichen Utensilien zur Drogenherstellung sah er aus wie ein verrückter Professor, der in seinem schmuddeligen kleinen Kellerlabor abgefahrene neue Trips zusammenbraut. Kirill selbst war gerade bis zu den Augäpfeln voll von einem unglaublich starken Teufelszeug, das ihn völlig in den Klauen hatte. Eine irrsinnige Intensität durchpulste ihn, als stände er unter einer ungeheuren kosmischen Hochspannung, die aus dem rissigen Betonboden des Hauses sirrte, durch die Rohre und Leitungen. Als er eine dampfende Ampulle mit den Fingerspitzen nahm, zitterte seine Hand vor übermenschlicher Anstrengung, als griffe ein tödlich getroffener Westernheld ein letztes Mal nach seinem Revolver. Er zog eine Spritze mit einer wolkigen Flüssigkeit auf, holte japsend Atem, als bekäme er keine Luft, und presste durch zusammengebissene Zähne ein paar Worte heraus.

»Jetzt kann die Party steigen«, sagte er, wobei er endlich aus seinem Versenkungszustand auftauchte und uns zum ersten Mal ansah. Mit kindlichem Triumph im Gesicht hielt er die Spritze hoch, als hätte er gerade ein Kaninchen aus dem Hut gezogen.

»Vint«, bemerkte er mit größerem Nachdruck. Er deutete nickend auf die Ampulle und zündete sich mit unsicherer Hand die nächste Zigarette an. »Das ist Vint. Pervitin. Es ist ein Meth-am-phe-ta-min.« Kirill hackte die Silben ab, als spräche er einen unbekannten Begriff aus, und grinste, als er ihn glücklich herausgebracht hatte.

»Pervitin. Wurde von den Deutschen erfunden. Im Krieg.« Ranard griff den Faden auf, da Kirill gerade wieder ins Leere starrte und kurzzeitig die Sprache verloren zu haben schien. Ranard war stolz auf seinen Doktor in Straßenpharmakologie an der Universität von New Yorks Lower East Side. »Das haben sie den Piloten gegeben, damit die immer weiter fliegen konnten.«

Da Ranard fast kein Russisch sprach, streckte er die Arme wie Flügel aus und deutete mit der Nase einen Sturzflug auf den Tisch an, damit Kirill verstand. Dieser beobachtete ihn schweigend und schwenkte manisch die Spritze, damit das flüssige Vint darin abkühlte.

Lisa, die tief inhalierend am Türrahmen lehnte und anscheinend meilenweit weg war, wachte plötzlich auf und machte auf Russisch weiter. »Vint – mit Vint wirst du wie Gott«, sagte sie und trat einen Schritt ans Licht heran. »Nein, mit Vint wirst du Gott selbst.«

Sie wurde ungewöhnlich lebhaft, glich überhaupt nicht mehr der verschlossenen Person, die ich in Limonows Keller kennengelernt hatte. Ein starker Rededrang erfasste sie. Ich vermutete, dass die Drogen ihre Wirkung taten und dass sie schon ordentlich zugelangt hatte, ehe Ranard und ich eintrafen.

»Das musst du probieren. Und wenn's nur das eine Mal ist. Wahnsinn. Das Zeug schießen, voll in die Vene? Dagegen ist Ecstasy wie Kaugummi kauen.«

Ich muss verständnislos dreingeschaut haben, denn sie schüttelte den Kopf über meine beklagenswerte Unwissenheit. »Na schön. Stell dir vor ein Hammer-Rush. Höllische Stärke. Blendende Klarheit. Wahnsinnige Erkenntnis. Haargenaues Bewusstsein von allem, was um dich herum vorgeht. Ein ungeheurer, überwältigender Kraftschub. Dein Herz brüllt. Wie wenn ein Formel-1-Motor in den roten Bereich röhrt. Schnappt gegen deinen Brustkasten wie ein wildes Tier im Sack und will sich mit aller Gewalt freibeißen.«

Lisa tigerte mit hüpfenden Schritten durch den Raum und stieß ihre Zigarette zum Nachdruck in unsere Richtung. Ranard und ich tauschten Blicke aus – er verstand nicht, was sie sagte, aber ich glaube, er wusste ungefähr, worum es ging.

»Dieses Zeug hier ist die volle Härte«, fuhr Lisa fort. »Keine Gnade, nicht mit Vint. Keine nette wohlige Wärme wie Heroin, Scheiße, nein. Das zwingt dich, der Wirklichkeit voll ins Gesicht zu sehen in ihrer ganzen gottverdammten feinkörnigen Herrlichkeit. Der Wirklichkeit, John!«

Lisa blieb stehen und deutete mit ausladenden Gebärden auf die fleckigen Wände und den Dreck überall.

»Reality, John!«, spie sie auf Englisch aus. Dann gingen ihr urplötzlich die Worte aus, und sie ließ sich auf einen wackligen Stuhl gegenüber von Kirill fallen.

»*Dawai!*«, sagte sie. »Mach!«

»Yeah. Reality.« Ranard hatte Fotos von seiner manischen Freundin während ihrer Tirade geschossen. Als sie jetzt in sich zusammensackte und nur noch Augen für Kirills abkühlende Ampulle hatte, hörte er auf zu fotografieren, sah sich um und wandte sich an mich, den Einzigen im Raum, der anscheinend noch zuhörte.

»Sieh dir das Leben von diesen Typen an, Mann. Deshalb ist das so ein heftiges Zeug. Härter geht's nicht. Weil, wenn du ein Junkie in Russland bist, dann willst du die Wirklichkeit vergessen, die kann dich mal kreuzweise.«

Eine kurze Stille trat ein. Die ganze Zeit hatte ein schepperndes Gerät, das auf einem Rohr in der Ecke stand, eine schlechte Aufnahme von King Crimsons *In the Court of the Crimson King* abgenudelt. Jetzt war das Ende der Kassette erreicht. Mit Klappern und Zischen wechselte das Band die Seiten, und etwas von den Violent Femmes fing an.

Im Flur bewegte sich jemand, und Sonja erschien in der Tür, zum ersten Mal seit unserem Eintreffen bei Bewusstsein, die Augen auf nichts gerichtet. »Hallo«, flüsterte sie und zog sich die Strickjacke fester um die schmalen Schultern. »Wie spät ist es? Hat wer 'ne Zigarette?«

Sie hatte schlanke Hüften, lange dünne Arme, Augen so groß und blau wie eine Porzellanpuppe. Ihr Körper war wunderschön, jungenhaft und geschmeidig. Sie bewegte sich traumhaft sicher wie eine Katze. Wenn sie einen mit ihren großen traurigen Augen ansah, wollte man sie am liebsten auf Händen nach Hause tragen und ins Bett packen. So zart und unreif ihr Körper auch wirkte, ihre Augen waren alt und erfahren, wenn sie mit abwesendem Träumerblick durchs Zimmer starrten wie in weite Ferne. In diesem Blick lag etwas wie eine schmerzhafte Unschuld, die alle Sünden kannte und alle Sünden vergab. Ein uraltes Wissen sprach aus diesen jungen Augen.

Sonja nahm unsere Anwesenheit mit einem Blinzeln zur Kenntnis, einem winzigen Nicken, während sie, die Arme weiter verschränkt, den Kopf vorschob, um sich von Kirill seine halb gerauchte Zigarette in den Mund stecken zu lassen. Dann glitt sie langsam am Türrahmen hinab und setzte sich im Schatten des Tisches auf den Boden, still, das Kinn auf den Knien. Sie legte sich die Finger schlaff aufs Gesicht, klappte den Mund auf und sah dabei aus wie ein kleines Mädchen, das einen Gruselfilm guckt. Nach einigen Minuten kroch sie langsam über den Fußboden und lehnte sich an eine Ecke des Sofas. Sie zupfte sachte an meinem Mantel, und ich streifte ihn ab und hängte ihn ihr über die Schultern. Sonja legte den Kopf auf mein Knie und schlief umgehend ein.

Lisa rutschte auf dem Sofa nach vorn und spreizte die Hände auf dem Tisch. Sie und Kirill wechselten einen stummen Blick. Schwankend rappelte er sich auf und fing an, ziellos nach einer frischen Nadel für Lisa zu suchen. Er hielt sich eine Weile in einer Ecke auf, zog den Reißverschluss einer Reisetasche auf und wühlte darin herum, dann durchstöberte er eine Kiste mit Farben, bevor er zurückging und die Tasche aufs Neue aufzog. Dies wiederholte er mehrmals. Schließlich gab Kirill auf.

»Njet«, sagte er mühsam zu Lisa. »Nein, ich habe keine.«

»*Sukin syn*«, sagte Lisa. »Hurensohn. Na ja, dann muss es halt so gehen.«

Dabei klang sie nicht mal, als bedauerte sie das. Sie sprach davon, sich mit einer schmutzigen Nadel zu fixen, so als ließe sie sich eine Zigarette aufdrängen, nachdem sie eine Woche lang versucht hatte, sich das Rauchen abzugewöhnen – nur ein kleiner Rückfall. Während Kirill die Luftbläschen aus ihrer gemeinsamen Spritze klopfte, krempelte sich Lisa den Ärmel auf und zog scharrend einen Hocker vor Kirill in Position.

»Hast du sie noch alle!«, rief Ranard aus. »Weiß der Geier, was der für Krankheiten hat! Bist du nicht grade erst aus dem Krankenhaus raus, du dumme Nuss? Und jetzt willst du dir mit seiner Kackarschspritze Vint ins Blut jagen?«

»Na gut«, murmelte Lisa. »Ich lass es.«

Doch sie rührte ihren nackten Arm nicht. Kirill legte vorsichtig die Ampulle auf den Tisch und setzte die Fingerspitzen in einer Linie parallel zu dem Plastikröhrchen auf. Niemand sagte etwas. Beide blickten auf die Tischplatte.

»Okay, lass uns gehen. Nichts wie raus hier.« Ranard schnappte sich seine abgestoßene Lederjacke. »Komm schon, Baby. Raus aus dem Dreckloch. Sofort.«

Lisa rührte sich nicht.

Ranard hielt mir verzweifelt die offenen Hände hin. Ich zuckte die Achseln.

»Was soll ich bloß mit dieser Schnepfe anfangen? Okay, es ist dein verficktes Leben. Bis irgendwann mal, Lisa.« Und zu mir: »Kommst du mit? Bleibst du da?«

Ich legte schützend die Hand auf Sonjas Kopf, die es sich auf meinen Knien gemütlich gemacht hatte und fest schlief.

»Heißt wohl, du bleibst.« Ranard verdrehte die Augen. »Na, ich hoffe bloß, ihr Knalltüten wisst, was ihr tut. Peace.« Mit leisem Klicken zog er die Tür hinter sich zu.

»*Tschto podelajesch?*«, murmelte Lisa, drehte den Ärmelaufschlag um den Oberarm zusammen und klemmte ihn sich zwischen die Zähne. »Was kann man machen?«

Kirill fand schnell eine Vene und schob die Nadel hinein. Lisa zog scharf die Luft ein, und als das Vint ihr ins Blut schoss, stieß sie ein hohes Winseln aus, halb orgastisch, halb animalisch.

Das erste Licht des Morgengrauens sickerte durch die hohen, schmierigen Kellerfenster, als die Droge zu wirken begann. Lisa atmete tief und wischte sich das Blut, das sie aus der Stichwunde gesaugt hatte, vom Mund. Plötzlich lachte sie auf. Das Band wechselte zum millionsten Mal die Richtung. Lou Reeds *Heroin* kam.

»It's my wife and it's my life«, sang Kirill im falschen Takt den richtigen Text, und Lisas Lachen steigerte sich zu einem hysterischen Kichern. Er machte sich für den Schuss bereit. »When the smack begins to flow, I really don't care any more … I guess I just don't know, I guess I just don't know.«

Ich schob die Hände unter Sonjas Achseln und zog sie behutsam aufs Sofa. Dann deckte ich sie mit meinem speckigen Ledermantel zu, während Lisa eine Art Junkietrancetanz in der Küche aufführte, die Augen fest zusammengekniffen und die Fäuste vorm Gesicht geballt. Ihre Lippen bewegten sich schnell, als ob sie sämtliche Worte sagte, die sie sich sonst nicht auszusprechen traute. Ich hörte hin, um zu verstehen, was sie sagte, aber ohne Erfolg. Ich fand einen Zettel in der Manteltasche und schrieb mit einem stumpfen Bleistift, der unter dem Tisch lag, meinen Namen und meine Telefonnummer darauf. Ich steckte ihn in Sonjas Strickjackentasche und begab mich in die frostige Kälte eines grauen Moskauer Tagesanbruchs hinaus. Nach der stickigen Atmosphäre im Keller war die Luft klar und erfrischend wie Champagner. Über den Himmel zogen Wölkchen in langen Streifen, die an einen Makrelenschwarm erinnerten und von der aufgehenden Sonne zartrosa beleuchtet wurden.

Zwei Tage später rief sie an. Ich erkannte ihre Stimme nicht: Sie klang so forsch und geschäftsmäßig, dass ich im ersten Moment nicht wusste, wer sie war.

»Dein Mantel? Du hast mir deinen Mantel gegeben. Bei Kirill. Danke.«

Wir verabredeten uns an der Metrostation Pawelezkaja. Ich kam zehn Minuten zu spät und sah sie warten, bevor sie mich erblickte. Sie wirkte gesammelt und ernst, das Gesicht eines beunruhigend schönen Kindes. Als sie mich sah, strich sie sich ihre Betty-Boop-Tolle hinters Ohr und winkte mit beiden Händen. Sie ergriff meine Hände und stellte sich auf die Zehenspitzen, um mich zu küssen. Am Samstag im Keller hatten wir kaum zehn Worte miteinander gewechselt, und doch hatte ich irgendwie das Gefühl, dass ich sie schon seit Jahren kannte und dass wir viel zusammen durchgemacht hatten.

»Wie geht's dir?«

»Prima!«, erwiderte sie munter, und etwas in ihrem Ton hinderte mich daran, genauer nachzufragen, wie es in Kirills Keller weitergegangen war. »Und dir, wie geht's dir?«

»Auch prima.«

Sie lächelte kurz, senkte den Blick auf ihre kleinen Schuhe und hob ihn dann wieder ganz langsam, als verfolgte sie einen springenden Tennisball. Das war eine Angewohnheit von ihr.

»Gehen wir wo hin?«, fragte sie. »Gleich hier um die Ecke.«

Wir drehten uns zusammen um, und sie hängte sich bei mir ein und hielt sich fest, wenn sie über Pfützen im Rinnstein trat. Mit einem Mal war ich mir unerklärlicherweise sicher, dass wir ein Paar waren, und das schon vom ersten Blick an, den ich auf sie geworfen hatte.

Sonja führte mich ins Ptjutsch, Moskaus ersten und angesagtesten Technoklub. Draußen stand eine kleine Menschentraube, aber Sonja nickte dem Türsteher zu, und wir schoben uns an der Schlange vorbei in die hämmernde Musikhölle. Das Lokal war klein, viel zu klein für den Big Beat, House und Rave, den die DJs auflegten. Die Musik war so laut, dass sie in meiner Brust wummerte und im Bauch vibrierte. Das Ptjutsch war gerammelt voll mit Klubkids in Leuchtklamotten und einer älteren Schickimickiblase in feinen Anzügen, schwarzseidenen Rollkragenpullovern und mit zähnefletschendem Kokaingrinsen. Die Inneneinrichtung war halbwegs stilvoll: ein Tresen aus dickem grünem Glas, silberne Rohre an der Decke, zackige Stahlstühle, ganz hinten ein samtverkleidetes Chillzimmer mit bergeweise bunten Polstern.

Sonja trug ein silbernes Kleid, kurz am Bein, aber mit langen Ärmeln, um die Stichnarben an ihren Unterarmen zu verbergen, Schuhe mit Blockabsätzen, eine schwarze Federboa und eine große weiße Seidenblume im Haar. Sie traf sich dort mit ihrer Freundin Katja, blonde Haare und Babyface, die die gleiche Boa hatte, nur in Pink. Sie tanzten fast den ganzen Abend allein wie in Trance, die Augen geschlossen, die Hände über dem Kopf. Ungefähr alle halbe Stunde kam eine von ihnen mich suchen und schleifte mich für eine Runde Wodkas an die Bar. Sonja machte zweimal Anstalten, ihren zu bezahlen, höchst ungewöhnlich für eine Russin. Ich scherzte, sie solle sich ihr Geld für Drogen aufheben. »Ach, die sind nicht sehr teuer«, sagte sie ganz im Ernst. »Ich gebe weniger für Drogen aus als die meisten Mädchen für Make-up.«

Die Musik war viel zu laut zur Unterhaltung. Man konnte tanzen oder trinken oder sich im Chillzimmer küssen, aber nicht reden. Also tanzten Sonja und Katja, und ich trank und beobachtete sie. Unter der DJ-Kabine kam grünes Laserlicht hervor, dessen messerscharfer Strahl durch den Rauch über der Tanzfläche schnitt und auf traumhaft verschwommene Gestalten fiel. Es gab auch ein starkes weißes Strobolicht, das die Bewegungen der Tänzer in Sequenzen bizarrer filmischer Einzelbilder zerlegte. Sämtliche Tänzer waren zum Laser gewandt, und wie Sonja hatten fast alle die Augen geschlossen. Sie gaben sich dem Geist der Musik hin wie Jünger eines bacchischen Kults. Aber dieser Kult hatte nichts Menschliches. Die Tänzer sahen sich kaum an, und ihre Bewegungen waren nicht sexy, gar nicht darauf bedacht, von anderen gesehen zu werden. Das Rave-Gehampel war ein in der Öffentlichkeit aufgeführter Privattanz, ein andächtiges rhythmisches Zucken, endlos und unstrukturiert, das an einen antiken Tempeltanz erinnerte. Ein Saal voll junger Leute, alle zum Licht gewandt, alle verhext von demselben penetranten Rhythmus – unsere Vorfahren hätten gesagt, das Ganze habe etwas Satanisches.

Da ich sonst nichts zu tun hatte, betrank ich mich. Wenn Sonja angetanzt kam, setzte ich eine Miene alberner Jovialität auf und versuchte zu gucken, als ob ich mich prächtig amüsierte. Schließlich hatte sie Erbarmen mit mir und zog mich am Ärmel zur Tür. Katja war immer noch auf der Tanzfläche, völlig versunken in ihre private Ekstase.

»Und sie?«, schrie ich Sonja ins Ohr.

»Sie ist schon groß. Sie kann auf sich selbst aufpassen.«

Den Eindruck machte sie mir nicht, aber es war bestimmt nicht das erste Mal, dass ihr nichts anderes übrig blieb.

Es war ungefähr zwei Uhr morgens an einem Freitag, aber die Schlange vor dem Ptjutsch war länger denn je; jede Menge Klubkids waren auf den Beinen. Das Bummern der Musik verfolgte uns auf der Straße und um die nächste Ecke. Als wir auf dem Gartenring waren, merkte ich, dass der Technobeat in Wirklichkeit in meinem Kopf war und mit meinem Herzen im Takt hämmerte. Schweigend gingen wir dahin, ihr Arm wieder in meinen gehängt. Ein feiner Nieselregen setzte ein, und wir suchten in einem Bushäuschen Schutz. In der nächtlichen Stille vergrub ich meine Lippen in Sonjas feinen blonden Haaren, und sie schob die Hände unter meinen Mantel und um meine Taille. Ein Kundschaft suchender Lada verlangsamte die Fahrt. Ich winkte ihm, hielt Sonja die Tür auf und murmelte dem Fahrer meine Adresse zu.

Als sie bei mir zu Hause ihr Kleid abstreifte, hielt sie sich die Nadelstiche in den Ellbogenbeugen mit den Händen zu. Beim Sex rollte sie den Kopf auf dem Kissen hin und her genau wie in der Nacht, als ich sie zum ersten Mal gesehen hatte, die Augen nach oben verdreht, am ganzen Körper zitternd wie in einem High, und bewegte unter Stöhnen und Keuchen den Unterleib, um ihren Lustgewinn zu optimieren. Es war, als wollte sie sich in den Himmel zurückvögeln, höher und höher hinauf.

Im Halbschlaf lag ich mit dem Rücken an der kühlen Wand, die kuschelnde Sonja an mich gezogen, ihre schlanken Beine mit meinen verschlungen. Meine Hand hielt ihre winzige langnipplige Brust. Das gelbe Licht der Natriumlaterne draußen vor dem Fenster beleuchtete einen Deckenausschnitt. Ihre Haut hatte die Farbe von frisch gehobeltem Holz. Sie hatte einen leichten Schlaf, und als ich ein wenig herumrutschte, war sie sofort wach und setzte sich im Bett auf.

»Tja«, sagte sie und betrachtete mich mit dem gleichen unverhohlenen, offen taxierenden Blick, den kleine Kinder haben. »Tja«, wiederholte sie. »Roman. Roman.« Sie prüfte meinen Namen, ließ ihn sich auf der Zunge zergehen und feixte ein wenig, als sie ihn aussprach. Sie beugte sich vor, nahm mein Gesicht in ihre kühlen Hände und küsste mich leicht auf die Stirn.

»Vielleicht erzählst du mir, wer du bist?«

Wir saßen im Bett und redeten bis zum Morgengrauen. Sie rauchte eine Zigarette nach der anderen, mit einer Teetasse als Aschenbecher, und ich trank zollfreien Jack Daniels aus der Flasche. Sie hatte gefragt, wer ich sei, und ich gab ihr Antwort – aber dieses eine Mal im Leben verspürte ich keinen Drang, mich wichtig zu machen oder anzugeben. Die meiste

Zeit hörte sie still zu, den Kopf auf eine Seite gelegt wie ein Spatz. Sie stellte keine Fragen und nickte hin und wieder ernst. Wenn sie niemanden direkt ansah, nahm ihr Gesicht einen Ausdruck nachdenklicher Konzentration an wie bei einem Kind, das ein Bild malt. Sie ließ mich reden und reden; sie war eine gute Zuhörerin. Das Tageslicht vertrieb langsam die Nacht, und die Verkehrsgeräusche auf dem Gartenring verdichteten sich zu einem ununterbrochenen Rauschen.

»Und was ist mit dir?«, fragte ich schließlich.

»Mit mir? Ich bin ein Moskauer Mädchen, das gern auf Partys geht.«

»Nein, ich meine, in Wirklichkeit.«

»In Wirklichkeit? Ich bin gar nicht aus Moskau, und ich gehe gar nicht gern auf Partys?«

»Jedenfalls bist du nicht aus Moskau.«

»Ach ja? Und woher willst du das wissen, du halbrussisches Halbblut, dass ich nicht aus Moskau bin?«

»Du magst die Stadt zu gern.«

»Ha. Gute Antwort. Ja. Ich liebe sie zu sehr. Und ja, ich bin nicht aus Moskau. Ist das irgendwie wichtig für dich, wo ich her bin?«

»Ja.«

»Warum? Warum ist dir das wichtig? Ich finde, wir sollten die Sache zwischen uns nicht unnötig verkomplizieren. Du magst mich. Aber du kennst mich nicht. Vielleicht magst du mich nicht mehr so gern, wenn du mich kennst.«

»Warum? Hast du ein schreckliches Geheimnis?«

»Nein. Kein Geheimnis. Aber du bist wirklich sehr englisch. So prosaisch. Du willst Tatsachen haben. Du magst keine Geheimnisse. Sonja, die Geheimnisvolle? Nein? Wäre dir die nicht lieber?«

»Ich glaube nicht.«

»Na schön.«

Sie ließ sich auf die Kissen zurückfallen und kaute nachdenklich auf der Lippe. Es war, als müsste sie sich entscheiden, ob sie mich in ihren Kopf einlassen wollte oder nicht, und diese Entscheidung, schien es, wog viel schwerer als die, mich in ihren Körper eindringen zu lassen. Sie warf mir einen Blick zu, und mit einem resignierten Seufzen setzte sie sich in strammer militärischer Haltung wieder auf und salutierte ironisch wie eine Junge Pionierin.

»Sofija Semjonowna. Zweiundzwanzig Jahre alt. Geboren und gemeldet im Dorf Radost, Provinz Iwanowo, Russische Föderation. Zehn Jahre Schule, schlechte Noten. Vater Trinker. Freundlich. Schwach. Mutter Arbeiterin. Hat im ganzen Leben nichts Interessantes gemacht, raucht sich jetzt zu Tode. Bin vor vier Jahren in die Großstadt gekommen, um das große Glück zu finden. Hab's nicht gefunden. Bin eine geworden, die Klubs und Musik mag. Und ansehnliche Engländer mit russischen Namen.«

Sie sah mich an und zog ein spöttisches Gesicht.

»Zufrieden?«

Sonja schien sich über sich selbst zu ärgern – als hätte sie mehr verraten, als sie eigentlich gewollt hatte. Sie wühlte sich aus den Decken und ging rasch ins Bad. Sie blieb dort lange. Ich hörte mein Feuerzeug klicken und schlief zum Rauschen einer einlaufenden Badewanne ein.

Als ich aufwachte, hatte ich schon eine Verabredung zum

Mittagessen verpasst, und mein Bett war leer. Sonja hatte sich auf dem Sofa aus meinen Pullovern und Jacken eine Art Nest gebaut. Nur ein blonder Haarschopf war zu sehen und ein Fuß mit einem Delfintattoo am Knöchel. Ich kleidete mich in aller Stille an und zog die Tür so leise zu, wie ich konnte, um sie nicht zu wecken. Den ganzen langen, vollkommen unproduktiven Nachmittag über dachte ich an sie. Wer war dieses zarte, beschädigte Wesen, so verletzlich und zugleich doch so hart? Immer wieder ging mir ihre Selbstkontrolle durch den Kopf, ihre erstaunliche Fähigkeit, gleichzeitig uralt und kindlich zu wirken.

Ich entschuldigte mich mit einer Ausrede bei Hastings, mit dem ich eigentlich auf Kneipentour hatte ziehen wollen, und ging früh nach Hause. Sonja war fort. Sie hatte keine Mitteilung hinterlassen, und außer einem Pulloverknäuel auf dem Sofa und ihrem Schweißgeruch in meinen Laken verriet nichts, dass sie dagewesen war. Trotzdem schien ihre Abwesenheit die Wohnung zu füllen. Ich empfand die Erinnerungen an ihren Körper nach: wie leicht sie gewesen war, als ich sie im Bett hin und her gedreht hatte, wie fein ihre Haare, wie intensiv ihre Hand auf meiner Schulter, wie kompakt ihr schlafender kleiner Körper, als ich sie in jener Nacht in der Kellerwohnung auf den Arm genommen hatte. Irgendwie war dieses kleine, schmächtige Geschöpf auf völlig rätselhafte Weise ins Zentrum meines Lebens gerückt.

Ich rief Sonja zu Hause an; sie ging nicht dran. Ich rief Ranard an, aber er hatte sie nicht gesehen und hatte keine Ahnung, wo sie sein mochte. Er hatte eigene Probleme. Lisa hatte ihm am Abend zuvor erklärt, er solle sich verpissen, und war in die Nacht verschwunden und bis jetzt noch nicht wieder aufgetaucht.

»Muss immer denken, sie ist doch noch ein Kind. Was weiß die schon, Mann? Ein Kind irgendwo da draußen in der Stadt.« Er hörte sich wie ein besorgter Vater an. Ich verkürzte mir das Warten mit einem Stapel raubkopierter Videos und zwei Flaschen georgischem Wein. Das Telefon blieb still. Ich dachte an den in die Jahre gekommenen Ranard, der in seinem Loch am anderen Ende der Stadt ebenfalls zu Hause hockte und Wache hielt wie ich, während unsere kleinen Frauen wild durch die Straßen ihres widernatürlichen Jagdreviers streiften.

Am Dienstagmorgen rief Sonja endlich an.

»Herrje, wo bist du gewesen?«

»Hier und da. Warum?«

»Ich hab mir Sorgen gemacht.«

»Ich war mit niemand anders zusammen, wenn du das denkst.«

»Das habe ich nicht gemeint. Ich meinte, ich hab mir Sorgen gemacht, dir könnte irgendwas passiert sein.«

»Irgendwas?«

»Ja. Irgendwas. Du hast mir gefehlt. Und ich hab mir Sorgen gemacht.«

Sonja ließ sich das durch den Kopf gehen. »Echt?«

Wir trafen uns zum Mittagessen im Starlite Diner, das voll besetzt war von lauten Ausländern, die mit ihren Eroberungen der letzten Nacht angaben. Sonja trug einen grauen Rollkragenpullover, neue Calvin-Klein-Jeans, und ihr Bob war frisch gewaschen und frisiert. Sie sah schlicht und elegant aus. Sie küsste mich flüchtig und zauste mir die Haare.

»Er hat sich Sorgen um mich gemacht«, sagte sie neckend. »Sorgen um mich.«

Wir nahmen Platz.

»Das ist nett. Es gefällt mir, dass ich jemanden habe, der sich Sorgen um mich macht.«

7

Unbekannte Gewässer

»Diese seltsame Freundschaft beruhte darauf, dass hier ein kräftiger Wille unaufhörlich auf einen schwachen Charakter einwirkte, auf jene dem Slawen eigentümliche Haltlosigkeit, die zwar im Kriege wahrem Heldenmut weicht, sich im Übrigen aber in einer unglaublichen Zerrissenheit des Charakters und einer moralischen Nachgiebigkeit äußert, deren Untersuchung wirklich einmal die Physiologen beschäftigen sollte.«
Honoré de Balzac, *Tante Lisbeth*

An dem Nachmittag hatte sich Sonja mit ein paar Junkiefreunden zu einem »Spaziergang im Park« verabredet. Ich dachte, das wäre irgendein euphemistischer Straßenslang für etwas anderes, doch keineswegs — wir gingen tatsächlich im Fili-Park in Westmoskau spazieren. Wir kamen ein bisschen zu spät zum Treffen an einer Metrostation am Stadtrand, aber alle anderen warteten schon auf uns. Russische Junkies, bemerkte ich, waren unheimlich pünktlich. Lisa war da, bekleidet mit einem Kapuzenpullover, einer abgewetzten ledernen Bikerjacke und zerrissenen Strumpfhosen. Kirill trug eine modische Sonnenbrille und rauchte mit seinen dünnen El-Greco-Fingern eine Zigarette nach der anderen. Auch Ranard stieß zu uns und gesellte sich zu Lisa, die ihn mit einem kurzen Nicken zur Kenntnis nahm, das ebenso gut Vergebung wie Gleichgültigkeit bedeuten konnte. Sonjas Freundin Katja sah zahm und jung aus ohne ihr Make-up und ihre Federboa.

Wir zogen in den Wald nahe der Metro. Durch das Geäst der Bäume sprenkelte Sonnenschein, und obwohl die Luft noch kühl war, schlug der Wald bereits mit frischem Grün aus. Eine Lichtung zwischen den Birken war mit Glockenblumen übersät. Wir ließen uns auf einem Baumstamm nieder, machten Bierflaschen auf und rauchten. Kirill redete lebhaft über Kunst, Literatur, Musik, Liebe. Ranard redete über Fotografie. Ich redete über Filme und hatte eine Meinungsverschiedenheit mit Sonja über Sergei Eisenstein. Ich sagte, er sei bedeutend, weil er die Bildersprache des modernen Films und der Werbung erfunden habe. Vielleicht, entgegnete sie, aber das mache ihn höchstens noch widerlicher. Sie hatte *Panzerkreuzer Potemkin* gesehen und fand, Eisenstein sei einer von denen, »die Lügen verbreiten – und die Lügen hat er dann hübsch verpackt, damit mehr Leute sie glauben. Er hilft den Regierungen, ihre Lügen besser zu verkaufen.« Ich hätte gesagt, seiner Ästhetik hafte der Makel seiner Regimetreue an, aber ihre Art, es auszudrücken, war direkter und treffender.

Unser Spaziergang glich einem gesitteten Betriebsausflug des Lehrkörpers einer teuren Universität – nur dass mit einsetzender Dämmerung Blicke gewechselt wurden und meine neuen Freunde sich entschuldigten. Sie hatten in Kellern und Wohnungen von Freunden wichtige Termine einzuhalten und nahmen Taxis zurück zur Metro, um nur ja keine Minute ihres verlorenen Lebens zu verlieren.

Der Nachmittag war noch warm, und da wir nichts anderes vorhatten, stimmten wir zu, als Kirill uns vorschlug, auf einen »Einkaufsbummel« mitzukommen. Wir fuhren mit der Metro zum Lubjankaplatz im Schatten des alten KGB-Hauptquartiers. Die Lubjanka selbst sah ausgesprochen bürgerlich und respektabel aus, wie ein älterer Bankier, der als verurteilter Täter irgendeines unsäglichen Sexualverbrechens auf der Titelseite einer Provinzzeitung prangt. Das menschliche Leid und die schrecklichen Geheimnisse, die aus den Mauern dieses Hauses dünsten mussten, wie ich mir immer vorgestellt hatte, waren hinter der unscheinbaren sonnenbeschienenen Fassade verborgen. Der Platz wirkte eigentümlich nackt ohne das Standbild von Felix Dserschinski, das 1991 nach dem Augustputsch von einer jubelnden Menschenmenge geschleift worden war.

Der Frühling hatte endlich Einzug gehalten, und dieselbe Armee städtischer Arbeiter, die den Winter über gewissenhaft Schnee geschippt und Eis gebrochen hatte, spritzte jetzt die Bürgersteige mit Industrieschläuchen ab. Schwere Sprengwagen folgten ihnen, die Desinfektionsmittel in die Rinnsteine sprühten und die letzten Spuren des Winters wie die Hinterlassenschaft einer Seuche oder eines Orkans wegfegten.

Mit hochgezogenen Schultern gab uns Kirill ein Zeichen, ihm ein kurzes Stück zu folgen. Auf etwa hundert Metern standen ärmlich aussehende Babuschkas in einer langen Reihe an der Nikolskajastraße, so wie sie vor jeder Metrostation standen und gewöhnlich Marlboros, Knoblauchknollen, selbst gepflückte Pilze und Brot verkauften. Doch als Kirill kam, war er binnen Sekunden von einer ganzen Horde umzingelt. Er sah nach dem typischen Kunden aus. Jung, schmutzig, abgezehrt und nervös hierhin und dorthin blickend hinter seiner Sonnenbrille, glich er aufs Haar den Dutzenden anderen Süchtigen in abgerissenen Jacken, die von der Metro zur Apotheke Nummer eins pilgerten.

»Was suchst du, Jungchen?«, fragten die Babuschkas. »Was braucht ihr, Kinderchen?« Statt Marlboros verkauften diese Frauen rezeptpflichtige Medikamente, die sie als Rentnerinnen gegen Vorlage eines ärztlichen Attestes kostenlos vom Staat bekamen. Sie waren bestens bestückt. Sie verkauften Relanium, ein synthetisches Morphin, Ketamin, ein halluzinogenes Schmerzmittel in der Tiermedizin, Benzedrin, Tuinal, Temazepam, Dilaudid. Sämtliche Amphetamine, Barbiturate und Opiate, die im Handel erhältlich waren, Uppers, Downers, Dissos. Alles. Ein paar besonders Geschäftstüchtige verkauften sogar die nötigen Zutaten für die chemische Synthese von Vint: eine Ampulle konzentrierte Schwefelsäure, ein Papiertütchen mit Ätznatron, Jodkristalle, roten Phosphor und ein Fläschchen Solutan, einen Hustensaft auf Pseudoephedrinbasis. Diesen grauhaarigen Dealerinnen blieb kaum etwas anderes übrig. Im Frühjahr 1996 betrug die durchschnittliche staatliche Rente ungefähr einen Dollar pro Tag, deshalb mussten diejenigen, die ohne Kinder und deren Unterstützung waren, arbeiten, betteln, Obst und Gemüse anbauen, ihre Medikamente gegen Bargeld verkaufen – oder hungern.

An dem Tag war Kirill auf dem Gesundheitstrip. Kein Vint. Er brauchte Relanium gegen die Schmerzen des Runterkommens von den ganzen anderen Sachen, die er sich in den letzten Wochen reingezogen hatte.

»Vier von denen, und du hast ein tolles High wie auf Heroin«, schwärmte er. »Hier kriegst du alles, was du haben willst.« Kirill feilschte kurz um acht Ampullen. Beim Abschluss des Geschäfts redete ihn die alte Frau mit rührend deplatzierter Zärtlichkeit mit *synok* an, »Söhnchen«.

Zwei Polizisten saßen in ihrem Streifenwagen und betrachteten die Straßenszene so teilnahmslos wie zwei städtische Kühe, die auf einer Weide voll zerbrochener Bierflaschen, zerrissener Zeitungen und kaputter Bürgersteige grasen. Kirill schien die Anwesenheit der Polizisten seinerseits völlig kalt zu lassen.

»Anderer Bezirk. Fängt an der Ecke an, wo sie stehen. Was an diesem Ende der Straße passiert, ist ihnen egal. Und überhaupt, was gibt es schon von einem Haufen Babuschkas und bettelarmer Junkies zu rauben?«

Es wurde Abend, und ich brannte darauf, nach Hause zu gehen. Den ganzen Tag hatte ich gegen heftige, geradezu verstörende Triebschübe angekämpft. Mein sexuelles Verlangen nach Sonja wurde langsam unwiderstehlich, zwanghaft, verzehrend. Ich konnte tun, was ich wollte, es riss mich mit wie eine Meeresströmung. Seine Stärke machte mir Angst. Sobald sie am Mittag das Starlite Diner betreten hatte, konnte ich kaum mehr an mich halten und hätte sie am liebsten gleich dort am Tisch nackt ausgezogen. Ich krümmte mich wegen der monströsen Erektionen, die mich in Wellen heimsuchten. Und als ich sie am späten Nachmittag endlich in meiner Wohnung hatte, war meine Not so groß wie die eines Ertrinkenden, der verzweifelt nach Luft schnappt: Sie duldete keinen Aufschub mehr, keinen Widerstand.

Dies war etwas ganz anderes als das dumpfe Bohren der gewöhnlichen Geilheit, das sich Sekunden nach dem Orgasmus in nichts auflöst. Selbst wenn wir gerade erst gefickt hatten, konnte ich sie nicht loslassen. Ich hielt sie so fest, dass sie aufkreischte. Ich biss sie und zog sie an den Haaren. Sonja war dem Sex nicht abgeneigt, gewiss. Aber die Dringlichkeit und Heftigkeit meines Verlangens nach ihr war für sie etwas Neues. Anfangs erschreckte es sie. Doch nach wenigen Tagen wurde etwas Dunkles und Zerstörerisches in ihr von den abgründigen Rhythmen der Triebe geweckt, die tiefer gingen als das bloße sexuelle Begehren. Sie spürte die Macht, die sie über mich hatte, sehr früh, glaube ich – hatte sie doch ihr Leben unter der Macht von anderen verbracht. Ich glaube, dass das Gefühl dieser Macht schon in diesen ersten selig-quäligen Wochen fortwährenden umstandslosen Fickens an ihr nagte.

Ich hatte so etwas noch nie erlebt. Es hatte etwas von einer schweren Krankheit, einer Lebensmittelvergiftung zum Beispiel oder einer schlimmen Grippe. Wie eine Krankheit beherrschte es mich vollkommen, sodass jede Berührung, jedes zärtliche Lecken, das kleinste Zucken im Unterleib eine Kettenreaktion elementarer Instinkte in Gang setzte. Es war ein Fieber im Blut, eine dämonische Besessenheit, ein schizophrener Zwang. Es war nicht zu erklären. Ich kannte Sonja erst wenige Tage, und sie blieb mir gegenüber aufreizend kühl und zurückhaltend. Ich hätte damals nicht sagen können, was ich in ihr sah – auch es heute zu sagen fällt mir schwer. Nichts in ihrem Verhalten, im Bett oder sonst wo, konnte meine Leidenschaft rechtfertigen. Sie war schön, durchaus, aber nicht außergewöhnlich schön. Weder ihre Persönlichkeit noch die Gespräche mit ihr fand ich sonderlich faszinierend. Sie stachelte mich nicht mit Hurentricks an – der Sex zwischen uns war gierig, schweißig und hart. Nein, dieses Feuer in meinen Lenden war völlig irrational. Zum ersten und einzigen Mal in meinem Leben war ich im Bann des nackten Geschlechtstriebs. Ich war wie verhext.

Am Montagmorgen meldete ich mich krank, um den Tag mit Sonja zu verbringen. Zu Mittag ließen wir uns Pizza liefern und machten ein paar Bier auf. Sie döste den Großteil des Nachmittags, und ich las meinen John-le-Carré-Roman und hörte dazu *Zooropa* von U2. Ab und zu wurde sie wach, strich mit der Hand mein Bein hinauf oder fuhr mir mit den Fingern durch die Haare auf der Brust, und gleich fielen wir wieder übereinander her.

Sonja trug ihre Zurückhaltung wie eine Rüstung. Die spärlichen Tatsachen, die sie mir in unserer ersten gemeinsamen Nacht erzählt hatte, waren schon zu viel gewesen — mehr wollte sie nicht preisgeben. Es war, als ob die Anonymität ihr Sicherheit verlieh. Die Schale des ausgebufften Moskauer Partygirls, mit der sie sich umgab, war unüberwindlich — sie durfte sich nur ihr Geheimnis nicht von etwas so Traurigem und Banalem wie der Zeitgeschichte vergiften lassen.

Und trotzdem. Sie war interessant und sah gut aus, aber wie viele Frauen mit Wirkung auf die Männer war sie im Grunde einsam. Ich glaube, sie genoss ihre Macht über Männer, und sie genoss ihre Macht über mich. Sie setzte sie nicht sadistisch ein, weil das den Zauber rasch gebrochen hätte, auch nicht materiell, um Geschenke und Geld aus mir herauszuholen. Doch sie genoss es, auszutesten, wie weit sie mich im Griff hatte.

Sie ging damit beinahe zu weit, als Pound eines Abends ein Essen für einige potenzielle Kunden gab, Beamte im US-Außenministerium, die, genauer gesagt, fette Werbeaufträge zu vergeben hatten mit dem Ziel, den armen gebeutelten Massen der früheren Sowjetunion die Vorzüge der Demokratie und der Privatisierung nahezubringen. Der Termin versetzte Pound in helle Aufregung.

»Mein lieber Mann! Amerikanische Staatsknete zum Wohl der gerechten Sache! Ein wunderbarer Millionen-Dollar-Regen für die Arbeit im Weinberg des Herrn!«, jubilierte er. »Das ist die Gans, die goldene Eier legt! Geld in den Arsch geschoben! Ja, den Seinen gibt's der Herr im Schlaf!«

»Warte, ich will mir diese nützlichen englischen Redewendungen notieren«, sagte Popow. »Langsam. Was gibt's im Schlaf?«

»Klappe, Popow. Du benimmst dich beim Essen gefälligst. Du auch, Hastings. Anzug. Rasur. Krawatte! Eine Krawatte ohne Flecke bitte, Popow.«

In dem Moment kam der Buchhalter Swjagin wie gewohnt in Pantoffeln und Pullover auf dem Flur angeschlurft. Doch statt an der offenen Tür vorbeizugehen, dick und still wie ein überladener Moskwaschlepper, bog er geradewegs in Pounds Büro ein.

»Charles. Du sprichst von sehr wichtigen neuen Kunden. Das freut mich sehr. Ich werde zu dem Essen eine Aufstellung der finanziellen Optionen vorbereiten. Ich habe einen neuen Anzug.«

Diesen letzten Satz äußerte er mit einem halben Lächeln, stolz und ein wenig unsicher.

»Ah, ja. Sergei. Das wäre wunderbar. Wenn du ein paar Zahlen vorbereiten könntest. Aber… ähem… an dem Essen nehmen wohl nur, denke ich, leitende Mitarbeiter teil.«

Swjagin nickte ausdruckslos.

»Und, ähem, vielleicht eine der Tanjas. Oder beide. Zum, äh, Übersetzen.«

Das war so schamlos gelogen, dass wir anderen die Blicke senkten und vor Verlegenheit ganz zappelig wurden.

»Ach so. Ich verstehe. Natürlich.«

Swjagins feistes Gesicht blieb völlig unbewegt hinter der dicken Brille, doch er machte keine Anstalten zu gehen, als erwartete er, in das Gespräch einbezogen zu werden.

»Sehr gut! Sehr gut!«, sagte Pound mit übertriebenem Enthusiasmus, was die Situation nur noch unbehaglicher machte. »Dann schau doch etwas später wieder rein, und wir gehen vielleicht den Quartalsbericht durch?«

Swjagin schob sich rückwärts zur Tür hinaus und watschelte den Flur hinunter zu dem kleinen Zimmer, das er sich mit Walentina Wladimirowna teilte. Die Tür blieb sonst immer offen, aber diesmal hörten wir, wie er sie mit leisem Klicken hinter sich zuzog.

Als besonderen Gunstbeweis hatte Pound mir die gastronomische Organisation übertragen. Ein Privatraum im Scandinavia, einerlei zu welchem Preis, nur professionell, erstklassig, unrussisch musste alles sein.

Am frühen Abend vor dem Essen war ich allein im Büro. Pound hatte die Frauen eher nach Hause geschickt, und Kolja stand bereit, mich zur Begrüßung unserer goldene Eier legenden Gänse zeitig zum Restaurant zu bringen. Das Telefon klingelte.

»Roman.«

Es war Sonja. Ihre Stimme war dunkel und sinnlich.

»Was ist los?«

»Du musst unbedingt kommen.« Sie hatte mich noch nie in ihre Wohnung eingeladen, ja sie hatte mir nicht einmal gesagt, wo sie wohnt.

»Was ist los?«

»Ich will dich. Jetzt. Ich will dich. Unbedingt.«

Heiße Begierde wallte in mir auf, und ich sah hektisch auf die Uhr. »Liebling, es geht nicht. Es geht einfach nicht. Ich muss in zwanzig Minuten im Scandinavia sein.«

»Komm zu mir. Meine Wohnung ist nicht weit von deinem Büro.«

»Fuck.«

»Genau. Ich warte.«

Sie nannte mir die Adresse, wirklich nur zwei Metrostationen entfernt, aber genau in der anderen Richtung als das Scandinavia, und das am Freitagabend, wo der Stoßverkehr ins Datschaland rollte. Natürlich fuhr ich hin. Ihre Wohnung lag abseits der Hauptstraße, unverschämt gut versteckt in einem unbeschilderten Labyrinth von Plattenbauten aus den Fünfzigerjahren, die als *Chruschtschowki* bezeichnet wurden, nach Nikita Chruschtschow. Ich fluchte in einem fort vor mich hin, während Kolja auf der Suche nach dem Haus die Nebenstraßen abklapperte. Als wir es schließlich gefunden hatten, sprintete ich durch den düsteren Hauseingang in den ersten

Stock, wo Sonja schon im dunklen Treppenhaus von hinten beleuchtet in der offenen Tür stand.

»Es tut mir so leid«, sagte sie, griff mir in die Haare und presste meine schweißnasse Stirn fest an ihre. »Komm.«

Sie führte mich durch die Wohnung, in der überall Kleidungsstücke herumlagen; offensichtlich wohnten hier mehrere Frauen.

»Komm.«

Sie streifte mir die Krawatte ab und fing an, mein Hemd aufzuknöpfen. Wir purzelten über die Lehne eines Sofas im Wohnzimmer, das anscheinend auch ihr Schlafzimmer war. Sie trug einen Morgenrock und sonst nichts, und es dauerte nur Sekunden, bis ich tief in ihr drin steckte. Sie war oben und hielt mein Gesicht während des Vögelns fest umklammert, grub mir die Fingernägel tief in den Haaransatz. Sie schluchzte vor Ekstase, und Tränen fielen ihr aus den Augen auf mein Gesicht.

»Roman. Roman«, wiederholte sie immer wieder, bis mein sexuelles Feuer erloschen war. Ich war ausgelutscht und wütend und selig zugleich. Ich entwand mich ihrer Umarmung und taumelte ins Bad. In einem Spiegel mit rosa Kunststoffrahmen sah ich Blut aus den Kratzern auf der Stirn über mein Gesicht laufen, mein sauberes Hemd war mit Mascara und Tränen befleckt, meine Anzughose mit Sperma.

»Verdammte Scheiße.«

Ich hörte nicht auf zu fluchen, während ich mich zu säubern versuchte.

»Ich bin sauspät dran, Scheiße noch mal.«

Ich beugte mich ins Zimmer, halb verärgert, halb entschuldigend. Sonja hatte sich nicht gerührt. Sie lag in ihrem Morgenrock auf dem Sofa eingerollt wie ein Embryo.

»Komm. Heute Nacht. Ab Mitternacht bin ich frei.«

Sie hob erschöpft den Arm und winkte, drehte sich aber nicht um.

»Bis dann also?«

Sie sagte immer noch nichts. Seit damals frage ich mich, welcher Ausdruck in dem Moment auf diesem abgewandten Gesicht lag. Triumph? Spott? Schmerz? Das Grinsen einer tollen Voodoo-Priesterin? Ich habe es nie erfahren.

Kolja guckte ostentativ ausdruckslos, als ich wieder ins Auto sprang, nach Sex und billigem Frauendeodorant riechend. Wir rasten durch die Seitenstraßen, um Zeit zu sparen, und als ich endlich die Stufen des Scandinavia hinaufrannte und Entschuldigungen brabbelnd ins Zimmer platzte, war das Essen bereits seit fast einer Stunde im Gange. Pound ging mit einem gespielten Lachen über meine Verspätung hinweg und stellte mich der Gruppe schlaffer, übergewichtiger USAID-Beamter rund um den Tisch vor, denen gegenüber er bis dahin die harte Verkaufsmasche abgezogen hatte. Aber der kalte Basiliskenblick, den er insgeheim auf mich abschoss, hätte den Baikalsee zufrieren lassen.

Der Abend dieses Geschäftsessens war ein Wendepunkt in meiner Beziehung zu Sonja. Sie hatte ihre Macht gefühlt und sie demonstriert. Aber sie war auch tief aufgewühlt; ihre Tränen waren echt gewesen. Wir schwammen beide ganz deutlich in unbekannten Gewässern. Wir standen nicht nur körperlich, sondern auch seelisch nackt voreinander, mit seltsamen und ungewohnten Waffen in der Hand, die den anderen tief verwunden konnten. Sie weinte jetzt jedes Mal, wenn wir uns liebten. Sie brach in lautes tränenreiches Schluchzen aus und in ein unkontrollierbares orgastisches Zittern, das noch lange anhielt, wenn ich schon gekommen war und wir keuchend und schweigend in der Dunkelheit aufeinanderlagen.

»Warum weinst du?«, fragte ich sie.

»Ich weiß nicht. Lass mich. Es fühlt sich gut an. Nicht reden.«

Manchmal verzog sie sich ins Nebenzimmer, wickelte sich in ein Federbett und rauchte ärgerlich, während die Tränen flossen. Dann wieder kuschelte und klammerte sie sich an mich wie ein Kind, rieb sich die Nase an meiner Brust und wischte sich mit den Handgelenken die Augen. Seit dem Abend damals bei Kirill, sagte sie, habe sie aufgehört, Vint zu nehmen. Doch sie kratzte sich in den zerstochenen Ellbogenbeugen, und ich sah, dass das Verlangen, high zu werden, noch in ihr steckte.

Sie fing an, von ihrem Leben in Radost zu erzählen, einer Kleinstadt bei Iwanowo. Wenn sie einmal in Fahrt war, zerbrach ihre Mauer des Schweigens wie das Eis auf der Moskwa. Die Mitteilungen stürzten heraus und schichteten sich übereinander wie die Eisschollen, wenn eine starke Strömung sie trieb. Eine Kindheit in einer niedergehenden Industriestadt. Eine brutale Abrichtung in einer Provinzschule, die ihren Zweck darin sah, produktive Arbeiter und gehorsame Ehefrauen auszustoßen. Ein paar Brocken Puschkin und Lermontow, Grundlagen der Algebra und Geschichte der Revolution, Periodensystem der Elemente und Republiken der UdSSR.

Für die Generation ihrer Eltern war wenigstens Verlass gewesen auf eine Anstellung in der örtlichen Textilfabrik mit sechzehn, die Heirat mit siebzehn, ein Kind oder zwei vor der fast unvermeidlichen Scheidung, eine Wohnung vom Staat, billige Wurst und Wodka. Aber für Sonja hatten sich selbst diese bescheidenen Erwartungen durch die Perestroika in Luft aufgelöst. Nach den Kriterien ihrer Schulkameraden war sie ein Rockstar, die Einzige aus ihrem Kreis, die den Schritt aus Radost hinaus in die Großstadt geschafft hatte. Verglichen mit ihren elenden Leben stand Sonja damit auf einer Stufe mit Juri Gagarin. Sie war entkommen. Ihr Leben als Junkie in Moskau, am Rand der mondänen Welt, war immer noch unendlich viel besser als das Dasein zu Hause.

»Du kannst mitkommen und es dir ansehen, wenn du willst«, sagte sie unvermittelt, als wir gerade von einem chinesischen Abendessen im John Bull Pub auf dem Kutusowprospekt nach Hause gingen. »Komm und sieh dir unser Radost an.« Sie grinste über die Doppeldeutigkeit der Einladung – *radost* heißt auf Russisch »Freude«.

»Ich verspreche meiner Mutter schon seit Monaten, dass ich sie besuchen komme. Ständig verschiebe ich es. Aber zu zweit könnte es besser gehen. Vielleicht dies Wochenende? Du musst dir nur darüber im Klaren sein, dass ›Freude‹ ein Dreckloch ist.«

Sonja sagte es mit unbewegter Miene, und ich fand das so komisch, dass ich zusagte.

Wir fuhren vier Stunden mit dem Zug bis Iwanowo und feilschten dann mit einem Taxifahrer um den Preis für die

zweistündige Fahrt nach Radost. Wir reihten uns in die Ko-
lonne der dahinrollenden qualmenden Laster ein und um-
kurvten wie sie die Schlaglöcher auf der Fernstraße. Wir
fuhren vorbei an den niedrigen blinkenden Anlagen von Iwa-
nowos Militärflugplatz und dem auf seinem Betonsockel steil
emporragenden trostlosen, rostfleckigen MiG-19, der an die
im Zweiten Weltkrieg gefallenen Piloten der Stadt erinnert.
Vorbei an den düsteren, vermüllten Waldstrichen hinter dem
Flugplatz. Vorbei an den Reklametafeln mit lächelnden Nes-
café-Trinkern und herzigen bayerischen Großmüttern, die
für haltbare Milch der Marke »Häuschen im Dorf« warben.
Wir holperten durch die grauen Randbezirke von Iwanowo
mit ihren immergleichen fünfstöckigen Plattenbauten und
den heruntergekommenen Kiosken, wo man fünf Billigsorten
Wodka und Sojus-Apollo-Zigaretten für fünfzehn Cent kaufen
konnte.

Das Land außerhalb der Stadt war verblasst wie eine alte
Fotografie, albtraumhaft der hellgraue Wald. Wir überhol-
ten schnaufende Busse mit auf- und zuklappenden Motorhau-
ben und hohläugigen Fahrgästen, machten Platz für ein paar
Mercedes und Audis mit getönten Scheiben, die mit aufge-
blendetem Fernlicht und unablässig hupend auf der Überhol-
spur bretterten. Langsamer fuhren wir durch die tristen kleinen Dörfer, wo der Dorfpolizist nichts Besseres zu tun hatte,
als am Straßenrand Schnellfahrer herauszuwinken und sich
mit drei Dollar bestechen zu lassen. An der Abbiegung nach
Radost war ein Kreisverkehr, verschönt durch die blinkenden bunten Glühbirnen vor dem kleinen Kasino des Hotels
Radost.

Wir umkreisten den Marktplatz, wo Stände unter Plastik-
planen Sonnenblumensamen und Hochzeitskleider aus Nylon
feilhielten und Leute Schlange standen, um von der Ladefläche
verschlammter Lastwagen Winterkohlköpfe zu kaufen. Auf
einem Schlachterwagen hackte ein Mann mit einem Beil Stücke von toten Rindern ab und reichte sie einer blondierten
Verkäuferin hinunter, die sie auf eine Waage klatschte und in
Zeitungspapier einwickelte. Sonja sagte dem Fahrer den Weg.
Wir überquerten eine Brücke über ein schmutziggraues Flüss-
chen. Eine große verfallene Fabrik tauchte auf, einst die Lebensader von Radost, aber heute stillgelegt. Sämtliche Fenster
waren kaputt, und Unrat wehte über den Hof. Wir erklom-
men eine kleine Anhöhe mit Bäumen links und rechts, und
dort, irgendwo zwischen den fünfzehn hässlichen Mietskasernen, die auf den Feldern hinter der Fabrik aufragten, war Sonja
zu Hause.

Dies war die Welt, die sie verlassen hatte: Dunkle Hauseingänge stanken nach Pisse und Kohl. Mächtige Heißwasser-
rohre, schlecht isoliert mit Beton und Glasfaser, wanden sich
durch die Landschaft. Überall Müll, Generationen von Müll,
geologischer Müll – Flaschen, kaputte Möbel, Plastikbeutel
voller Abfälle, Autositze. Zeile um Zeile gesichtsloser identischer Häuser voll identischer Wohnungen voll identischer
Möbel. Eine Antilandschaft, anonym, wie dazu gemacht, das
Individuum auszulöschen, selbst dem Zuhause jede Eigenheit
zu nehmen. Ein Ort, wo niemand anderswo her war und alle
woandershin wollten.

Sonjas Mutter und ihr fünfzigjähriger Lebensgefährte, ein
Klempner, waren blasse, arme Leute, die sich nervös lächelnd

an das letzte bisschen Respektabilität klammerten und sich im Übrigen mit ihrer Situation abgefunden hatten. Biedere Leute, die keine eigenen Ideen hatten und nichts auf die Beine stellten, sondern nur versuchten, in einer Welt durchzukommen, die sie nicht verstanden. Sie waren es gewohnt gewesen, eine staatlich garantierte feste Stelle zu haben, eine bescheidene, aber gepflegte Wohnung, einen Jahresurlaub im Sanatorium der Fabrik am Meer, gerahmte Bilder von sauber gewaschenen Kindern als Jungen Pionieren mit gebügelten roten Halstüchern und kurzen schwarzen Hosen. Betulich stellte die Mutter das beste Teegeschirr auf eine frische Tischdecke, zog die rosa Polyestervorhänge auf und befestigte sie mit speziellen Druckknopfschleifen, um das trübe Winterlicht hereinzulassen. Draußen vor der dreifach verschlossenen Tür, hinter den kleinen Wellblechgaragen, hinter dem riesigen flachen Lebensmittel- und Videoladen, standen Jugendliche in einer kleinen Gruppe an einer Bushaltestelle, rauchten Zigaretten und stampften gegen die Kälte mit den Füßen. Als wir uns zum Gehen erhoben, steckte Sonja ihrer Mutter etwas Geld zu und umarmte sie kurz. Im Taxi zurück nach Iwanowo hatte sie nichts zu sagen.

Wie hatte sie es geschafft, von dort wegzukommen?, fragte ich, als wir wieder in Moskau waren, nicht zum ersten Mal. Bei der Erinnerung wurde ihr Gesicht plötzlich traurig. Doch aus irgendeinem Grund – vielleicht weil ich Radost selbst gesehen hatte – beschloss sie, es mir zu erzählen.

»Ich lernte diesen Typen kennen«, berichtete sie lakonisch. »Er kam in die Stadt, um Mädchen zu suchen. Er versprach, mich berühmt zu machen. Ich glaubte ihm nicht. Aber ich ging trotzdem mit. Er sagte, er würde mir eine Stelle als Tänzerin verschaffen. Er erzählte mir, ich könnte eine Karriere als Erotikmodel machen.«

»Und?«

Sie zuckte die Achseln.

»Und? Er brachte mich nach Moskau und steckte mich mit ein paar anderen Mädchen in eine Wohnung. Er nahm uns in Klubs mit. Wir machten Party.«

»Und?«

Ein zorniger Blick huschte über Sonjas Gesicht.

»Und er war ein Arschloch. Aber ich bin ihm dankbar. Er war ein Arschloch, weil das seine Natur war, ein Arschloch zu sein. Aber eins hat er nicht gemacht, nämlich mich in den Kopf gefickt, wie du es ständig tust.«

»Und dann?«

»Dann hab ich ein bisschen Geld verdient. Dies und das gearbeitet. Sekretärin. Model. Hab in einem Musikvideo mitgespielt. Bin mit Freundinnen in eine andere Wohnung gezogen. Hab mich auf eigene Füße gestellt. Manchmal sehe ich den Typ noch hier und da.«

»In Moskau?«

»Na klar. Er arbeitet mit Klubs zusammen. Sein Freund leitet eine Modelagentur. Ein Hansdampf in allen Gassen. Vielleicht kennst du ihn. Heißt Dima Malachow.«

Wut ist sehr viel unkomplizierter als Liebe. Es war leichter, auf Malachow wütend zu sein, weil er Sonja das angetan hatte, als sie um ihrer selbst willen zu lieben. Nicht nur leichter, sondern auch besser, moralisch befriedigender. Außer geil konnte ich jetzt auch noch rechtschaffen sein, ein Gefühl, das ich nicht kannte, zugegeben, aber das angenehm war.

Sonja war nur eines von Dutzenden, vielleicht Hunderten von Mädchen, die Malachow gefunden, gefickt und vergessen hatte. Er hatte mir gegenüber damit angegeben, wie er eine breite Furche durchs Hinterland zog und dabei wie ein Pflug Provinzmädchen aus dem Dreck zog – und wie er sie dann nach einer Weile wieder unterpflügte oder sie auf dem Acker liegen ließ, wo die Krähen an ihnen picken konnten.

Die Versprechungen, die er Sonja und ihren Freundinnen gemacht hatte – er würde ihnen Stellen besorgen, wo sie modeln und tanzen sollten –, hatten im Grunde völlig der Wahrheit entsprochen. Nur dass »modeln« und »tanzen« nach dem Moskauer Straßenwörterbuch gleichbedeutend war mit ficken. Es war müßig, sich großartig über Malachow aufzuregen, weil selbst Mädchen wie Sonja den Deal instinktiv verstanden. Natürlich wussten sie, dass er sie in erster Linie ins Bett bekommen wollte; natürlich wussten sie, dass fast alles, was er ihnen erzählte, der reinste Mumpitz war. Und trotzdem kamen sie mit, weil die vage Aussicht, an alledem könnte wenigstens etwas dran sein, immer noch besser war als die harte Wirklichkeit ihres Provinzdaseins.

Sonja war allseits beliebt, und sie sorgte sich rührend um das Wohlergehen ihrer Freundinnen so wie diese sich um ihres. Eine spätere Generation sollte eine Gruppe wie ihre eine »Framilie« nennen, denn sie hatten sonst niemanden, der sich wirklich um sie kümmerte. Ich saß oft mit ihnen zusammen, meistens in einer billigen Bar, und unterhielt mich mit ihnen über ihr Leben. Sonja behauptete immer steif und fest, sie habe nie im Leben für Geld gefickt, und ich zog es vor, nicht weiter nachzuhaken. Doch ihre Freundinnen waren von entwaffnender Offenheit.

»Es gibt keine Prostituierten in der Sowjetunion«, hatte Nikita Chruschtschow gescherzt, »nur talentierte Amateurinnen.« Und jetzt saßen sie hier um mich herum. Die blonde Katja mit der rosa Boa, die Buchführungskurse belegte, wenn sie nicht gerade auf den Strich ging und hoffte, sich einen reichen Freund zu angeln. Was die goldgräberischen Partymädchen von den Huren trennte, war das gehobene Niveau, nicht die Tätigkeit an sich. Night Flight zum Beispiel, der von Schweden geführte Klub auf der Twerskajastraße, wo sämtliche Mädchen käuflich waren, war voll von Lehrerinnen, Sportlerinnen, Studentinnen, die einmal die Woche kamen, sich einen mehr oder weniger vielversprechend aussehenden Kunden aussuchten und für ein paar Hundert Dollar mit ihm vögelten. Anja, eine Physikstudentin an der Moskauer Universität, tat es, weil sie meinte, es sei »besser, als einen Job als Sekretärin zu machen und mit dem Chef vögeln zu müssen«. Sweta, die in einer Modeboutique arbeitete, vögelte mit wohlhabenden zahlenden Kunden, weil sie gern schöne Kleider trug. Das Stigma war gering, so was kam vor im Leben. In Moskau war Schönheit eine Ware, die man kaufte und verkaufte wie jede andere.

»*Wot tak wot*«, sagte Sonja erschöpft, als der Gesprächsfluss kurzzeitig stockte. »So ist das eben.«

Mit einem Seufzen beugte sie sich vor und hielt uns ihr leeres Glas hin. »Schenkt mir nach, ihr elenden Schlampen. Und hört endlich auf, mir die Stimmung zu vermiesen.«

Pound bekam den Auftrag der U.S. Agency for International Development nicht. Das laute »Fuck!«, das nach dem Telefonat aus seinem Zimmer scholl, machte das augenblicklich klar. »Rattenkacke!«, brüllte er und trat seinen Abfalleimer mit solcher Wucht in den Flur, dass er platzte und sich Bananenschalen und zerrissene Briefumschläge über den Fußboden ergossen. Hastings, Popow und ich marschierten unaufgefordert in sein Zimmer, um die Meldung entgegenzunehmen.

»Schlechte Nachrichten, Jungs. Wir haben den Auftrag nicht bekommen.« Pound ließ sich auf seinen Stuhl fallen und fuhr sich mit den Händen durch die schütter werdenden Haare. »USAID hat ihn Buston Murgatroyd gegeben. Zwölf Millionen Dollar, und noch massig mehr in der Hinterhand.« Wir machten begütigende Töne, aber Pound war nicht in der Stimmung, sich trösten zu lassen, und mit der Ankündigung, er werde sich jetzt alleine betrinken gehen, stratzte er aus dem Büro.

Wir Übrigen verzogen uns ins John Bull, einen englischen Pub mit viel dunklem Holz, aus Fertigteilen montiert von weißrussischen Gastarbeitern, wo es importiertes Guinness und schlechtes chinesisches Essen gab. Während wir trübsinnig an unseren Biergläsern nuckelten, gesellte sich Bernstein zu uns.

»Habt ihr euch bei dem Auftrag echt eine Chance ausgerechnet? Wie süß. Guckt ihr jemals in die Zeitung? Wisst ihr, wer im Beirat von USAID sitzt? Ganze zwei ehemalige CEOs von Buston Murgatroyd. Die haben USAID das ganze Programm überhaupt erst aufgeschwatzt. Herrje, die hatten das Ding von Anfang an in der Tasche! Die haben nur noch darauf gewartet, dass ein paar andere Säftel daherkommen und der Ausschreibung einen fairen Anstrich verleihen. Das wart ihr, Jungs, falls ihr es noch nicht wisst.«

»Wir hatten gar keine Chance?« Hastings blickte erleichtert.

»Fuck, nein. Und da könnt ihr euch glücklich preisen bei dem schlechten Karma, das an der Sache klebt. Da stecken nicht nur US-Gelder drin. USAID hat sich das Programm ausgedacht und ein bisschen Kleingeld mit in den Hut geworfen, aber den Löwenanteil gibt der russische Staat. Kapiert ihr? Korrupte russische Reformer werben westliche PR-Firmen an, damit die ihre Privatisierungspolitik schönfärben und den russischen Arbeitern erklären, warum sie geschasst werden mussten – damit Westler wie wir ihre Gehälter bekommen können. Nett, nicht? Im Prinzip glauben diese Leute, dass ihr amerikanischer Pass und ihre bessere Zahnversorgung ihnen das moralische Recht geben, das letzte Wort über Richtig und Falsch zu haben. Aber eure Aufgabe wäre es gewesen, den größten Diebstahl in der Geschichte der Menschheit zu propagieren. Und bezahlt hätten euch die Leute, deren Geld gestohlen wurde.«

Wir schwiegen eine Weile, um das zu verdauen.

»Pound meinte, wir würden im Weinberg des Herrn arbeiten«, knurrte ich.

»Klar doch. Wisst ihr irgendwas über Buston Murgatroyds Kundenstamm? Nein? Madame Tussaud hat in ihrem Horrorkabinett weniger Schwerverbrecher, als BM in seiner Kartei hat. Die sind die erste Adresse für Diktatoren und gewissenlose Konzerne in Krisenzeiten. Wer hat nach der Ölkatastrophe der *Exxon Valdez* die PR für Exxon gemacht? Die. Für Union Carbide nach Bhopal? Ratet mal. Für Three Mile Island nach der Kernschmelze? Hm-hm. Für die indonesische Regierung nach der Niederschlagung des Aufstands in Osttimor? Wenden Sie sich vertrauensvoll an BM. Diese Schweine hängen überall drin, Leute. Sie sind weltweit die Experten dafür, Scheiße als Spaghetti aufzubereiten und an Schwachköpfe zu verfüttern. Mit so einem Apparat hättet ihr nie konkurrieren können.«

Popow blickte besonders belämmert – er hatte offenbar vor seinen Journalistenkollegen mit den satten Staatsgeldern angegeben, die er sich schon verteilen sah.

»Scheiß auf das Geld«, fuhr Bernstein fort. »Wenn im Vertrag stünde, alle, die für USAID arbeiten, müssen Hakenkreuzbinden und Wikingerhelme tragen, um sich als bösartige marodierende Blutsauger kenntlich zu machen, dann würde ich sagen, okay, macht es.«

Das munterte uns auf. Der Publicitas war nicht etwa ein lukrativer Auftrag durch die Lappen gegangen, nein, wir waren vor einer moralischen Schandtat bewahrt worden. Es war ein Trost für uns, dass es in unserer Schaumschlägerbranche jemanden gab, der gemeiner und zynischer war als wir. Und es war aufregend zu erfahren, dass die Sachen, die wir machten, Auswirkungen in der großen weiten Welt hatten. Bernstein kam richtig in Fahrt.

»Wisst ihr, was ihre eigentliche Botschaft ist? Was die Regierung den Bürgern in die Köpfe pflanzen will? Dass es von nun an, ganz offiziell, deine eigene beschissene Schuld ist, wenn du arm bist. Jep. Es war nicht der Staat, der dich ruiniert hat, du warst das selbst. In der Sowjetunion hatte jeder Bürger das garantierte Recht, ein Versager zu sein. Es war nicht so schlimm, wenn man versagte, denn alle andern versagten ja auch. Das ist es, was ich an Russland liebe! Die schrägen Vögel und Tagediebe dürfen auch leben! Du kannst ein arbeitsloser Alkoholiker sein und dich stolz hinstellen und sagen: ›Die Geschichte ist schuld! Die Bosse sind schuld! Seht nur, wie sie mich zugrunde gerichtet haben!‹ Und jetzt wollen die sogenannten jungen Reformer dem russischen Volk das Recht auf die Opferrolle wegnehmen. Sie wollen, dass es hier wird wie in Amerika, wo jeder sich schuldig fühlen muss, wenn er keine geraden Zähne und keine stahlharten Bauchmuskeln und kein tolles Auto und kein schickes scheiß Einfamilienhaus hat. Das ist doch alles zum Kotzen! Lasst die Russen Versager sein, wenn sie das wollen! Die sind doch erst richtig glücklich, wenn sie leiden.«

Selbst Popow, der meistens bissig wurde, wenn Ausländer sich über Russland lustig machten, lachte an dem Punkt Tränen. Wir waren inzwischen ins Büro zurückgekehrt, um unseren Kummer in einem teuren Scotch Whisky zu ersäufen, den Pound in seiner Schreibtischschublade verwahrt hatte, wie wir wussten. Wir hatten alle die Füße auf seinem Schreibtisch und seinem Couchtisch liegen, und wir benutzten seine liebsten Kaffeetassen als Aschenbecher.

»Bezweifelt ihr das etwa?«, fuhr Bernstein fort. »Bezweifelt ihr etwa, dass die Russen gern leiden? Na schön, hier ist mein Beweis: Was machen sie, wenn sie Erfolg haben? Hä? Was

genau macht der Iwan, wenn er den russischen Traum lebt?
Überlegt mal. Er schafft sich eine blutjunge Mieze an! Genau!
Wobei das in diesem Land nicht furchtbar schwer sein kann,
wenn man sieht, dass sogar ein Nachtwächter wie Roman
Lambert eine abgekriegt hat, und Mister Bernsteins jüngste
Neuerwerbung, da sind wir uns hoffentlich alle einig, ist ein
verdammt heißes Gerät. Wie auch immer, der Iwan schafft
sich natürlich einen ganzen Stall von Miezen an. Aber hallo!
Er schafft sich einen Mords-Mercedes an, am liebsten gepan-
zert wegen der Säcke, die ihn umbringen wollen. Und noch ein
paar Mercedes-Jeeps dazu für seine Securitytypen, die unter
Umständen auch dafür zu haben wären, ihren Boss umzubringen, sofern nur der Preis stimmt. Er schafft sich ein schönes Haus auf dem Lande an, eins mit fünf Meter hohen Back-
steinmauern und Elektrozäunen und Wachhäuschen. Und er
kauft für sich und seine ganzen Mädels schicke Anzüge und
allen möglichen Fummel bei Versace. Und er geht ins Gol-
den Palace und bestellt Tausend-Dollar-Flaschen Krug-Cham-
pagner und Château Pétrus, die er mit Wodka runterspült.
Und er wird wahrscheinlich koksabhängig, weil er so ein Gefühl in den Knochen hat, dass es mit dem russischen Traum
wohl nicht ewig so weitergeht und er sich deshalb jede Sekunde, die er noch hat, so viel Stimulanzien einpfeifen sollte,
wie sein Körper verkraften kann. Aber er hat Glück – er ist
ein Russe, deshalb sind über die Jahre durch reichlich natürliche Selektion die Schwachen und Kranken aus dem Gen-
pool ausgemerzt worden. Er ist stark wie ein Stier! Er kann
nach Berlin marschieren, wenn er will, oder zu Hause bleiben und alle seine Mädels auf den geilen italienischen Leder-

sofas ficken, die er sich angeschafft hat. Das heißt, er ist glücklich, oder? Na klar! Solange er sich keine Sorgen macht, dass man ihn umbringt oder wessen Schwanz seine Lieblingsbraut gerade lutscht oder wer bei der Polizei oder von der Konkurrenz gerade vorhat, ihm sein Unternehmen zu klauen. Aber – und darin ist er definitiv glücklicher als einer, der den amerikanischen Traum lebt – er muss sich keine Sorgen über seinen Ruhestand machen, weil er sich nicht zur Ruhe setzen wird. Kein Gedanke!«

Bernstein stand auf und begann, seine notorisch schreckliche Imitation des Rappers Snoop Dogg abzuziehen. Mit wippendem Gang tigerte er im Zimmer herum und fragte, was ihn wohl um die Ecke bringen könnte, den glücklichen Russen. »'ne Autobombe vielleicht? Ein Schuss aus dem Hinter-halt? 'ne kräftige Ladung Gift? Die gute Kalasch-ni-kow? Yeah, Baby! Leb den russischen Traum! Hier ist das Gangsta-Paradies, Baby!«

8

Katja

»Moskau, unsere hässliche Liebe Frau des Frosts,
des Betons und der makabren Gewalt.«
Eduard Limonow

Ich beschloss, Malachow nie mehr wiederzusehen. Er faxte mir weiter Einladungen, die ich ignorierte. Seine Sekretärin sprach mir im Büro auf den Anrufbeantworter; ich gab Walentina Wladimirowna und den Tanjas Bescheid, dass ich keine Anrufe von Dmitri Malachow mehr entgegennahm. Ich kochte innerlich.

Doch als ich Sonja erzählte, dass ich Malachow aus meinem Leben getilgt hatte, zuckte sie die Achseln.

»Was hat er dir getan?«, fragte sie. »Meinst du, mit so jemand Bösem dürftest du dich nicht abgeben?« Für Sonja war das moralische Hochgelände, das ich für mich beanspruchte, ein Ausländern und Narren vorbehaltenes Territorium. Sie zog es vor, durch die sumpfigen Niederungen zu platschen und in den lauen Gewässern der Kompromisse zu waten. Sie hatte natürlich recht. Wenn sie nichts gegen ihn hatte, war es absurd, dass ich an ihrer Stelle grollte. Wie Sonja meinte, war Malachow das geborene Arschloch und bemühte sich in keiner Weise, es zu verhehlen. Er war jemand, der die Leute ausnutzte, ein Zyniker und durch und durch verlogen. Trotzdem, ich konnte nicht leugnen, dass ich gern mit ihm herumzog.

Nach dreiwöchigem Schmollen lenkte ich schließlich ein und rief Malachow zu Hause an. Es war sofort klar, dass er meine Abwesenheit in seinem Leben gar nicht bemerkt hatte. Mein prinzipienfestes Verhalten hatte ihn überhaupt nicht tangiert. So war Moskau, stellte ich fest. Jemand erschien, strahlte hell und verschwand wieder auf Wochen und Monate oder sogar auf immer. Wie Nachtfalter, die eine helle Glühbirne anflogen, sahen die Partygänger von Moskau nur die Leute im Licht. Wer in der großen dunklen Nacht dahinter war, zählte nicht. Es war, als ob er gar nicht existierte.

»Romaaaaa! Mein Freund! Wie geht's dir? Gut? Kommst du heute Abend? Party im Casino Royale. Komm aufs Schiff. Dann fahren wir zusammen hin.«

An dem Abend war das Dmitri-Malachow-Entertainment so leer wie bei meinem ersten Besuch. Aber Zeichen deuteten darauf hin, dass es mit dem alten Schiff aufwärts ging. Massenhaft Kunststoffplatten zur Wandverkleidung lagen an Deck, daneben standen Stapel in Zellophan verpackter brandneuer Stahlrohrstühle. Der vor sich hin rostende Rumpf war halb gestrichen, und aus den Tiefen des Schiffs drangen Bohrgeräusche.

»Letzte Vorbereitungen! Ende des Monats ist der große Tag!« In einem silbergrauen Anzug und breitkappigen Schuhen sprang Malachow die Kajütstreppe hinauf. Er fasste mich am Ellbogen und bugsierte mich in die große Bar, wo eine neue Sperrholzbühne gebaut worden war. Seine Hände beschrieben ein imaginäres Transparent.

»Miss Malibu Tropic Russia. Präsentiert vom Dmitri-Malachow-Entertainment!«

Ich muss ziemlich verständnislos geguckt haben, denn er starrte mich ungläubig an und knuffte mich dann an die Brust.

»Ja sag mal, Mann! Miss Malibu Tropic? Der jährliche Badeanzug-Wettbewerb? Veranstaltet von Malibu Tropic? Der Sonnencremefirma?«

Er verdrehte die Augen, als ich keinerlei Aha-Reaktion zeigte.

»Legendärer geht's gar nicht, Menschenskind. Ihr Briten seid wirklich die letzten Provinzler! Vermutlich braucht ihr in Großbritannien keine Sonnencreme. Deshalb hast du noch nie von Malibu Tropic gehört. Aber im Rest der Welt? Russland? Ein Riesending, sage ich dir. Und ich, ich habe die Exklusivrechte an diesem großen internationalen Event!«

Malachow trat zurück, warf sich in Pose und fuhr im Ton eines Jahrmarktsschreiers fort.

»Zum ersten Mal überhaupt in Russland, Miss Malibu Tropic, gewählt von Mister Malibu Tropic persönlich, dem legendären Bill Powell! Für ignorante Briten: Das ist der Mann, der im Mülleimer in seiner Garage Sonnencreme herstellte und damit ein milliardenschweres Unternehmen gründete. Der Originalmülleimer steht heute vergoldet in seiner herrlichen Villa am Meer! Ich zeig dir ein Bild davon, hab's irgendwo in einer Zeitschrift. Demnächst mal.« Malachow seufzte, und sein Gesicht strahlte vor Zufriedenheit. »Und ich ziehe das Ganze auf! Ich! Ich bin der alleinige Veranstalter! Internationales Event!«

Überwältigt von seiner eigenen Großartigkeit, sprang er die Gangway hinauf, wo sein leise tuckernder Wolga auf ihn wartete.

Wir zogen den ganzen Abend durch die Kasinos und besseren Nachtklubs von Moskau. Wir machten einen Abstecher ins Firebird, schauten kurz ins Titanik rein und landeten schließlich im Tropicana, einem auf Hawaii gequälten Kasino im zweiten Stock eines der Hochhäuser auf dem Neuen Arbat. Nach dem hallenden Betonfoyer kam ein schwülwarmes Ambiente mit Calypsogedudel, Plastikpalmen und Piña Coladas in Ananashälften. Der traurig blickende armenische Besitzer gab uns ein paar Drinks aus und setzte sich zehn Minuten lang grämlich zu Malachow, dann entschuldigte er sich und verzog sich in sein Büro.

»Armer Kerl. Er hat Ärger mit seiner *kryscha*«, sagte Malachow, als wir gingen. »Hab gehört, sie hätten seine Kinder gekidnappt oder so was in der Art.«

Trotz meiner Skrupel genoss ich Malachows Gesellschaft. Zunächst einmal fand ich ihn als Typen faszinierend, eine Art hässlichen Haushund, der nette Kunststücke konnte. Er war ein Original, ein grotesker Clown. Mit ihm zusammen war man immer gut unterhalten. Er hatte einen unbändigen Tatendrang, kühne Ziele und eine Furchtlosigkeit, die mir gefiel. Er nahm mich auf Partys mit, spendierte mir Drinks ohne Ende und stellte mich ohne Ende allerlei schönen Frauen vor. Ich merkte bald, dass der Eigennutz gegenseitig war. Malachow gab sich mit mir einen Anstrich von Seriosität: Seht her, was für bedeutende Freunde ich habe! Engländer! Mit Abschluss in Oxford sogar!

Er war ein Pläneschmied der verantwortungslosesten und realitätsfernsten Sorte, der so unbekümmert von einem Projekt zum nächsten flatterte, wie er Freundinnen oder Strümpfe wechselte. Und aus einigen dieser Pläne – wie Miss Malibu Tropic, wie dem Dmitri-Malachow-Entertainment – wurde dank eines unglaublichen Dusels sogar tatsächlich etwas. Er belog und benutzte die Leute schamlos, geradezu unbefangen. Als Kind seiner Zeit bewegte er sich im unheilvollen Takt dieser Zeit und einer irrealen Stadt, wo das Schicksal den Menschen ebenso wahllos Geld, Ruhm und Erfolg bescherte wie Armut und Untergang. Er konnte seinen Charme anknipsen wie das Fernlicht eines Autos, aber als ich ihn besser kennenlernte, sah ich gelegentlich den echten Malachow in die Welt hinausschauen wie ein Kind durch die Gucklöcher einer Maske. Ein hungriges Kind, verwildert, zu allem bereit.

Ich sah Sonja mindestens dreimal die Woche. Die anderen Abende ging sie mit ihren Freundinnen aus, jedenfalls behauptete sie das. Ich spionierte ihr nicht nach. Die Wahrheit konnte unmöglich besser sein als die offizielle Version zu meiner Beruhigung. Aber sie war eindeutig dabei, vom Vint herunterzukommen. Die Nadelstiche an ihren Armen verheilten. Sie rauchte immer noch wie eine Wilde, mehr noch als ich, und wenn wir ausgingen, becherte sie Wodka. Für so eine kleine Person vertrug sie bemerkenswerte Mengen. Sie rauchte auch gern Dope, klebriges schwarzes afghanisches Haschisch, das einen auf endlose Spiralen der Introspektion schickte. Ich wurde davon paranoid und leicht panisch; dieses Laster teilte ich nicht mit Sonja. Aber ich lümmelte gern mit ihr vor dem Fernseher, wenn sie sich einen riesigen Joint drehte und auf dem Sofa zu einer blonden Pfütze zerfloss.

Sonja schlug vor, dass Katja vorbeikam und sie beide mir etwas kochten. Doch an dem vereinbarten Abend erschien Sonja um acht mit leeren Händen und ließ sich aufs Sofa fallen.

»Scheiße, bin ich müde«, sagte sie mit ihrer rauchigen Marlboro-Stimme und stürzte ein Glas Wein hinunter, das ich ihr eingoss.

Kurz darauf klingelte Katja. Sie war größer als Sonja und hübscher, aber auf eher konventionelle Art: dunkle Haare, kecke Nase, Wangengrübchen und die Titten in einem gepolsterten Wonderbra ausgestellt. Ich bat sie herein, nahm ihr den Mantel ab, und sie nahm leise und wachsam Platz und wartete auf einen Wink von Sonja.

»Nette Wohnung«, sagte sie.

Ich suchte in Katjas Gesicht nach einem Anzeichen von Ironie, fand aber keines. Sie blickte sittsam in ihr Weinglas, während Sonja in meinem Schlafzimmer in Jeans und ein enges Sweatshirt schlüpfte.

»Gut. Auf geht's! Zeit für die Göttin der Häuslichkeit. Mädels, mobilisiert euch!«, befahl Sonja ihrer Freundin, als sie aus dem Zimmer kam. Und mir: »Geld!«

Ich reichte ihr einen Hundertdollarschein, und unter lautem Gekicher und Geplapper gingen die beiden einkaufen. Als sie eine Stunde später wieder auftauchten, waren ihre Einkaufsbeutel zum Platzen voll mit einer kunterbunten Mischung sündhaft teurer Lebensmittel von Sadko Arcade, dem Supermarkt für die Millionäre gleich bei mir um die Ecke. Zu dem Zeitpunkt war ich längst bei meiner zweiten Flasche billigem italienischen Rotwein, und an die Stelle von Hunger und Ärger war ein wohliges mildes Glühen getreten. Die

Mädchen schubsten mich energisch aus der Küche, als ich den Kopf zur Tür hineinsteckte, und ich konnte nur von außen dem Fließen des Wassers, dem Knallen der Töpfe und ihrem hemmungslosen Gegacker lauschen.

»Weiiiiiin! Die Köchinnen sitzen auf dem Trockenen!«, rief Sonja, und ich machte mit unsicherer Hand eine neue Flasche Valpolicella auf. Ich begab mich zur Küchentür und reichte sie Katja hinein. Sie hatte sich die Haare auf Bäuerinnenart mit einem Kopftuch hochgebunden und trug eine Schürze meiner Vermieterin. Mit einem Grinsen nahm sie die Flasche entgegen, drehte sich kokett zu den dampfenden Töpfen um und stieß die Tür mit dem Fuß zu.

Es war kurz vor Mitternacht, als wir endlich um meinen Couchtisch herum auf dem Fußboden saßen und aßen. Auf der edlen Barilla-Pastapackung hatten sie ein Rezept für Fettuccine mit Muscheln und Cherrytomaten gefunden und beschlossen, ihm zu folgen, aber mit mäßigem Erfolg. Die Soße starrte von geriebenem Parmesan, und die Muscheln waren verkocht. Sie waren offensichtlich der Meinung, dass es umso besser wurde, je mehr luxuriöse Zutaten man hineinrührte. Sie beobachteten mit Stolz und Sorge, wie ich ihr Essen kostete, und strahlten, als ich es heuchlerisch lobte. Sie ließen zur Feier ihrer Kochkünste die Gläser klirren und schmissen sich weg vor Lachen.

Wir waren alle zu betrunken, um viel von dem Essen hinunterzubringen, doch die Mädchen ließen es sich nicht nehmen, mir immer noch mehr und noch mehr auf den Teller zu häufen. Schließlich krochen Sonja und Katja aufs Sofa und verschlangen sich dort zu einem Arm-und-Bein-Knäuel.

»Du kannst zuschauen«, sagte Sonja zu mir, während sie Katjas Gürtel aufschnallte. »Aber nicht anfassen.«

Sie zog Katja die Jeans aus, und als sie zwischen den Beinen ihrer Freundin verschwand, fixierte diese mich mit einem brennenden Blick. Selbst als sie lustvoll zu stöhnen und die Augen zu verdrehen begann, begegnete ihr Blick immer wieder meinem. Wenn ich später an diesen Abend zurückdachte – und ich dachte häufig daran zurück –, fragte ich mich jedes Mal, was Katja bei diesem Blick im Sinn gehabt haben mochte. Er war weder exhibitionistisch noch lüstern. Ihre grauen Augen schauten ruhig und ernst. Sieh mich an, schien sie zu sagen, sieh mich an in der Blüte meiner Schönheit, auf dem Höhepunkt meiner Kräfte, in meinem Moment an der Sonne.

Oder vielleicht taxierte sie mich: Machte ich mir wirklich etwas aus diesen hübschen Frauen, die in mein Leben getreten waren? War sie, Katja, mehr als nur eine flüchtige Vergnügung? Machte ich mir genug aus ihr, um sie zu rächen, wenn die Zeit gekommen war?

Ihre Liebesspiele dauerten an, als ich schon längst im Bett war, und waren begleitet von wilden orgastischen und wollüstigen Geräuschen, wie ich sie Sonja oder sonst einer Frau noch nie hatte entlocken können. Wofür, fragte ich mich, brauchen Frauen dabei überhaupt Männer, wenn sie ohne unsere Hilfe so etwas miteinander anstellen können?

Ich war nicht im Geringsten eifersüchtig auf Katja, und es kümmerte mich ganz ehrlich nicht, was Sonja an den Abenden machte, die wir nicht zusammen verbrachten. Wir hatten ein Stadium der Gemütlichkeit erreicht. Die Getriebenheit, die ich vorher empfunden hatte, der harte und unerbittliche körperliche Zwang, wurde mit den Wochen zunehmend weicher. An seine Stelle trat das Gefühl, dass es stimmig war, mit Sonja zusammen zu sein. Wenn sie nicht da war, fehlte mir etwas. Wenn doch, fühlten sich ihre Berührung, ihre Wärme, ihre Nähe und ihr Geruch an, als wäre das alles für mich gemacht.

Was nicht heißen soll, dass ich jemals an eine gemeinsame Zukunft mit ihr dachte. Obwohl sie eine gewisse natürliche, unverbildete Klugheit besaß, unterhielten Sonja und ich uns nie über intellektuelle Fragen. Sie wiederum nervte mich nie mit Klatschgeschichten aus den Illustrierten, die sie las. Wir unterhielten uns überhaupt nicht sehr viel. Wir saßen behaglich schweigend beisammen, wie Katzen. Sie störte mich nicht. Ich störte sie nicht. Und oft, sehr oft schien es ein stummes Signal zwischen uns zu geben, und sie stand wortlos auf und setzte sich auf meinen Schoß oder zog ihren Pullover aus, und wir liebten uns leidenschaftlich. Es war eine seltsame Beziehung, jedenfalls nach den Kriterien meiner neurotischen und bedürftigen englischen Freundinnen. Aber ich war zufrieden, wenn ich mit Sonja zusammen war. Ich hatte das Gefühl, dass sie mich brauchte, dass ich eine Insel der Stabilität in ihrem Leben war. Vielleicht schmeichelte mir das.

Der Einzug des Frühlings war wie ein Wunder nach dem gefühlten jahrelangen Winter. Zufällig lief mir auf dem Puschkinplatz James Gormley-Smith über den Weg. In einem schmalen schwarzen Jackett und mit einem gestreiften Schal um den Hals schritt er durch einen leichten Nieselregen. Er fiel aus hundert Metern Entfernung auf; die Leichtigkeit und Sicherheit seines Gangs, seine ganze ungekünstelte und un-aggressive Körpersprache kennzeichneten ihn sofort als ein Wesen aus einer anderen Welt. Er lud mich wie selbstver-ständlich zu der aufregendsten Party des Wochenendes ein.

»Freund von mir, Schallplattenmogul. Gibt eine Party für die Jungs von Petruschki International. Und ihre Mädels!«

Die Petruschki waren eine der Top-Popgruppen der Stunde. Smith wühlte ein wenig in seiner teuren Ledertasche und zog zwei Einladungen heraus, reichte sie mir und entließ mich mit einem freundlichen Winken. Ich wendete die Kar-ten ehrfürchtig in der Hand. Sie waren ausgesprochen edel, geschmackvoll gestaltet und gedruckt.

Nach einiger Überlegung beschloss ich, Sonja nicht mitzu-nehmen. Zum Teil befürchtete ich, dass sie, so schön sie war, mit den makellos gestylten Göttinnen der Konquistadoren-clique nicht mithalten konnte. Doch ich kann nicht leugnen, dass ich auch auf ein Abenteuer hoffte.

Ich erzählte Sonja, ich wolle allein in die Datscha fah-ren, was nicht ganz gelogen war, nur ließ ich halt unerwähnt, dass ich nicht in meine eigene Datscha fuhr. Ich nahm ein Schwarztaxi nach Schukowka. Es war ein besonders übel rie-chender Lada mit einem rücksichtslosen tadschikischen Fah-rer, der die Luft mit seinem scheußlichen Knoblauchatem und billigen Zigaretten verpestete. In Schukowka und dem Nach-bardorf Barwicha lagen die Datschenanwesen der aufkom-menden Oligarchie und der abgehenden Parteielite, der No-menklatura. Im Wesentlichen bestanden die beiden Eliten, wie Bernstein uns unermüdlich einhämmerte, aus denselben Leuten – »Meet the new boss, same as the old boss«, sang er.

Wir folgten den Anweisungen auf der Rückseite der Einladung und schlängelten uns durch ein Labyrinth von hohen Holz- und Kunststoffzäunen und Ziegelmauern, das etwas von einem Computerspiel hatte. Schließlich gelangten wir an eine rot-weiß gestreifte Absperrung, die von uniformierten paramilitärischen Polizisten mit kugelsicheren Westen und Minikalaschnikows bewacht wurde. Der Kommandant schritt auf uns zu und bedeutete meinem Fahrer mit Gesten, zu wenden. Ich schwenkte meine Einladung, und der Mann sah erst mich, dann das abgewrackte Auto zweifelnd an.

»Hau ab, Abdullah«, sagte er – Ende dreißig, möglicherweise ein Afghanistanveteran – zu meinem tadschikischen Chauffeur. Und zu mir, nachdem er meine Einladung geprüft hatte: »Sie können passieren.«

Er gab seinen Untergebenen an der Sperre ein Zeichen, und ich ging zu Fuß eine Auffahrt weiter, die mit gelben Ziegeln gepflastert war wie im *Wizard of Oz*. Eine bunkerartige Datscha tauchte groß und hässlich zwischen den Bäumen auf, ein neu gebauter Klotz aus Beton und Glas, der vielleicht skandinavisch sein sollte, in Wirklichkeit aber nur sibirisch aussah. Der Abend war kühl, und in einem flachen gusseisernen Becken auf der Terrasse brannte ein großes Holzfeuer.

Im Haus war der Hauptraum mit flauschigen weißen Teppichen und weißen Ledersofas eingerichtet. Die obligatorische Technomusik bummerte. Gelangweilt dreinschauende Partymädchen schlenderten durch die Räume. Ich erspähte Smith in einem abgedunkelten Salon, wo auf einem riesigen Fernsehprojektor japanische Kunstpornos liefen. Wir gingen zum Grill hinaus, an dem ein paar echte Japaner – vielleicht auch nur so aussehende russische Burjaten oder Jakuten – köstliche Spieße mit Meeresfrüchten und Kobe-Rindfleisch brieten. Zwei junge Männer mit modischen Baggy Jeans, die ihnen praktisch von den Hüften rutschten, unterhielten sich draußen auf einem Sofa und waren dabei von mindestens fünf Mädchen umgeben, die ihnen teils zu Füßen saßen, teils ihnen über die adrett frisierten Haare strichen. Smith stellte mich vor – sie waren zwei Drittel von Petruschki International, der kultigen Boy Band. Witja lernte gerade Englisch und hatte Lust zu üben. Er scheuchte zwei kleine Nymphen vom Sofa, um Platz für mich, den geehrten Ausländer, zu machen.

»Würdest du dich nicht lieber mit diesen reizenden Damen unterhalten?«, fragte ich.

»Das halten die aus«, sagte er mit ungespielter Gleichgültigkeit. »Die gehen schon nicht weg.«

Witja stammte aus Chimki, einer hässlichen Vorstadt im Norden Moskaus; seine Mutter war Klavierlehrerin und hatte ihn von klein an bei Talentwettbewerben angemeldet. Heute war er zwanzig, reich und berühmt und trotzdem freundlich und liebenswert kindlich.

»Komm mit. Serjoscha kocht gerade Pilztee!« Er sprang auf, winkte seinem Mädchenhaufen wie ein Schuljunge, der seine Kumpel zu einem Abenteuer anstiftet, und flitzte ab in die Küche. »Auf geht's, Roman! High sein, frei sein!«

In der Küche – Stahltische, Restaurantkühlschränke und französische Kochfelder – rührte ein hagerer, langhaariger Mann langsam einen dampfenden Topf um. Die Haare hatte er nach Indianerart mit einem Kopftuch zurückgebunden, seines allerdings war mit altrussischen Symbolen, verschnörkelten Kreuzen und antiken slawischen Schriftzeichen verziert.

»Fertig«, hauchte er. »Starkes Zeug.«

Er löffelte eine braune, scheußlich riechende Pilzbrühe in Teetassen und reichte sie den Petruschki, dann mir, dann den Mädchen. Wir wechselten einen vielsagenden Blick, hoben die Tassen und stürzten das Gebräu hinunter.

An den restlichen Abend kann ich mich kaum noch erinnern.

Farben. Das unbeschreibliche Gefühl, dass die Töne sich verflüssigten und man in ihnen schwamm. Jeder Raum war rätselhaft rund geworden, und die Decken schimmerten wie eine Seifenblase. Irgendwann hing ich im Fernsehzimmer auf einem Kunststoffstuhl mit hoher Lehne und sah zu, wie Witja von einem umwerfend schönen blutjungen Mädchen einen geblasen bekam. Er wirkte vollkommen unbeteiligt, schenkte aber dem Mädchen ein weggetretenes Lächeln und streichelte ihr mit einem Finger die kleine Brust.

Draußen schienen die Bäume wie Flammen zu flackern, und das Rauschen des Windes und das Rascheln der Zweige waren ohrenbetäubend laut. Smith stellte mich unserem Gastgeber vor, einem stämmigen Mann über fünfzig, der in der Metallbranche ein Vermögen verdient und danach sein Leben dem Ziel verschrieben hatte, die goldene Jugend nachzuholen, die er nie gehabt hatte. Er hatte auf Ibiza die Raveszene und auf Goa den Trancetanz entdeckt und trug ein gebatiktes T-Shirt mit einem Leuchtbild des Gottes Ganescha vorn drauf. Wir wechselten ein paar Worte, waren aber beide so high, dass wir uns hauptsächlich die Hand schüttelten und uns freundlich zukicherten.

Kurz vor Tagesanbruch erblickte ich Katja. Ich war viel zu sehr auf dem Pilztrip abgefahren, um mich schuldig zu fühlen, weil sie ja Sonja erzählen konnte, wo sie mich gesehen hatte. Sie erschien in der offenen Glastür, die auf den Innenhof führte. Sie hatte dick Lippenstift aufgetragen und steckte in engen Jeans und einem seidenen T-Shirt; keine Handtasche, kein Schmuck. Katja ging barfuß über die kalten Steinplatten und trat an die erlöschende Glut des Feuers, um sich die Hände zu wärmen. Gleich darauf kam unser Gastgeber hinter ihr her getappt, die Brust nackt bis auf eine Kollektion exotischer Halsbänder und unten nur mit einem gewickelten Sarong bekleidet. Er liebkoste ihren Hals, schob ihr beiläufig die Hand unters Hemd und begrabbelte ihre bloßen Brüste. Bevor sie sich umdrehte, um mit ihm ins Haus zurückzugehen, sah Katja mich an – derselbe ernste, unergründliche Blick wie neulich, die Andeutung eines Lächelns. Nicht richtig traurig. Im Nachhinein würde ich sagen, verloren.

Wenige Tage später brachte der *Moskowski Komsomolez* auf der Titelseite die Nachricht vom Tod des Leadsängers der Petruschki International Wiktor Tschepik – Witja von der Party. Er war – absichtlich oder unabsichtlich – vom Balkon seiner brandneuen Penthousewohnung im achtzehnten Stock zu Tode gestürzt. Es musste passiert sein, unmittelbar nachdem er von der Party in Schukowka nach Moskau zurückgekehrt war. Und so lief es immer: das nächste Wochenende, der nächste Todesfall.

Meine Mutter schrieb mir zweimal im Monat in ihrem üblichen zerstreuten Ton, mein Vater so gut wie nie. Aber mein Weggang aus England schien sie beide ein wenig schockiert zu haben; vielleicht hatten sie nicht damit gerechnet, dass ich es tatsächlich tun würde. Als meine Mutter damit anfing, wie sehr ich ihr fehle, hatte ich jedenfalls den Verdacht, dass sie es ernst meinte. Das Gefühl war nicht gegenseitig. Dennoch willigte ich ein, zwei Wochen Urlaub in London zu machen, mein erster, seit ich ein halbes Jahr zuvor nach Moskau gezogen war. Es war ein merkwürdiger Aufenthalt, wie eine Zeitreise zurück in einen Teil des eigenen Lebens, mit dem man längst abgeschlossen hatte. Meine alten Freunde freuten sich, mich zu sehen, doch mir wurde erschreckend klar, dass wir nicht mehr viel gemeinsam hatten. Feiern, das hieß für sie inzwischen etwas vollkommen anderes als für mich. Auf Partys verlangten sie lauthals nach meinen wilden Geschichten, aber wenn ich ungerührt von Heroin und minderjährigen Huren, von Tod und Gewalt erzählte, gefror ihnen das Lächeln zur erschrockenen Grimasse. Sie fragten sich zweifellos, was aus mir geworden war, diesem schwadronierenden kurz geschorenen Mann, der auf ihre Teppiche aschte. Und tatsächlich stieg in mir angesichts der Ordentlichkeit Londons ein zutiefst punkiger Zerstörungsdrang auf. Die gemütliche Blasiertheit, die einst so angenehm und vertraut gewesen war, nervte mich jetzt kolossal. Ich wollte möglichst schnell in den Dschungel zurück. Er war mein Lebensraum.

Ich kehrte erleichtert nach Moskau zurück. Hier entspann sich wenigstens ein echtes Drama um unser aller Leben. Politik stand bei mir nicht obenan, doch man konnte nur schwer die Augen davor verschließen, dass demnächst eine Präsidentschaftswahl über den morschen Bau des Jelzin-Regimes entscheiden würde. Und es sah nicht gut aus. Selbst in den optimistischsten Umfragen lag die Zustimmung der Bevölkerung zu Jelzin seit Monaten bei unter zwanzig Prozent. Und aus meiner Perspektive machte es den Eindruck, als könnte das ganze verkorkste, korrupte postsowjetische Experiment mit dem Kapitalismus sehr bald schon schlagartig Schiffbruch erleiden.

»Das würde Jelzin nicht zulassen«, sagte ein Fettsack aus Minnesota mit dreihundert Dollar teurer Zegna-Krawatte, und an dem Punkt kamen mir Zweifel.

»Ach ja? Was will er denn machen?«, sagte Bernstein. »Die scheiß Kommis zu Tode langweilen?«

»Genau. Haben Sie Jelzin in letzter Zeit mal gesehen?«, warf ich ein. »Absolut unterirdisch. Er sieht aus wie Lenins Leichnam. Mit schlechterem Haarschnitt.«

Bernstein und ich hatten uns selbst auf die Party eines Yuppie-Bankers an den Patriarchenteichen eingeladen, und wir machten uns nicht beliebt. Mit seinen wilden Kräuselhaaren und seiner penetranten Journalistenskepsis fiel Bernstein aus dem Rahmen. Zwei Leute hatten ihn bereits kritisiert, weil er alles so abfällig, so negativ beurteilte.

»Mein Gott, man hat den Eindruck, ihr Journalisten wollt immer nur alles schlecht machen. Warum schreibt ihr nicht auch mal was Gutes?«

»Zum Beispiel?«

»Zum Beispiel, wie weit dieses Land es in den letzten fünf Jahren gebracht hat.«

»Oho, yes indeedy, sir!« Bernstein verfiel in den parodisti-
schen Ton eines unterwürfigen schwarzen Plantagensklaven.
»Und das mit durchschlagendem Erfolg, yessuh! Russland hat
weltweit die höchsten Kursgewinne auf dem Aktienmarkt
und das katastrophalste Sinken des Bruttoinlandsprodukts
seit Menschengedenken – beides zur gleichen Zeit. Es ist das
reinste Wunder, halleluja!« Er warf in gespielter Ekstase die
Arme in die Luft, und dabei spritzte aus seiner Bierflasche ein
Budweiser-Regen durch den Raum, den die Hälfte der Gäste
auf den Kopf bekam. Ich sah die breitschenklige amerikanische Gastgeberin empört auf uns zuwatscheln und schleifte
Bernstein zur Tür.

»Vielen Dank für die schöne Party!«, stammelte ich über
die Schulter, während ich ihn nach draußen schob.

Bernsteins Stimme tönte im Flur: »Yessss, mam! War mir
echt eine Ehre, mal ins Große Haus zu euch vornehmen Leut-
chen zu dürfen …«

Dieses eine Mal jedoch irrte sich Bernstein mit seinen düsteren Prophezeiungen vom Ende des Jelzin-Regimes. Die Kreml-
Mannschaft hatte noch ein paar Trümpfe in der Hinterhand.
Geld floss in die Staatssäckel von Regionen mit starken kommunistischen Sympathien, sodass sie Löhne zahlen, Konzerte
veranstalten, kostenlos Medikamente und Schulbücher austeilen und Propagandazeitungen herausgeben konnten. »Wählen oder verlieren« war das Motto einer landesweiten Kampagne, die auf Plakaten das alte und das neue Russland in
witzigen Bildern gegenüberstellte: ein flaumweiches lebendes
Huhn und ein runzliges Brathähnchen, ein leuchtend blaues

Auge und ein blinder Maulwurf, eine Stacheldrahtkugel und ein Erdball, zwei nackte Arme und ein Handschellenpaar.

Selbst Popow machte mit. Ein Freund von ihm in einer der großen russischen Werbeagenturen hatte ihm einen Dreimonatsvertrag als Mitarbeiter einer neuen Zeitung mit dem Titel *Nie wieder* angeboten, veröffentlicht vom Verlagshaus Kommersant mit massiver staatlicher Unterstützung. Popow sollte Journalisten von prokommunistischen Zeitungen abwerben und für die Mitarbeit an *Nie wieder* gewinnen – dafür gab es zwölftausend Dollar im Monat bar auf die Hand. Pound konnte kaum etwas einwenden, als Popow ihn um die Freistellung bat. Vielleicht, wer weiß, sprangen ja auch ein paar gute Kontakte dabei heraus, wenn man einen Mitarbeiter hatte, der von der PR-Maschinerie des Kremls geheadhunted wurde.

Das Ausmaß der Kampagne war enorm: das Geld, das hineingesteckt wurde, die Organisation, die Unterstützung aus dem Westen. Dank der antikommunistischen Propagandawellen von Smolensk bis Kamtschatka konnten wir alle besser schlafen – Jim, der Banker aus Minnesota, Oligarchen wie Boris Beresowski, ich, Jelzin selbst.

Aber hinter den ganzen aufmunternden Meldungen, hinter den selbstgefälligen Grinsegesichtern auf Partys, den ständigen Schmähungen des kommunistischen Parteiführers Gennadi Sjuganow, dem zweckoptimistischen Ton von Jelzins Wahlkampf – hinter alledem lauerte im Dunkeln ein schreckliches Gespenst wie Poes Roter Tod auf dem Maskenball: die Angst, das Ganze könnte doch mit einer tragischen Niederlage enden.

Und wenn die Stimmung nun nicht zugunsten von Jelzin umschlagen sollte, wenn – ein Grauensszenarium! – die Zahlen kurz vor der Wahl immer noch den falschen Ausgang verhießen, wenn das Zentrum weiter an Boden verlor, dann würde die Situation sehr, sehr schnell außer Kontrolle geraten. Das ganze Konstrukt um das wackelnde Regime herum würde zusammenbrechen, und der Einsturz hätte eine unaufhaltsame verheerende Umwälzung zur Folge. Schluss mit den ausgekungelten Privatisierungsdeals und den Schweizer Nummernkonten. Stattdessen müssten wir mit Wiederverstaatlichungen rechnen, mit Schauprozessen, nächtlichen Schlägen an der Tür, randalierenden Bauern, die im Feuerschein brennender Mercedes tanzten, Leichen, die an Laternenpfählen baumelten.

Für diejenigen Russen, die auf ehrliche oder unehrliche Art vom Kapitalismus profitiert und sich gesellschaftliche Vorteile verschafft hatten, für so ziemlich alle innerhalb des illustren Kreises von Moskaus Gartenring war dies ein Spiel um den höchstmöglichen Einsatz. Der Kreml kämpfte um ihrer aller Leben.

Sonja fing an, mich um Geld zu bitten: nur hin und wieder ein paar Hundert Dollar. Ich war beruhigt, denn das bedeutete, dass sie nicht auf den Strich ging. Sie und Katja mussten ins Bräunungsstudio im Radisson. Sie hatten einen Termin im Nagelstudio. Bezahlte ich ihnen ein Brazilian Waxing? Einen Besuch der Kosmetikabteilung im Arbat Prestisch? Ich gab ihr das Geld gern. Katja habe ein großes Schaulaufen an Land gezogen, erzählte mir Sonja, eine Sache, die sie sehr berühmt machen werde. Sie sei schöner denn je, sagte Sonja, die sich ehrlich für ihre Freundin freute. Wie eine richtige amerikanische Strandschönheit aus Malibu.

»Malibu?« Ich hatte Sonja kaum zugehört, weil ich die Fernsehnachrichten verfolgte. »Was meinst du mit Malibu?«

»Ich sagte, sie sieht aus wie ein amerikanisches Mädchen am Strand von Malibu. Sie ist für die Endausscheidung eines internationalen Modelwettbewerbs ausgewählt worden. Miss Malibu irgendwas. Katja ist furchtbar aufgeregt. Sie gibt ihr ganzes Geld für Schönheitspflege aus.«

»Das Ding, das Malachow organisiert?«

»Ja. Und?«

Ich sagte nichts weiter.

Aber Sonja hatte recht – Katja sah wirklich umwerfend aus, als sie eine Woche später beim Malibu-Tropic-Schönheitswettbewerb blinzelnd in das helle Scheinwerferlicht trat. Sie kippelte kurz auf ihren abartig hohen Absätzen, fing sich aber sofort, überquerte die Bühne mit einem strahlenden Lächeln und stellte sich neben die anderen Bewerberinnen, eine Hand an der Hüfte. Es waren insgesamt zwölf Mädchen. Alle hatten knappe rote Badeanzüge an und ein breites Lächeln im Gesicht. Die Visagisten hatten ihre Babygesichter nach sowjetischer Fasson dick geschminkt. Links und rechts der Bühne hingen lebensgroße Poster der amtierenden Miss Malibu Tropic USA, Miss Tammy Price aus Gainesville in Ohio.

Die Frau hätte gut und gern das Femininum einer völlig anderen Spezies sein können. Tammy Price hatte breite Schul-

tern und ausladende Hüften, muskulöse Beine und einen
Waschbrettbauch. Ihre Brüste waren enorm, und ihr selbst-
sicheres Grinsen samt Sonnenbräune kündete von einer Welt,
in der Gesundheit, Spaß und Freizeit im Mittelpunkt standen.
Katja und die anderen Mädchen wirken dagegen mager und
blass, kleiner an Statur wie an Ego als die dralle blonde Sex-
bombe, die sie sich zum Vorbild nehmen sollten. Käsebleiche
sechzehnjährige russische Elfen mit Spatzenbrüsten, Gänse-
haut und süßem Schmollmund konnten nicht mit muskel-
bepackten, vollbusigen Rettungsschwimmerinnen aus Malibu
konkurrieren.

Malachow hatte die Bar mit Strandhandtüchern, Sonnen-
schirmen und zwei künstlichen Palmen (vielleicht aus dem
Tropicana entliehen) dekoriert, um ungeachtet des stahlgrauen
Himmels und des trägen kalten Flusses draußen vorm Fenster die authentische lässige kalifornische Strandatmosphäre
hinzukriegen. In den mit Schirmchen dekorierten Cocktails –
Kokoslikör und Ananassaft – schwammen Ananasstückchen.
Er hatte zu dem Anlass Kellnerinnen angestellt, aber da er
nur über einen begrenzten Vorrat echter Malibu-Tropic-Bade-
anzüge verfügte, hatte er sie in gestreifte Hemden der So-
wjetmarine gesteckt und ihnen Matrosenmützen aufgesetzt,
auf deren Band in goldenen Lettern »Ostseeflotte« stand. Malachow war es irgendwie gelungen, ein ziemlich zahlreiches
Publikum anzulocken – und zudem sahen die Leute tatsächlich halbwegs respektabel aus. Die ganzen Kleinkriminellen,
tschetschenischen Möchtegern-Mafiosi und versoffenen Ve-
teranen hatte er von der *Alexandr Blok* vertrieben und sie mit
Partygängern in modischen Anzügen ersetzt.

Der Conférencier des Abends war ein kleiner, dunkler Mann mit üppiger Haarpracht, die er sich völlig ironiefrei nach vorn zu einer Schmalztolle gekämmt hatte. Malachow hatte ihn mir einmal kurz vorgestellt; er hieß Sascha Borodin und leitete eine Modelagentur namens Mademoiselle, die die meisten der Mädchen beschafft hatte. Er war einer von den Männern, die keine Vorstellung davon hatten, wie lächerlich und abstoßend sie aussahen. Genau wie Malachow fehlte ihm jede Selbstwahrnehmung. An diesem Abend trug Borodin ein silbernes Glitzerjackett, eine schlecht sitzende rote Fliege und spitze Schuhe.

»Und nachdem wir jetzt die entzückenden Bewerberinnen kennengelernt haben, heißen Sie bitte mit mir Mister Malibu Tropic persönlich willkommen, den berühmten, den legendären Mister Bill Powell!«, dröhnte Borodin über die Lautsprecher. »Mister Bill Powell, kommen Sie bitte und gesellen Sie sich zu unseren reizenden Mädchen auf der Bühne.«

Powell war braun und runzlig wie eine Backpflaume, ein grinsender kleiner Mann im fortgeschrittenen Alter, der wie ein Strandgammler in weiter Badehose, ärmellosem T-Shirt und Malibu-Tropic-Baseballjacke auftrat. Er sprang sportlich die Stufen hinauf und schritt die Reihe der Mädchen ab, die er jede kurz auf die Lippen küsste. Er wandte sich dem Publikum zu und nahm das Mikrofon, das Borodin ihm hinhielt.

»Wow, Leute, ich glaub's nicht. Das haut mich total um, euch alle hier zu sehen. Dazu muss ich euch eine Geschichte erzählen. Als ich ein kleiner Junge war, hatten wir in Kalifornien immer Schutzübungen im Klassenzimmer, Bombenschutzübungen, wo wir lernen sollten, wie man einen Atombombenangriff der Russkis überlebt. So nannten wir das damals, einen Russki-Angriff. Die Lehrerin sagte uns, wir sollten unter die Schultische kriechen, uns die Ohren zuhalten und den Kopf zwischen die Knie stecken. Echt! Bloß nicht den Arsch zukneifen!«

Powells zittrige Stimme klang älter, als er aussah, und er quittierte seinen eigenen Witz mit einem rasselnden Altmännerlachen.

»Jep! So war das damals in den Fünfzigerjahren! Ich weiß schon, ihr jungen Hüpfer könnt euch gar nicht vorstellen, dass ich schon so alt bin!« Er drehte sich um und zwinkerte den Mädchen anzüglich zu. »Aber ich sage das nur, weil, es ist einfach so... unglaublich, hier zu sein, mitten im Herzen der Sowjetunion, ein Miss-Malibu-Tropic-Wettbewerb ausgerechnet hier, mitten in Moskau. Dank meinem guten Freund, meinem guten Freund Mister... Dime Malatow. Irgendwelche Amerikaner hier heute Abend? Hab noch vorhin mit ein paar geredet...«

Einige große, schwergewichtige Männer an der Bar johlten und stießen mehrmals mit den Fäusten in die Luft.

»Hallo da drüben. Wer hätte das gedacht, was, Jungs? Juchu Moskau!«

Der Wettbewerb selbst dauerte nicht lange. Die Regeln, nach denen abgestimmt wurde, waren unklar. Die Jury bestand aus Powell, Borodin, Malachow und dem Publikum, aber niemand schenkte den Bewerberinnen viel Beachtung. In Moskau waren hübsche Mädchen sonst einfach das Beiwerk zu einer guten Party und standen nicht im Mittelpunkt der Aufmerksamkeit. Sie wurden aufgefordert, eine nach der anderen zu Stripteasemusik zu tanzen. Powell gesellte sich ein paarmal zu einer der Tanzenden, und diese rieb und schlängelte sich am Unterleib des alten Mannes und sonnte sich in der Gunst des Ehrengastes. Eine Bewerberin namens Marina, eines von Borodins Mädchen, warf Powell die Arme um den Hals, sprang an ihm hoch und umschlang ihn mit den Beinen. Katja fing mit ihrer Nummer an, als alle noch Marina beklatschten und Powell lachend in die schulterklopfende Umarmung von Malachow taumelte. Sie wand und drehte sich auf ihren hohen Absätzen, schob die Brust vor und streckte dem Publikum ihren wohlgeformten wackelnden Hintern entgegen. Aber niemand schaute richtig hin, und obwohl Sonja und ich uns heftig ins Zeug legten, bekam Katja nur einen zaghaften Anstandsapplaus.

Als alle Mädchen fertig getanzt hatten, hielt Borodin murmelnd eine kurze Beratung mit Powell und Malachow ab, dann trat er vor und gab die Siegerin bekannt: Marina Smirnowa! Kusshände austeilend lief sie nach vorn, und Powell überreichte ihr einen riesigen Blumenstrauß und hängte ihr eine Schärpe um, die sie zur Miss Malibu Tropic Moscow 1996 erklärte. Marina trat vor, um sich fotografieren zu lassen, und Freudentränen liefen ihr übers Gesicht, doch das Interesse des Publikums an ihr ließ schon nach. Der DJ dimmte das Licht, während Marina noch mit Kusshänden um sich warf, und im nächsten Moment dröhnte der Techno durch den Saal. Von Borodin angeführt, defilierten die Mädchen über die Tanzfläche und nach unten in die Kabinen. Sonja hatte Blumen mitgebracht und drückte sie Katja in die Hände, als diese vorbeiging. Beide weinten.

Malachow bildete den Abschluss der Prozession, und seine Augen begegneten denen Sonjas kurz, als er Katja sanft an den Schultern fasste und zur Treppe schob. Er nickte mir zu, zog ein breites Grinsen, aber forderte mich nicht auf mitzukommen.

»Amüsiert euch tüchtig, ihr beiden!«, schrie er über die Musik hinweg. »Schön, dass ihr da seid! Freut mich, dass ihr euch gefunden habt!«

Der Abend plätscherte rasch dem Ende entgegen. Die freien Getränke gingen aus, die freien Speisen waren in Nanosekundenschnelle von den geiernden Gästen abgeräumt worden, kaum dass sie auf dem Tisch standen. Die allerletzten Platten wurden geplündert, sobald die Kellner damit aus der Küche kamen. Die Stimmung wurde ungut, die interessanten Leute waren längst gegangen, und jetzt waren nur noch Streuner und Mitläufer wie ich übrig. Ich wollte mit Sonja woanders hin, doch sie weigerte sich, ohne Katja zu gehen.

»Geh sie holen!«, forderte sie mich auf. »Egal, was sie gerade macht. Hol sie da raus!«

Ich konnte mir denken, was Katja und die anderen Mädchen gerade machten, und versuchte, sie umzustimmen. Aber Sonja zeigte mir die kalte Schulter, und so schob ich mich widerwillig aus der Banknische und begab mich die Kajütstreppe hinunter auf das Fahrgastdeck der *Alexandr Blok*. Ein Gorilla im schwarzen Anzug stand breit im Gang und versperrte mir den Weg.

»Keine Gäste«, erklärte er. »Strikte Anweisung.«

»Nicht mal Freunde von Dima?«, fragte ich.

»Jeder auf dem Schiff ist ein Freund von Dima«, knurrte er.

Ich kannte das Schiff inzwischen gut genug, um zu wissen, dass man auch auf einem Umweg über das Vordeck in den Gang kam. Ich tauchte durch eine niedrige Tür nach draußen und ging auf dem tönenden Stahldeck durch die kühle Abendluft und nahe am Bug eine steile Leiter hinunter. Ich lauschte an Malachows Tür: nichts zu hören. Ich drückte die Klinke, und die Tür ging auf.

Die Kabine war übersät mit hingeworfener Unterwäsche und schmutzigen Boss-Hemden. Auf dem ungemachten Bett lag ein aufgeschlagenes Album mit Zeitungsausschnitten aus der Moskauer Presse, in denen Malachow erwähnt war, dazu eine Kollektion von PR-Schnappschüssen von ihm mit diversen Prominenten, die die Stadt in jüngster Zeit besucht hatten – Diana Ross, Bill Clinton, Steven Segal, Chuck Norris. Zerknautscht zwischen den Laken ein roter Malibu-Tropic-Badeanzug. Der Raum roch nach Schweiß, Whisky und Sperma.

Ich ging den Flur hinunter zu der anderen Kabine, aus der Musik pulste. Ich klopfte. Keine Reaktion. Ich öffnete die Tür einen Spaltbreit und schaute hinein. In der Kabine brannte trübes rotes Licht, und ich sah undeutliche Gestalten, nacktes Frauenfleisch, auf dem Boden Champagnerflaschen und Kleidungsstücke. Rasch schloss ich die Tür wieder, schob mich an dem überraschten Gorilla am Ende des Gangs vorbei und eilte wieder nach oben.

»Ich glaube, bei Katja wird es länger dauern.«

Sonja warf mir einen kurzen, harten Blick zu und verstand. Sie nickte und rieb sich die Nase, um sich zu sammeln. »Na schön.«

Wir gingen wortlos hinaus, fest eingepackt gegen den kalten Wind, der uns am Fluss entgegenfegte. Wie üblich war die Uferstraße leer, und wir warteten zehn Minuten lang vergeblich auf ein Schwarztaxi, bevor wir uns zu Fuß auf den Weg zum Neuen Arbat machten. Sonja ging mit eingezogenem Kopf, und als wir an einer Ampel stehen blieben, sah ich, dass sie weinte. Ich wischte ihr mit dem Ärmel die Tränen ab.

»Ich dachte, diesmal würde es anders laufen. Amerikanische Sponsoren. Internationaler Wettbewerb. Aber es läuft nie anders. Wir hatten uns so gewünscht, dass es mal besser wird, aber dann ist es doch wie immer.«

User und Loser

»Lena ist verrückt, deshalb mag ich sie so«, gestand mir Hastings an der Kaffeemaschine im Büro. »Und jetzt stehen zwei billige Reisetaschen bei mir in der Wohnung und sagen mir, dass ich aus reiner Suffgeilheit einen Fehler gemacht habe. Damit ist sie praktisch bei mir eingezogen, verdammte Scheiße.«

Hastings hatte es schwer mit Frauen. Er litt an mangelndem Selbstbewusstsein, was unter Ausländern höchst selten vorkam, und verschlimmernd kam noch eine Art Märtyrerkomplex hinzu. Frauen in Not schienen seine unselige Großzügigkeit zehn Meilen gegen den Wind zu wittern, und sein Liebesleben bestand aus einer Abfolge gescheiterter Versuche, verschiedene hässliche Entlein vor den Folgen ihrer Dummheit und ihres Pechs zu bewahren. Ich hatte diese Lena sogar einmal kennengelernt, eine Brünette mit aufgedunsenem Gesicht, der Statur eines Bullterriers und dem Vokabular der Taxifahrer am Flughafen Scheremetjewo.

»Was ist daran so schlimm?«

»Sie ist eine Kriminelle, die sich ständig Ärger anlacht, das ist das Schlimme«, knurrte Hastings. »Hat sechs Monate im Knast gesessen, die Irre.«

»Mach Witze.«

»Schön wär's. Sie hat mir ihre Entlassungspapiere gezeigt oder was man sonst kriegt, wenn man aus dem Gefängnis kommt. Sie hat Tätowierungen auf den Knöcheln.«

»Ach du Scheiße.«

»Sie besteht nur aus unbeherrschten primitiven Instinkten, Mann. Ständig kriegt sie Wutanfälle. Und wenn sie getrunken hat, denke ich immer, gleich zückt sie ihr Klappmesser und murkst mich damit ab. Sie fängt in der Metro Streit an. Wird am laufenden Band von der Polizei aufgegriffen. Scheiße, so viel Härte, wie bei ihr an einem Tag abgeht, haben die meisten Leute im ganzen Leben nicht.«

»Okay.«

Ich dachte nach. Der arme Hastings. Er sah wirklich fertig und übernächtigt aus, und seine gewohnte rüpelhafte Jovialität war ihm vergangen, sodass der neurotische Intellektuelle dahinter zum Vorschein kam.

»Darf ich dich mal was fragen? Sie ist kriminell. Sie ist geistesgestört. Sie ist obdachlos und vielleicht auf der Flucht. Was zum Teufel findest du an ihr?«

Hastings blickte trübsinnig in seine Kaffeetasse und warf dann einen besorgten Blick zur Tür, um sich zu vergewissern, dass niemand mithörte.

»Sie ist schwanger von mir, Mann. Im vierten Monat.«

»Ach du Scheiße. Dann schaff sie so schnell wie möglich zum Arzt.«

»Das will sie nicht. Sie sagt, der Fötus hat schon ein schlagendes Herz. Und Hände und Füße.«

»Und einen Schwanz, Menschenskind.«

Ich legte ihm in einer brüsken männlichen Kamerad-
schaftsgeste den Arm um die Schultern, und verlegen standen
wir ein paar Momente Seite an Seite.

Als ich an dem Abend nach Hause kam, wusste ich schon,
als ich aus dem rasselnden Fahrstuhl trat, dass etwas nicht
stimmte. Laute Musik dröhnte aus meiner Wohnung, und
als ich aufschließen wollte, stellte ich fest, dass von innen
abgeschlossen war. Ich hämmerte mehrere Minuten an die
Tür, bevor die Musik jäh abbrach. Ich hörte jemanden innen
herumschlurfen. Ein klirrender Teller, Mädchengekicher und
Pst-Töne.

»Wer ist da?«

Sonja. Eindeutig bedröhnt.

»Lass mich rein. Ich bin's.«

Sie mühte sich ungeschickt mit den altmodischen Schlös-
sern ab und bekam schließlich die Tür auf. Ihre Haare waren
zerzaust und auf dem Kopf aufgetürmt wie ein Heuhaufen,
die Wimperntusche verschmiert. Sie hatte nur einen Slip an
und ein T-Shirt von mir. Ich fand sie brutal sexy. Sie schenkte
mir ein schiefes Lächeln, und ich küsste sie rasch auf die Lippen, bevor ich ins Wohnzimmer trat.

Es war die reinste Müllhalde. Kleidungsstücke, CD-Hüllen
und leere Flaschen lagen auf dem Boden, und auf dem Couchtisch erblickte ich nicht zu missdeutende Zeichen: zusammen-
gerollte Geldscheine, meine Vielfliegerkarte von British Airways, Spuren von weißem Pulver. Inmitten des ganzen Chaos
saß Katja manierlich auf dem Sofa, die langen Beine entblößt,
doch den Oberkörper züchtig mit einer zugeknöpften Strick-

jacke verhüllt. Sie hielt die Hände im Schoß verschränkt und saß gerade wie ein unartiges Schulmädchen, die Augen niedergeschlagen.

»Himmel, Arsch und Zwirn«, war alles, was ich in dem Moment herausbrachte – nicht zornig, eher fassungslos.

Beide Mädchen brachen in hysterisches Gelächter aus. Katja bog sich vor Lachen und rollte vom Sofa. Sonja flitzte durchs Zimmer und sprang auf die Sofalehne, die Fernbedienung wie eine Pistole in der Hand. Sie zielte damit und drückte theatralisch auf »Play«.

»Hey boy! Hey girl! Superstar DJs – here we gooooo ...« Die Chemical Brothers explodierten wie eine unaufhaltsame Tonlawine, und die Mädchen fingen ekstatisch zu tanzen an und sprangen dabei wie besessen zwischen Sofa und Sessel hin und her.

»Him-mel, Arsch und Zwirn«, wiederholte ich.

Katja kam auf mich zugetanzt. Sie sah schrecklich aus, die Augen verheult und verquollen, die einst teuer verschönte Haut bleich und rissig. Doch ein Grinsen klebte ihr im Gesicht, und sie nahm mich an der Hand und führte mich zum Couchtisch. Sie ging auf die Knie und zog mich neben sich. Unter einem Zeitschriftenstapel holte sie ein Tütchen mit weißem Pulver hervor, schüttete es auf ein verglastes Bild und teilte flink drei Streifen ab, dick wie ein Henkerseil.

»Was ist das?«, fragte ich, obwohl ich Katjas gerollten Geldschein schon genommen hatte und mich zu den Streifen vorbeugte.

»Guter Stoff«, sagte Sonja, die jetzt ebenfalls neben uns

kniete, und legte den Arm um mich. »Der beste. Komm. Komm mit uns mit, Roma. Komm mit nach oben!«

Das Leben lief in der Zeit auf Hochtouren. Man bekam sein Gehalt für nichts und seine Kicks fast umsonst. Das neue Moskau schrie geradezu nach Methamphetamin: Wenn man nicht auf Meth war, konnte man das Tempo nicht mithalten. So jedenfalls schien es uns, wenn wir drauf waren. Und Sonja, Katja und ich hatten eine sichere Quelle in Kirill mit seinem selbst gemachten Produkt, das einer Generation von Amerikanern als Crystal Meth geläufig war und uns als Vint. Wir schnupften es natürlich – Spritzen war etwas für die knallharten Junkies, und Sonja hatte nicht vor, dahin zurückzukehren. Nein. Wir pfiffen uns das Zeug in die kribbelnden Nasen, und schon bald gewöhnte ich mich sogar an das chemische Brennen beim Abheben, das sich anfühlte, als würde einem die zarte Nasenschleimhaut mit einem Schneidbrenner weggeschweißt.

Zuerst kam der stählerne Fokus. Die Sicht verengte sich, wie wenn man auf einem beschleunigenden Motorrad saß, und ein Adrenalinschub beförderte einen vollkommen ins Hier und Jetzt, einen ganz kleinen Kreis totaler Klarheit wie beim Blick durch ein Militärfernglas. Wenn man den Einsatz verdoppelte und gleich nachlegte, hob man im Nu vom Boden ab und schoss geradewegs aufwärts. Aufwärts ins Herz der Sonne. Man musste so festhalten, dass die Knöchel weiß wurden. Jeder Muskel gespannt wie eine Armbrust. Jede Sekunde bis zum Letzten gedehnt, bevor es weiterging, weiter und weiter. Sobald man den Startknopf gedrückt hatte, war das Scheißding nicht mehr zu stoppen. Die Drogen waren stärker als man selbst, wie eine riesige Maschine, an die man sich auf Gedeih und Verderb anklammerte, eine Maschine mit irrwitziger Kraft, die einfach immer weiterraste und wie ein Schnellzug beschleunigte. Sie sperrte einem die Augen auf wie in *A Clockwork Orange*, denn wenn man nur eine Sekunde, nur einen Sekundenbruchteil unkonzentriert war, verlor man mit Sicherheit die Kontrolle, brach aus und überschlug sich, wieder und wieder und wieder, und zersplitterte in eine Million winziger Scherben.

So viel nahm ich nicht immer.

Nein, das Nette an Vint war, dass man sozusagen langsam Gas geben konnte, bis man auf gemütlichen einhundertachtzig Stundenkilometern dahinschnurrte. Sonja und ich fingen an, zum Water Club zu gehen, der sich in einem Flussbahnhof aus der Stalinzeit am Moskwa-Wolga-Kanal in Nordmoskau befand. Das Gebäude war wie ein Dampfer geformt, mit Bug, Heck, Schornstein und Bullaugen. Wenn ich heute daran zurückdenke, erscheint mir der Water Club wie eine verschwommene Pepsi-Reklame, eine Montage aus donnernder Ravemusik, Tanz, Bewegung, Mädchen mit Bobfrisuren, süßen kleinen Ärschen in schimmernden engen Pants. Ich sehe ein stroboflackerndes Bild von Katja vor mir, wie sie auf der Tanzfläche pogot und über die anderen Tänzer hinausspringt, als wollte sie verzweifelt die Luft weiter oben einsaugen.

Von außen bebte das Gebäude wie eine riesige Maschine, und bei bestimmten kritischen Tonlagen klirrten die Fensterscheiben. Innen war es, als strebte das Geschehen auf die Endgeschwindigkeit zu, als stände eine ungeheure Explosion bevor. Vor meinem inneren Auge schnellten sämtliche Anzeigen der Maschine in den roten Bereich. In der Schaltzentrale mitten auf der Tanzfläche saß ein gackernder DJ und wartete nur darauf, durch ein minimales Antippen der Regler den ganzen Klub in einem actionfilmreifen Feuerball hochgehen zu lassen. Der Water Club, das bedeutete Tiefenatmung, ganz hinten auf der Zunge der Geschmack von Kirills Vint, Herzschlag gleichmäßig bei hundertvierzig, messerscharfe, haargenaue Wahrnehmung. Wie jung und toll und brillant wir uns fühlten, wenn wir das Treiben durch unsere großen billigen Jackie-O-Sonnenbrillen betrachteten und Sonja, von den Methamphetaminwellen mitgerissen, laut »Oh yeah, mama!« jubelte. Es war, als wären wir alle Teil von irgendetwas Großem, Glühendheißem, Epochalem, Revolutionärem.

Es lag immer eine Anspannung in der Luft, ein Hauch von Paranoia, der dem Klub seinen Kitzel verlieh. Schläger der paramilitärischen Polizeieinheit OMON strichen am Rand herum als permanente Drohung mit Gewalt und Gefängnis. Man erinnerte sich dunkel an irgendwo aufgeschnappte Horrorgeschichten von Razzien, Blutproben, Festnahmen, hohen Schmiergeldern, Schlägen, Misshandlungen. Aber das waren Sachen, die anderen Leuten passierten. Nicht Ausländern wie uns, shiny happy people, die beseelt waren von Optimismus, Frohsinn und Liebe. Diese Sachen ereigneten sich irgendwo anders, in der zufallsgesteuerten Parallelwelt der harten Wirklichkeit. Zumindest hofften wir das. In unserem Zustand hofften wir immer, dass solche Sachen vom Zufall gesteuert wurden. Das Letzte, was wir wollten, war, dass uns diese Wirklichkeit zu Leibe rückte, uns mit einer Kausalkette von Ursache und Wirkung fesselte.

Wenn wir ausgefeiert hatten – gegen neun, zehn Uhr morgens, das Grinsen breit im Gesicht erstarrt, die Nervosität steigend –, nahmen wir ein Taxi und fuhren zu Pascha.

Pascha war der zum Junkie bekehrte Millionär, in dessen Datscha in Schukowka ich die unglückseligen Jungs von Petruschki International kennengelernt hatte. Er hatte natürlich Katja eine Zeit lang gefickt, jetzt aber schien sie aus seinem Harem in einen größeren Kreis von Freunden und Mitläufern verschoben worden zu sein.

Pascha führte ein offenes Haus, wo die Klubgänger aus seiner Bekanntschaft sich nach einer anstrengenden Nacht ausruhen und wieder sammeln konnten. Es war ein Hort des Friedens, ein Refugium, wo wir zu uns selbst kamen, bevor wir unsere zarten, nackten Gehirne wieder der schmerzhaften Reibung mit der äußeren Wirklichkeit Moskaus aussetzten. An den Himmel gehauchte lange Tagesanbrüche über der Moskwa, beobachtet durch das Panoramafenster von Paschas sechszimmeriger Penthousewohnung von einem Ikea-Sofa aus, das er aus Paris importiert hatte. Dazu CNN-Gebrabbel auf einem Sechsundzwanzig-Zoll-Bildschirm, ein Ticker mit Aktienkursen, schwacher Kamillentee, um das Valium hinunterzuspülen. Draußen Moskau, die staubige, rastlose Stadt, der Fluss, der Blick auf den Kiewer Bahnhof, die verkehrsreiche Straßenbrücke – alles von den edlen Leinengardinen gedimmt zum flirrenden Matt des Methamphetamin-Ausklangs.

Hin und wieder sahen wir Kirill dort. Er sah aus wie eine

wandelnde »Sag NEIN zu Drogen«-Reklame: dünn wie ein gerollter Dollarschein, scharf geschnittenes, blasses Gesicht, zum Pferdeschwanz zurückgekämmte Haare, exakt ausrasierter Spitzbart. Außer bei unserer ersten Begegnung im Winter sah ich ihn nur einmal in unserer einjährigen Bekanntschaft seine große Sonnenbrille absetzen und wünschte dann, er hätte es nicht getan. Seine Augen sahen inzwischen aus wie gekochte Hoden, verquollen und blutunterlaufen und mit so großen dunklen Tränensäcken, als wäre er das Opfer eines brutalen Polizeieinsatzes geworden.

Kirill war ganz allein eine soziale Revolution, ein Alchimist, dessen diverse Zauberpulver ein Zimmer voll trantütiger, deprimierter Klubkids in zwei Minuten in eine Horde aufgekratzter, geifernder Irrer verwandeln konnten. Er verkaufte seine Tütchen mit Glückspulver für höchst erschwingliche vier Dollar das Stück. Wenn er bei Pascha aufkreuzte, kaufte unser Gastgeber ihm seinen gesamten Vorrat ab und schüttete ihn feierlich auf den Granittresen seiner italienischen Küche, wo sich seine Gäste darauf stürzten und daran gütlich taten wie ein Rudel Wildkatzen.

Eines Nachts brachte Witja Komarow, der Besitzer des Water Club, uns beinahe mit Speedballs um, einer Mischung von Kokain und Heroin, die wir gierig von seinem Büroschreibtisch schnupften. Geschlagene sechs Stunden lang schwebten wir selig am Rande des Todes. Durch seinen Strubbelbart grinsend, saß er in seinem bequemen Bürostuhl und teilte mit der Fingerfertigkeit eines Croupiers Streifen ab, brabbelte dazu irgendeinen Unsinn und schaute hin und wieder mit seinen grauenhaft blutunterlaufenen Mephistoaugen auf. Ich erfuhr später zu meinem Entsetzen, dass Witja erst achtundzwanzig war. Er sah aus wie hundertfünfzig.

Die Nacht war die reinste Achterbahnfahrt. Koksenergie durchschoss mich in schwindelerregenden Schüben, als hätte ich einen elektrischen Viehstock im Hintern stecken, dazwischen die Phasen abgrundtiefer, benebelter Heroinlähmung, in denen meine feuchte Wange an der Tischplatte in Witjas Büro klebte, während meine Augen irgendetwas ein Stück weiter weg in den Blick zu nehmen versuchten. Irgendwo tief im Hintergrund spürte ich undeutlich, wie mein Herz bockte, stockte und abermals bockte wie ein wild gewordener Mustang, und mein Nervensystem schickte vergebens sämtliche Alarmsignale, die es auf Lager hatte, an mein Gehirn. Sie waren schwach, überdröhnt von der Flutwelle des Adrenalin, aber leise zu hören wie ein Autoalarm vor einem Haus, in dem gerade eine laute Party abgeht. Allerdings war das Gehirn zu sehr mit dem nackten Überleben dieses spektakulären, fürchterlichen chemischen Angriffs beschäftigt, der es braten, spritzen und platzen ließ wie ein Würstchen in der Pfanne, um noch Kraft für irgendetwas anderes zu haben. An irgendeinem Punkt kurz nach Tagesanbruch gelang mir die übermenschliche Großtat, endlich den Kopf vom Tisch zu heben, mich aufzurappeln und in den Flur hinauszuschlurfen. In dem Moment brach am Horizont ein starker Sonnenstrahl durch, der mich blendete und lähmte wie ein Kaninchen, auf das sich ein Millionen Watt starker himmlischer Scheinwerfer richtet.

Hattest du das für mich vorgesehen, Gott, sollte das der Schauplatz unserer Begegnung sein? Die Terrasse eines absurden dampferförmigen Gebäudes, auf der ich in einem mongolischen Gewand spastisch herumzucke, umgeben von Irren, Losern und Junkies? Wir wollten doch bloß etwas Spaß haben, Gott, auf unsere Weise. Habe ich das verdient? Ich sehe ihn, ja, ich sehe den Tod. Feuchtkalt und schlotternd wartet er wie eine besorgte Mutter am untersten Punkt jeder magenzermalmenden Schussfahrt mit der Achterbahn. Nur noch eine letzte Runde, Mami, dann steige ich aus, nur noch eine. Wenigstens tut es nicht weh.

Vielleicht klingt es ja so, als hätten Sonja und ich Sid und Nancy gespielt, das klassische Junkie-Liebespaar, und uns beide immer fester aneinander geklammert, je schneller und enger die Abwärtsspirale sich drehte. Doch so war es nicht. Zum einen schaffte ich es, die Woche über ein normales Arbeitsleben zu führen, ja Pound lobte mich sogar öfter für meine neue Zielstrebigkeit und Energie. Montags hing ich in den Seilen. Hätte Pound mitgezählt, wäre ihm aufgefallen, dass mich an den Wochenanfängen verdächtig viele Lebensmittelvergiftungen ans Bett fesselten. Aber insgesamt war ich verlässlich und hatte die Sache im Griff. Außerdem war ich glücklich.

Auch für Sonja, harte Nuss, die sie war, war an Vintschnupfen nicht viel mehr dran als an Wodkatrinken oder Kettenrauchen. Wir feierten nur am Wochenende, waren keine richtigen Junkies.

Bei Katja lag die Sache anders. Sie verbrachte viel Zeit mit Sonja, einen Großteil in meiner Wohnung. Aber was sie sich im Einzelnen anvertrauten, war nicht für mich bestimmt.

Wenn ich mich am Abend mit einem Glas Wein neben sie fläzte, erstarb ihr Gespräch, und Katja vergrub ihr verweintes Gesicht tief in ihrem Weinglas. Doch es war deutlich, dass die Frau keinen Halt hatte. Was ich an Sonja immer stärker wahrnahm, war ihr innerer Stahl: Selbst wenn sie sich gehen ließ, konnte sie sich jederzeit zusammenreißen und normal funktionieren. Es gab eine russische Spielzeugfigur, die eine Freundin meiner Mutter uns geschenkt hatte, als ich klein war, ein Stehaufmännchen, dass *Wanka-wstanka* hieß, »Iwan, steh auf!«. Es war ein bunt bemaltes Püppchen mit einem runden beschwerten Fuß. Auch wenn man es noch so oft umstieß, es richtete sich immer wieder auf und sah einen hin und her schaukelnd mit seinem rotmundigen Lachen an. Sonja war wie diese Puppe: Sie schwankte vielleicht gelegentlich, aber am Ende stand sie immer wieder gerade.

Katja jedoch schien ein Stück von sich verloren zu haben, ein Teil des Gerüsts, das sie aufrecht hielt, war eingeknickt und umgefallen. Sie war immer noch flott und hübsch, und wenn wir ausgingen, trug sie ihre Kriegsbemalung auf, schlang sich ihre Federboas um und zog alle Blicke auf sich. Aber ohne die Drogen klappte sie zusammen und versank in Selbstmitleid. Am Malibu-Tropic-Abend war etwas in ihr zerbrochen, die Hoffnung, sie könnte sich eines Tages in eine Frau verwandeln, die mehr war als ein hübsches Gesicht, ein Spielzeug zum Ficken und Wegwerfen.

Sonja hielt ihrer Freundin eisern die Stange. Aber sie war auch hart. Sie hatte keinen Nerv dafür, andere zu hätscheln, und schimpfte oft wie ein Rohrspatz, Katja solle sich gefälligst am Riemen reißen.

Was uns betraf, Sonja und mich, so hatte ich keine klare Vorstellung von der Zukunft. Widersinnigerweise betrachtete ich mich weiterhin als Junggeselle und legte Wert auf meine Unabhängigkeit. Sonja folgte stillschweigend einem eigenartigen Verhaltenskodex und fragte mich nie, was ich vorhatte oder was ich machte. Ich nahm an, dass sie es nicht riskieren wollte, mich durch Eifersüchtelei zu verlieren – verquere Moskauer Logik. Und seltsamerweise gab ich ihr auch keinen Anlass zur Eifersucht. An den Abenden ohne sie führte ich Weltuntergangsgespräche mit Bernstein oder betätigte mich bei dem unglücklichen Hastings als Seelenklempner.

Sie hatte einen langen, ruhigen, abschätzenden Blick, mit dem sie mich musterte, wenn wir uns ein paar Tage nicht gesehen hatten. Ein Schuldgefühl stieg dann in mir auf, weil ich sie vernachlässigt hatte, und legte sich wieder, und ich begegnete ihrem ruhigen Blick mit meinem: Wo ich gewesen bin? Wo bist du denn gewesen? Ich sprach die Frage nie aus, und sie auch nicht. Doch aus irgendeinem Grund kam ich mir dabei heuchlerischer vor.

Mit einem schmerzhaften Stechen erkannte ich, dass ich Sonja genauso benutzte, wie Malachow es seinerzeit getan hatte, wenn auch weniger offen.

Zweifellos werden Sie schon selbst zu dem Schluss gekommen sein: Ich war nicht anständig genug, um mich an Sonja zu binden, um ihr zu sagen, dass ich sie liebte und bei ihr bleiben wollte. Aber ich war auch nicht gemein genug, um sie mit ein paar harschen Klarstellungen über die Ungerechtigkeit des Lebens vor die Tür zu setzen, wie Malachow es getan hatte.

Meine Versuche, die Härte meiner neuen Freunde zu imitieren und ihren heroischen Zynismus — sei es Malachows brutale Version oder die mondäne Version der jungen Konquistadoren —, wurden ständig von Gewissensbissen vereitelt. Selbst böse zu sein brachte ich nicht fertig.

Eines Sonntags Anfang Juni kehrten Sonja und ich von Pascha zu mir nach Hause zurück. Auf dem Spaziergang im morgendlichen Sonnenschein waren wir langsam in die Niederungen der Gereiztheit und Nervosität abgestiegen, die regelmäßig auf das High folgten. Sonja packte sich in Fötushaltung in meinen Sessel, hektisch rauchend, eine Hand auf der Stirn.

»Valium?«

Ich hatte das Gleiche gedacht und durchwühlte meine Kulturtasche, fand aber keines. Ich rief Sonja die traurige Mitteilung zu, und sie fluchte leise und fing an, sich die Utensilien für einen Haschischjoint zusammenzusuchen, mit dem sie ihr Runterkommen abfedern wollte.

Hasch, wie gesagt, war noch nie meine Sache. Ich bekomme davon immer das paranoide Gefühl: »Sie kommen! Sie kommen!« In der Küche beschäftigte ich mich lange und innig mit der Kaffeemaschine, der schließlich zu zischen und tröpfeln begann. Ich reckte und streckte mich und beobachtete durch mein Schlafzimmerfenster, wie die Sonne über den Industriegebieten von Ostmoskau aufging. Sonja im Nebenzimmer nahm ich nicht als Person, sondern als heiße, schockfarbige Wolke wütend herumfuhrwerkender weiblicher Energie wahr. Ich stellte mir den Verlauf des restlichen Sonntags vor, sah die Stunden sich vor uns erstrecken wie Grabsteine in einer langen Reihe. Auf einmal hatte ich einen Moment vollkommener Klarheit, einen leichten Adrenalinstoß und mit ihm die Erkenntnis, dass ich die Wahl hatte zwischen Streit oder Flucht.

»Liebling, ich muss mal ein Weilchen an die Luft.«

Ich presste die Worte so beiläufig heraus, wie ich konnte, und strebte dabei eilig zur Tür. Ein Schritt, zwei, drei, und immer noch weder Einwand noch Antwort. Ich schlüpfte zur Tür hinaus und zog sie ganz sacht zu, dann stürzte ich die Treppe hinunter wie eine Tasse Quecksilber, die man in einen Fahrstuhlschacht geschüttet hat: schwer, flüssig, von der Schwerkraft beschleunigt.

Zufrieden, dass ich unverfolgt geblieben war, hielt ich auf dem Gartenring ein Auto an und vereinbarte einen viel zu hohen Preis für die Fahrt zur Datscha.

Ich begab mich geradewegs zu Alexei Swerdlows Haus. Das ganze Dorf war in einem süß duftenden Pflanzenmeer untergegangen. Die Natur machte die Kürze der nördlichen Wachstumssaison mit der Üppigkeit und Geschwindigkeit wett, mit der alles in Blüte schoss. Auf unserem dicht bewaldeten Grundstück wuchsen eine winterharte Weinsorte und ein Rausch von Jasmin, während Swerdlows sonnigere Datscha fast völlig zugewuchert war von Pfingstrosen und Duftwicken, die sich kreuz und quer über das Dach rankten.

Ich traf ihn sonnenbadend vor einem seiner uralten Mercedes-Kombis an, den er liebevoll seine »mobile Gartenlaube« nannte. Er trug knappe Nylonturnhosen sowjetischer Machart und ein grünes Sonnenvisier mit der Aufschrift »John McEnroe«. Neben ihm stand eine große Thermoskanne mit seinem

Tee, der stark wie ein Abbeizer war und den er immer trank, seit er zehn Jahre zuvor dem Wodka abgeschworen hatte.

»Ah, Roman. Nimm dir einen Stuhl. Da auf der Terrasse stehen welche. Ich bin in besinnlicher Stimmung.«

Ich zog mir einen halbwegs intakten Gartenklappstuhl aus dem Stapel und stellte ihn neben Swerdlow ins hohe Gras. Er musterte mich prüfend, und bevor ich zu einer Erklärung ansetzen konnte, gebot er mir mit erhobener Hand Einhalt.

»Still besinnlich. Lass uns freundschaftlich miteinander schweigen. Setz dich. Denk nach. Vielleicht reden wir am Abend.«

Irgendwann am Nachmittag fand ich Schlaf. Als ich in der Dämmerung aufwachte, war meine linke Gesichtshälfte von der Sonne verbrannt. Das nächste Mal wachte ich in einem von Swerdlows klumpigen Betten auf, unter einem von seinen groben gestärkten Sowjetlaken. Ich hatte so fest geschlafen, dass ich mich nicht erinnern konnte, hineingegangen zu sein. Im Nebenzimmer hörte ich das gemütliche Geplapper von Radio Echo Moskwy und draußen auf der Hauptstraße gelegentlich ein Auto vorbeisausen.

Ich kehrte erst am Montagabend in die Stadt zurück, ausgeruht und wunderbar gelöst. Der nächste Tag war hell und frisch, einer der windigen Junitage, an denen der chronische Schmutz aus der Moskauer Luft gepustet wird und die Stadt kurzzeitig sauber und wohlriechend ist.

»Roman, ich muss dir was sagen.«

Es war Malachow.

Er machte häufig nach dem ersten Satz eine dramatische

Pause. Aber etwas in seinem Ton ließ mich aufmerken, und ich setzte mich im Bett auf.

»Kannst du dich noch an Katja erinnern? Diese Freundin von Sonja? Tja, sie hat was Dummes gemacht. Was wirklich Dummes. Du musst unbedingt Sonja finden und es ihr sagen.«

Ich wusste natürlich sofort Bescheid.

»Etwas Dummes? Was denn?« Meine Stimme zitterte. Mit rasendem Puls wartete ich, dass er weiterredete.

»Gestern Abend. Katja – sie ist hier vorbeigekommen und hat sich in meinem Bad die Pulsadern aufgeschnitten, verdammte Scheiße. Sie war sauer, weil ich sie nicht sehen wollte oder so. Ich mache mir echt Vorwürfe.«

»Verdammt. Ist sie im Krankenhaus? Alles in Ordnung mit ihr?« Ich schwang die Beine aus dem Bett.

»Hm, kann man nicht sagen. Hm-hm, nein, nicht in Ordnung. Sie haben sie zwar ins Krankenhaus gebracht und ihr alle möglichen Medikamente gegeben, aber davon muss sie ganz wirr im Kopf geworden sein, weil sie... äh... sie ist... äh...«

Es war das erste Mal, dass Malachow mir gegenüber um Worte verlegen war.

»Tot?«

»Sie ist im Krankenhaus aus dem Fenster gesprungen. Vor drei Stunden oder so.«

Mit einem Mal gab es nur noch diesen einen Augenblick, und schwer atmend konzentrierte ich mich darauf, zwang die Zeit, so langsam wie möglich zu fließen, Tröpfchen für Tröpfchen, weil jeder vergehende Sekundenbruchteil mit Leid und Schmerz befrachtet war.

»Sie ist was?«

Keine Antwort. Malachow schien seine gewohnte große Klappe verloren zu haben.

»Was hast du mit ihr gemacht?«, fragte ich schließlich.

»Was ich mit ihr gemacht habe? Ich habe gar nichts mit ihr gemacht, verdammt noch mal! Hast du mir nicht zugehört? Sie hat sich selbst aus dem Scheißfenster geworfen. Nicht ich. Und jetzt bin ich es, der in der Scheiße sitzt, Mann. Ich muss jetzt zur Polizei gehen und erklären, warum diese dumme Kuh in meiner Wohnung war und überhaupt.« Seine Stimme war laut und jammernd geworden.

»Du herzloser Drecksack.«

»Nein. Nein! Bin ich nicht. Katja war ein liebes Mädchen. Wirklich lieb. Verrückt wie sonst was, aber lieb. Wie kannst du mich herzlos nennen? Ich bin nicht herzlos, im Gegenteil, die kleine Irre tut mir sogar echt von Herzen leid. Aber dank ihr stecke ich auch tief in der Scheiße. Und sie hat meinen ganzen Teppich und den Flur vollgeblutet.«

Malachow erklärte, er könne nicht hingehen und die Leiche offiziell identifizieren. Er gab keinen Grund an und bat mich, an seiner Stelle zu gehen. Er sagte, er werde Wolodja sofort losschicken, und gab mir die Adresse.

»Ach, und, Roman?«

»Was?«

Ich erwartete, dass er sagte, es tue ihm leid, aber nein, Malachow schaffte es immer wieder, mich zu überraschen.

»Ja, was ich noch sagen wollte. Wenn die Polizei fragt. Ich kannte dieses Mädchen nur aus Moskau. Aus der Partyszene, klar? Keine alten Geschichten, bitte. Keine verdammten alten

Geschichten, nicht von Katja, nicht von Sonja. Egal, was du gehört hast, vergiss es. Für den Scheiß interessiert sich niemand.«

Ich rief bei Sonja zu Hause an und hinterließ die Bitte, mich zurückzurufen. Ich hatte die Nummern von ein paar ihrer Freundinnen hinten in mein Notizbuch gekritzelt, aber auch bei denen hatte ich kein Glück. Die arbeiteten, waren bei der Arbeit, die angeschafft hatten, schliefen noch. Still vor mich hin fluchend zog ich mich an und rannte die acht Stockwerke zum Hof hinunter.

Ich stand am Gartenring an der Bordsteinkante, und die Autos brummten in einer ununterbrochenen Kette an mir vorbei. Mit jedem Ausatmen stieß ich wilde Flüche aus, leise, die Fäuste geballt, eine Litanei des – was?

Des Schocks. Der Trauer. Des Zorns – Zorn auf Katja zuallererst, absurder egoistischer Zorn darauf, dass sie mir mit ihrem Selbstmord den Tag versaut hatte. Aber auch Zorn auf die Welt, auf Moskau, auf Malachow, weil der ihr nicht geholfen, weil er die arme, schöne, dumme Katja nicht an ihrer letzten verzweifelten Flucht von der Straße in die Badewanne und von dort ins Krankenhaus und aufs Fensterbrett gehindert hatte. Und als der Zorn ein wenig abebbte, hinterließ er eine Landschaft scharfer, schroffer Grate der Schmerzen und der Trauer. Als Wolodja eintraf, blickte ich zum Himmel über dem Gartenring auf – was ich sonst niemals tat –, und mir standen die Tränen in den Augen.

Die Leichenhalle war im Keller des Botkin-Hospitals, des größten Krankenhauses der Hauptstadt. In russischen Krankenhäusern zeigte sich das Land von seiner schlechtesten Seite: barsche, kettenrauchende Ärzte, grundlos grobe Schwestern, drängelnde Patientenscharen, der säuerliche Geruch nach Altfrauenschweiß und billigem Desinfektionsmittel, der einem das Gefühl gab, dass vergangene Jahrzehnte einem ihren üblen toten Atem ins Gesicht bliesen. Ich machte die Halle schließlich ausfindig, und als ich die gesprungene Flügeltür aufstieß, war der Geruch unverkennbar. Ich hatte nie zuvor Leichen gerochen, aber irgendwie wusste ich sofort, was die schwere, dumpfe, fleischige Ausdünstung war. Sie stieß etwas Prähistorisches im Hirnstamm an, etwas wie einen lang vergessenen Reflex. Doch ich hatte keine Wahl – ich ging weiter und meldete mich bei den abgehärmten Matronen am Empfang.

Die Tür zum Kühlraum der Leichenhalle war aus schwerem Stahl wie bei einem Bunker. Ich konnte mir keinen vernünftigen Grund dafür denken. Wahrscheinlich um die Toten an der Flucht zu hindern. Ein junger Pfleger mit tätowierten Armen führte mich hinein. Er deutete auf einen Obduktionstisch am Ende des Raums, wo drei ältere Männer in weißen Kitteln einen blassen Leichnam umstanden. Der Älteste, ein stämmiger Mann mit vollen grauen Haaren, winkte mir, näher zu treten.

Als ich Katja nackt auf dem Stahltisch liegen sah, war mein erster Gedanke, wie schön sie war. Schöner als im Leben. Die Art, wie die Haare ihr Gesicht umflossen, die Eleganz, mit der ihre Gliedmaßen hindrapiert worden waren, berührten mich tief. Anders als im Leben war sie im Tod ganz ungekünstelt. Es stand ihr gut. Unter anderen Umständen hätte sie ungemein attraktiv gewirkt. Einen lebendigen Menschen sieht man selten so intensiv an – das Bewusstsein, dass er es merken wird oder dich seinerseits ebenso genau ins Auge fasst, baut eine Sperre auf. Vielleicht ist das der Grund, weshalb sich Leute in Schauspieler auf der Bühne oder auf der Leinwand verlieben: Sie können eingehend und hemmungslos betrachtet werden, wie das bei einem realen Gegenüber gar nicht möglich ist.

Dr. Maslow, der diensthabende Pathologe, reichte mir ernst die Hand, als wir uns vorstellten. Er ließ sich vom Laborassistenten die Unterlagen geben, zog ein Päckchen Rothmans aus der Kitteltasche und bot mir eine an.

»Denen ist das egal«, sagte er mit einer kurzen Kopfbewegung zur stählernen Kühlraumtür und entzündete unter meiner Nase ein goldenes Feuerzeug.

Während Maslow die Papiere durchblätterte, schaute ich Katja an, wie ich es zuvor nie gewagt hatte. Sie hatte ein rundes Bauerngesicht, voller, als ich es in Erinnerung hatte, hübsche hellbraune Haare im ungefärbten Zustand, geschminkte Lippen, gerade Zähne, leicht mollige Schenkel, wunderbar pralle Brüste. Sie war jünger als Sonja, ungefähr neunzehn. Katja sah recht friedlich aus, abgesehen von der frisch vernähten großen Narbe am Bauch, der unnatürlich aufgewölbt war, nachdem der Assistent darin herumgewühlt hatte. Sie hatte einen überraschten, leicht erschrockenen Gesichtsausdruck. Das einzige Anzeichen für die Verletzung, an der sie gestorben sein musste, war eine blauschwarze Verfärbung seitlich am Kopf, die bis zur Schläfe ging. Die Narben an den aufgeschnittenen Handgelenken sahen sauber und ordentlich aus.

»Hm. Junkie, ja?«

Maslow beäugte die kaum zu erkennenden feinen Nadel-stiche an Katjas Arm. Nicht schlimm – Katja war noch eine Anfängerin gewesen. Wir warteten auf den Polizisten, der meine Identifikation der Leiche zu Protokoll nehmen sollte.

»Eine Schande, wirklich. Wir kriegen mittlerweile so viele von denen rein. Früher waren es Verkehrsunfälle, Verkehrs-unfälle, heute sind es Junkies, Junkies.«

Ich blickte lange auf Katjas weit aufgerissene, glasige Augen, auf ihren Mund, leicht geöffnet, ihre guten weißen Zähne. Maslow hatte aufgehört zu reden. Es war mir gar nicht aufgefallen. Ich hob den Kopf und sah, dass er mich seltsam musterte.

»Kommen Sie mit in mein Büro«, sagte er. »Papierkram erledigen.«

Als ich nach Hause kam, saß Sonja vor meiner Wohnungstür auf der Treppe. Sie hatte meine Nachricht abgehört und ahnte, dass etwas Schlimmes passiert war. Sie hatte einen Beutel mit Baltika-Bier vor sich stehen, und der Treppenabsatz war über-sät mit Zigarettenstummel und Schalen von Sonnenblumen-kernen. Sie war ungeschminkt, und ihre Haare waren fettig und zerzaust.

»*Nu?*«, sagte sie. »Na?«

Ich erzählte.

Sie sackte zurück an die Wand wie von einer Kugel getrof-fen, und ein Weinkrampf verzerrte ihr Gesicht. Ich wollte ihr die Arme um die Schultern legen, doch sie schüttelte sich frei, drehte den Kopf weg und rieb sich mit dem Handballen die Nase.

»Ich habe sie gesehen. Dima bat mich, zur Leichenhalle zu gehen. Ich glaube, sie hat keinen Schmerz gefühlt. Sie war auf der Stelle tot.«

Sonja nickte stumm und schlug ihren Kopf zweimal hart an die Wand. Es gab ein Geräusch wie eine Kokosnuss. Dann stand sie abrupt auf, klaubte ihren Beutel mit Bier auf und wartete, dass ich die Wohnungstür aufschloss.

»Ich muss ein paar Leute anrufen«, sagte sie.

Sonja erholte sich rasch. Sie rief ein paar Freunde an und sagte ihnen ohne Umschweife, was passiert war. Die meisten hatten es schon gehört, einige nicht. Ich erwartete einen Gefühlsausbruch, aber Sonjas Stimme war kalt und pragmatisch. Russen, lernte ich, nehmen Tragödien mit großer Selbstverständlichkeit hin, vielleicht weil sie so viele erleben. Mit dreiundzwanzig hatte Sonja viel mehr Gewalt, Tod und Ungerechtigkeit erlebt, als die meisten meiner westlichen Freunde im ganzen Leben erfahren würden. Drogen, Autounfälle, Alkohol und ärztliche Unfähigkeit hatten bereits viele ihrer Freunde und Klassenkameraden umgebracht, erschreckend viele in meinen Augen. Und jetzt war die Nächste gestorben. Das Ausmaß des Unglücks, das Sonja in ihrem Leben zulassen durfte, war begrenzt. Katja war von einer Freundin zu einem Problem geworden, einem Pfahl im Fleisch, der jetzt mit so wenig Kollateralschaden wie möglich ausgerissen und vergessen werden musste.

»Gut.«

Sonja trat in die Tür der Küche, wo ich Nudeln gekocht hatte. »Ich muss mich betrinken.«

Sie holte eine Flasche Wodka aus dem Kühlschrank, nahm

zwei Wassergläser vom Abtropfbrett und schenkte beide voll, bis die Flasche leer war.

»*Pomjanem?*«, sagte sie und fragte mit diesem einen Wort, ob wir auf das Gedenken der Toten trinken sollten.

Ich hob mein Glas auf Katja, aber Sonja schüttelte den Kopf.

»Nein. Auf die Toten nur im Stehen. Nicht anstoßen. So.«

Sie leerte das Glas Wodka nach Russenart auf ex, mit dem üblichen heftigen Ausatmen durch die vorgeschobenen Lippen danach.

»Mach noch eine Flasche auf!«, befahl sie, griff sich eine Schachtel Küchentücher und verzog sich auf wackligen Beinen ins Wohnzimmer.

Die Russen beerdigen ihre Toten rasch.

Katja hatte sich an einem Montag getötet; die Trauerfeier war für den Donnerstagvormittag angesetzt. Ihr Halbbruder reiste mit dem Zug aus Naltschik im Nordkaukasus an. Er hatte kein Telefon – Sonja hatte ihm ein Telegramm schicken und einen Anruf bei seinem örtlichen Postamt anmelden müssen, um ihm die Nachricht zu übermitteln. Katjas Mutter war tot; ihr Vater hatte die Familie frühzeitig verlassen und war nicht aufzufinden. Ich hätte nie gedacht, dass Sonja so praktisch sein konnte. Konnte sie. Sie und ihre Freunde teilten das Organisatorische unter sich auf und erledigten es rasch. Sie hatte etwas sehr Erwachsenes, fand ich, wie sie da mit Notizblock und Bleistift bei mir auf dem Fußboden saß und telefonierte. In Sonjas Leben hatte nie jemand anders die Scherben aufgekehrt, ganz gewiss nicht die Polizei oder sonst eine offizielle Stelle. Wenn man etwas getan haben wollte, tat man es selbst.

Wir fuhren zu einem traurigen städtischen Friedhof. Das Krematorium war ein niedriger, bunkerartiger Betonbau. Wir versammelten uns auf dem Parkplatz wie mehrere andere Trauergesellschaften auch, die sich um ihre bescheidenen Ladas scharten. Alle rauchten. Ich kam mit Kolja, der wie immer keinerlei Regung zeigte, aus dem Büro. Sonja kam mit ein paar Freundinnen in einem Taxi. Sie kauften den Babuschkas, die in einer Reihe vor dem Friedhofstor standen, billige rote Nelken ab. Die Mädchen trugen Kopftücher, ein Zugeständnis an den orthodoxen Glauben ihrer Vorfahren, das mich überraschte. Ein paar mysteriöse ältere Herren, stumm und schwergewichtig, erschienen mit Blumen. Niemand sprach mit ihnen, und sie sprachen mit niemandem. Sie konnten sonst wer sein – Moskau war voll von grauen älteren Herren, die sehr wichtig taten, aber trotzdem arme Würstchen waren, die das nur zu ihrer Selbstbefriedigung machten.

Ich hatte erwartet, dass Katjas Bruder ein vierschrötiger Bulle war, doch er erwies sich als gut aussehender junger Mann um die zwanzig, so feinknochig wie Katja und mit hellerer Haut. Er war wie ein Provinzler gekleidet: schlechte Lederjacke, schwarzes Kunstfaserhemd, breitkappige schwarze Schuhe. Er stellte sich allen Trauergästen mit einem raschen harten Händedruck vor und knurrte dazu seinen Namen, Sascha. Ich versuchte, mit ihm ins Gespräch zu kommen. Er habe Kat'ka fünf Jahre nicht mehr gesehen, sagte er, seit sie nach Moskau gegangen war. Sascha wirkte eher verlegen als traurig. Da lag sie nun, seine tolle Schwester, sie, die den Absprung nach Moskau geschafft hatte, und war tot. Ich fragte mich, ob er wohl innerlich mit ihr mitgelebt, ob er sich an der Vorstellung von ihrem Erfolg in der großen Stadt selbst aufgerichtet hatte. Mit einer Antwort darauf war nicht zu rechnen. Er bemühte sich nicht, das Gespräch fortzusetzen, und ging mit einem Nicken weiter. Konversation war noch nie eine Stärke der Russen.

Ich hielt Ausschau nach Malachows Wolga, doch er war nirgends zu sehen. Eine Frau mit der Statur eines Kühlschranks kam eilig aus dem Krematorium und rief Katjas Namen. Wir begaben uns in einen großen Raum, der heftig nach Formaldehyd und Desinfektionsmittel roch. Katja lag aufgebahrt in einem Sarg voll künstlicher Blumen, das Gesicht dick geschminkt und die Haare unter einem weißen Seidenband versteckt. Die Mädchen traten vor, um ihre tote Freundin zu küssen, und verharrten einen Moment in Schweigen. Niemand leitete die Feier oder sprach eine Begrüßung, niemand las etwas vor oder sagte überhaupt etwas. Ein Friedhofswärter im Overall hatte feierliche Musik vom Band angestellt, als er uns einließ, und jetzt stand er mit verschränkten Armen an der Tür und wartete darauf, dass die uns zustehenden fünfzehn Minuten verstrichen.

Die Mädchen gingen fast augenblicklich. Ich blieb noch eine Weile stehen, bis der Wärter die nächste Trauergesellschaft ausrief und mich vor die Tür setzte. Es gab in einem russischen Krematorium anscheinend keinen automatischen Transport und keine Vorhänge, alles geschah von Hand, und auch der Sarg mit der Leiche wurde von Hand fortgeschoben, nachdem die Trauergäste gegangen waren.

Draußen traf ich Malachow an, der einen riesengroßen protzigen Blumenstrauß in der Hand hielt und mit Sonja und den anderen Mädchen schwatzte.

»Du kommst zu spät«, sagte ich. »Sie bringen sie gerade weg.«

»Darf doch nicht wahr sein! Bin gleich wieder da.«

Er stürzte hinein und blieb eben lange genug, um seinen Strauß abzulegen. Sonja wich meinem missbilligenden Blick aus.

Als Malachow zurückkam, nahm er meinen Zorn und meinen Abscheu war.

»Entschuldigung! Hab mich verspätet. Tut mir leid.« Er wandte sich an Sonja.

»Gut. Leichenschmaus gibt's gratis auf dem Schiff. Ihr werdet um vier erwartet. Alles geht auf mich. Essen. Piroggen. Räucherlachs. Der Koch Kostja wird alles schön dekorieren. Ihr habt freie Bahn bis acht. Alles auf mich. In Ordnung?«

»Kommst du nicht?«, fragte ich.

Malachows Gesicht verzog sich vor übertriebener Zerknirschung, und er spreizte hilflos die Hände.

»Kann nicht! Kann nicht! Nichts würde ich lieber tun! Glaub mir! Aber, he, mach mich nicht runter, ja? Der Leichenschmaus – alles auf mich. Müsst ihr euch nicht drum kümmern.«

Er wandte sich den anderen Trauergästen zu, klopfte Sascha auf die Schulter.

»Hallo, mein Freund. Kennst du mich noch? Du warst noch ein kleiner Stops, als Katja und ich uns kennenlernten. Wo war das noch mal? Mineralnyje Wody? Wladikawkas?«

»Naltschik.«

»Naltschik. Natürlich. Deine Schwester – sie war die Beste. Sie war die Schönste. Kluges Mädchen. Ich denke mal... ich denke mal, das Großstadtleben war zu viel für sie, was?«

Sascha nickte und blickte zu Boden.

»Alles klar, Mädchen, ich warte auf euren Anruf, ihr habt meine Nummer.«

Schon in der Rückwärtsbewegung zu seinem Wagen deutete Malachow mit einem plump vertraulichen Zwinkern auf Sonja und machte mit Daumen und kleinem Finger das Zeichen, dass sie ihn anrufen sollte.

»Roman, ich muss los. Aber wir sehen uns. Müssen über die ganze Sache reden. Unbedingt. Unbedingt.« Er drückte mir gönnerhaft die Schulter.

»Dima, du bist ein mieses Arschloch, weißt du das?«, zischte ich und hinderte ihn mit ausgestreckter Hand, weiterzugehen.

»He, das ist nicht dein Ernst!«

»Doch, ist es. Mein voller Ernst, Dima. Du bist ein mieses Arschloch.«

Während wir dort standen, seine Hand noch auf meiner Schulter, fiel mir ein, dass ich Malachow noch niemals ernst gesehen hatte. Ich hatte ihn wütend gesehen und entrüstet und hysterisch aufgebracht, auch lauthals herumblödelnd – seine Standardnummer –, aber ich hatte ihn noch niemals todernst gesehen. Er blickte einen Moment zu Boden, als müsste er sein Gesicht auf null stellen, und als er wieder aufschaute, war alle Jovialität daraus verschwunden. Er sah plötzlich alt und bedrohlich aus.

»Weißt du was, mein englischer Freund? Fick dich ins Knie. Sie ist tot. Tut mir furchtbar leid. Aber nicht meine Schuld. Ihre Schuld. Verstehst du? Fick dich ins Knie, hörst du? Kapiert?«

Einen Moment lang hatte ich richtig Angst, dann schoss mir der Zorn so heiß ins Gesicht, dass mir die Wangen brannten, als schämte ich mich. Er setzte wieder seine leutselige Miene auf, drehte sich noch einmal zu Sonja um und wiederholte die Telefongeste, bevor er in seinen alten schwarzen Wolga stieg und mit quietschenden Reifen vom Parkplatz des Krematoriums fuhr. Eine Staubwolke wehte über das Häuflein der Leute, die um Katja trauerten.

10

Die Bestie im Menschen

*»Der Mord wird aus der Liebe geboren, und die Liebe
erhält ihre höchste Intensität durch den Mord.«*
Octave Mirbeau, *Der Garten der Qualen*

Moskau haftete etwas Tieftrauriges an, die Trauer um vergeudete Leben, verschwendete Kräfte, verlorene Zeit. Vor jeder Metrostation standen sich Babuschkas stundenlang die Beine in den Bauch, weil sie hofften, ein Päckchen Marlboro oder ein paar selbst eingelegte Knoblauchknollen zu verkaufen. In wohlhabenden Wohngegenden wie Frunsenskaja verkauften die Metro-Babuschkas »Antiquitäten«: alte Uhren, Bücher, Schuhe toter Ehemänner, gläsernen Weihnachtsbaumschmuck. Sie erinnerten mich an Fotos von Leningrader Frauen, die während der Blockade durch die deutsche Wehrmacht ihre letzten Familienerbstücke an Straßenecken verkauft hatten. Ältere Männer, die ihre klapprigen Wolgas als Taxis betrieben, stellten sich als Geologen oder hohe Offiziere im Ruhestand heraus. Alexei, der im Publicitas-Büro die Dreckarbeiten machte, wie die Drucker befüllen und die Berge alter Zeitungen von unseren Schreibtischen räumen, war ein praktizierender Kinderarzt, der sich bei uns schwarz etwas dazuverdiente.

Am Freitag nach Katjas Beerdigung ging ich mit Smith und einigen aus seiner Clique einen trinken. Smiths Stripperfreundin aus Aschgabat hatte noch ein paar Mädels mitgebracht. Sie waren geschmeidig und langbeinig wie Barsois und nicht viel klüger. Wir gingen ins Piramida, den verglasten Nachtklub am Puschkinplatz, der – wer hätte das gedacht? – wie eine Pyramide geformt war. Plötzlich brannte direkt davor auf der Twerskajastraße ein Auto, und eine Menge Schaulustige versammelte sich darum. Das Feuer ging gerade erst richtig los, und gelbe Flammen leckten am Kühler, als die Feuerwehr eintraf. Alle buhten, als die Männer den Brand löschten.

Die Mädchen wollten ins Titanik gehen, einen Kellerklub am Dynamo-Stadion, der mit der höchsten Konzentration schöner Frauen und schwer bewaffneter Männer in ganz Europa aufwarten konnte. Sie quengelten und schmollten, und ich merkte, dass sie Smith zusehends auf die Nerven gingen. Er stand abrupt auf, warf eine Handvoll Scheine auf den Tisch, wünschte charmant lächelnd und sich verbeugend gute Nacht und ließ seinen weiblichen Anhang in den unzuverlässigen Händen seiner Freunde zurück. Beim Hinausgehen fing er meinen Blick auf und neigte den Kopf Richtung Tür.

Trotz der dunklen Rauchwolke von dem immer noch vor sich hin schwelenden Autowrack war der Puschkinplatz an diesem warmen Abend dicht bevölkert. Mädchen in Sommerkleidern, Jungen mit Langhaarfrisuren à la Oasis, Betrunkene in gestreiften Matrosenhemden, Horden herumstreifender Halbwüchsiger mit Bierflaschen an den Lippen und zu schwachen Radiorekordern unterm Arm. Smith und ich überquerten die Twerskaja und gingen einträchtig schweigend den Boulevard hinunter, während am Himmel langsam das letzte Tageslicht verdämmerte.

»Puschkin ist hier immer spazieren gegangen«, sagte Smith unvermittelt. »Die Eiche, an der wir gerade vorbeigekommen sind – zweihundert Jahre alt. Puschkin muss sie noch gesehen haben.«

Ich zwang mir ein Knurren höflich interessierter Verwunderung ab.

»Hab das mit Katja gehört. Schreckliche Geschichte.«

»Ja.«

»Es heißt, Malachow, dieser miese Wichser, hätte ihr versprochen, sie würde einen Schönheitswettbewerb gewinnen, und als sie dann doch nicht gewann, wäre sie durchgedreht.«

Ich knurrte abermals. »Du bist ja bestens informiert.«

»Sonja hat's mir erzählt. Deine Sonja.«

Ich musste ihn scharf angeblickt haben, denn er knuffte mich an die Schulter, um meine Eifersucht zu beschwichtigen.

»Unter absolut gesitteten Umständen. Ich sehe sie oft in den Klubs. Öfter als dich, muss ich sagen. Und falls du dir Gedanken machst: Sie führt sich einwandfrei auf, soweit ich weiß.«

Ich lachte gezwungen.

»Ich kannte Katja nicht richtig. Nur vom Sehen. Eine von der zähen Sorte, wie's schien. Scheinen die ja alle zu sein. Diese Klubbräute, meine ich. Als wäre bei denen das Herz aus Stahl und die Haut aus Titan. Und die Möse aus Samt natürlich.«

Er lachte leise über seinen eigenen Witz. Wir waren am Ende des Boulevards angekommen und blieben an einer Ampel stehen.

»Kanntest du Katja gut?«

Ich runzelte die Stirn und fing an, auf englische Art ausweichende Töne von mir zu geben. Er schnitt meine Antwort ab.

»Ich wollte nicht wissen, ob du sie gefickt hast. Bin sicher, das hast du, Casanova. Aber hast du sie gut gekannt? Also wart ihr befreundet?«

»Ja. Wir waren befreundet. Sie hat sich oft bei uns aufgehalten. Bei mir, meine ich. Mit Sonja.«

Er nickte schweigend.

»Malachow. Auf Mistmolche von seiner Art könnte die Welt echt verzichten.«

Ich führte Sonja groß aus, erst ins Theater, dann zum Essen. Sie war erst überrascht, dann willigte sie vorsichtig ein und schaute mit einem bittenden Blick zu mir auf.

»Was heißt das jetzt?«, fragte ich und kraulte sie unterm Kinn.

»Was heißt was?«

»Dieser Hundeblick.«

»Nicht Hund. Glücklich.«

Sie verstärkte ihr nervöses Lächeln, sodass es noch strahlender und unglaubwürdiger wirkte. Doch ich meinte zu verstehen. Sonja wollte mich nicht weiter hineinlassen, wollte nicht ihre Rüstung ablegen – vielleicht weil sie mit ihrer untrüglichen weiblichen Intuition spürte, dass ich dann wahrscheinlich mehr wollte.

Wir gingen in ein Musical, einen albernen Klassiker aus der Sowjetzeit über eine historisch verbürgte Liebschaft zwischen einem zaristischen Staatsmann und einer spanischen Schönen im kolonialen Kalifornien. Es war die erste sowjetische Rockoper, Russlands Antwort auf *Jesus Christ Superstar*. Sonja hatte als Kind die Platte gehabt und war ganz aufgeregt. Sie kannte den Text auswendig und sang bei den meisten Liedern leise mit, und als die beiden unglücklichen Liebenden am Ende für immer Abschied nehmen mussten, weinte sie sogar.

Nach dem Essen ging ich mit ihr zu Angelico, einem noblen Italiener in der Nähe des Lenkom-Theaters, und sie trank allein eine ganze Flasche Wein. Wir gingen zu Fuß nach Hause, und da sie zu beschwipst war, um in Stöckelschuhen zu gehen, zog sie sie aus und spazierte barfuß durch die staubigen Straßen.

Sie war glücklich. Ich fühlte mich gut. Nicht in einem spießigen oder selbstgerechten Sinne. Es fühlte sich einfach gut an, das Richtige zu tun. Jemanden glücklich zu machen. Etwas zu tun, was die Bosheit der Welt um mich herum ein wenig ausglich.

Swerdlow rief mich in der Arbeit an. Wir trafen uns hin und wieder, gewöhnlich wenn ich der Stadt mal wieder den Rücken kehren musste.

»Morgen«, sagte er. »Wir fahren morgen.«

»Wohin?«

»Egal, wird dir guttun, mal wegzukommen.«

Ich verdaute diese Mitteilung und beschloss, dass Swerdlow wie üblich recht hatte. Ja, ich konnte einen Ortswechsel vertragen.

»Na gut. Wie lange sind wir weg?«

»Drei Tage. Sag deinen Kollegen, dass du morgen Grippe hast.«

Ich schnappte mir meine Jacke und ging. Vorher schaute ich noch kurz bei der kleinen Tanja hinein, um ihr mitzuteilen, ich hätte Migräne, und sie zu bitten, meine Termine für die nächsten drei Tage abzusagen. Ich reichte ihr eine handgeschriebene kurze Liste mit Daten und Nummern. Sie nahm sie schweigend entgegen und zog ein verächtliches und ungläubiges Gesicht.

Sonja saß in meiner Wohnung in T-Shirt und Schlüpfer still vor einem offenen Fenster, einen Becher Kaffee in beiden Händen. Ich sah, dass sie geweint hatte.

»Ich bin ein paar Tage weg«, sagte ich.

Sie nickte.

»Muss nachdenken.«

»Gut.«

Ich trat an den Sessel, in dem sie lümmelte, und umschlang sie von hinten. Sie fühlte sich immer so zerbrechlich an mit diesen dünnen Schultern, den zarten kleinen Knochen.

»Nicht über uns. Über mich muss ich nachdenken. Über Katja.«

»Über Katja? Was gibt's da nachzudenken? Katja, mit der ist die Welt Schlitten gefahren. Dima auch, aber im Prinzip die Welt. Diese Welt, in der wir leben. Und sie hat aufgegeben. Zwei Sachen lassen sich daraus lernen, nicht? Lass nicht mit dir Schlitten fahren. Und gib niemals auf.«

Die zarte, verletzliche Sonja hatte sich blitzartig wieder in ihre Schale verkrochen, wie ein empfindliches Meerestier beim ersten Anzeichen von Gefahr die Tentakel einzog. Sie schüttelte meine Umarmung ab, und ihr Blick war hart, als sie sich zu mir umdrehte.

»Aber vielleicht denkst du dir ja was Tolles aus, wie du die Welt verbessern kannst, was?«

Auf der Fahrt von Moskau Richtung Wladimir flimmerte die Hitze über der Pappelallee. Das Kühlwasser von Swerdlows altem Mercedes war übergekocht, und ich schlenderte eine Stunde lang über eine Wiese und pflückte blühende Gräser, während er in Hemdsärmeln unter der Motorhaube fluchte und werkelte. Dann ging es weiter, vorbei an Straßendörfern mit zerfallenden Holzhäusern und Eimern voll Tomaten und Gurken davor, die den durchkommenden Autofahrern zum Verkauf angeboten wurden. Babuschkas mit bedruckten Baumwollkopftüchern saßen auf Hockern am Straßenrand und beobachteten teilnahmslos den Verkehr.

»Hier wohnt also das Volk der Gottesträger«, bemerkte Swerdlow mehrmals trocken, wenn wir eine besonders elende oder windschiefe Bruchbude passierten. »Gottesträger« war die romantische Bezeichnung, die slawophile Philosophen des 19. Jahrhunderts der russischen Bauernschaft verliehen hatten; es war eines von Swerdlows liebsten Spottworten. Die russische Landschaft breitete sich vor uns aus: Wälder, dann Felder, dann Wälder, dann Felder. Für einen, der den kleinteiligen Flickenteppich der westeuropäischen Landschaft gewohnt war, waren dies vereinfachte, großräumige Verhältnisse: statt geschäftiger Vielfalt unendliche Weite und ruhige, hypnotische Rhythmen.

Wir trafen den Pilger in einem primitiven Verschlag am Straßenrand an, eine wilde Gestalt aus der Märchenwelt des mittelalterlichen Russland mit ihren Hexen und Heiligen.

Sein weißes Haar war verfilzt und ungekämmt, und er blickte so unverwandt und feurig wie der Christus Pantokrator auf vielen Ikonen. Gebete murmelnd saß er im Schneidersitz am Boden und fixierte uns durchdringend, als wir näher kamen, als forderte er uns auf, auf die Knie zu fallen und mit ihm zu beten. Er trug ein schwarzes Stirnband mit einem Aufdruck in goldener kirchenslawischer Schrift, und in der Hand hielt er einen abgegriffenen hölzernen Rosenkranz.

Als er nach einer Weile mit seinen Gebeten fertig war, erhob er sich mühsam, und ohne uns zu beachten, die wir am Straßenrand saßen und auf ihn warteten, drehte er sich zu einem Kinderwagen um, der den Unterbau seines Verschlags bildete. Nach längerem Kramen holte er etwas Graubrot und Viola-Schmelzkäse hervor und verzehrte beides schweigend, den Rücken zu uns gekehrt, den Blick auf den Birkenwald gerichtet.

Ich ging hin und setzte mich zu ihm, und wir kamen ins Gespräch. Er hieß Alexandr Kanischew, doch das sei nicht von Bedeutung, meinte er, er sei einfach der niedrigste Diener Gottes. Er machte gerade eine Wallfahrt vom Kloster Murom zur mittelalterlichen Kathedrale von Wladimir, und zwar rutschte er die hundertfünfzig Kilometer auf den Knien und schob dabei den Kinderwagen voller Ikonen vor sich her. Er hatte sich zwei Knieschützer aus Reifengummi gemacht, die er sich mit Bindfaden an die Beine band.

Er war offensichtlich ein *jurodiwy*, einer der heiligen Narren Russlands, die vom Volk gefürchtet und verehrt wurden, weil sie von Gott inspiriert waren und nicht dem Verstand, sondern einem höheren Bewusstsein folgten. An seinem Weg

wohnende Menschen gaben ihm zu essen, einige Priester jedoch verweigerten ihm die Kommunion und wetterten in
ihren Predigten gegen diesen verrückten freien Mann, der
ganz allein seinem Glauben lebte.

»Soll ich dir ein Geheimnis verraten?«, fragte Kanischew
nach einer Weile. »Der Glatzkopf da im Mausoleum.« Lenin.
»Nachts steht er auf und geht umher und macht Pläne, wie er
die Gläubigen ausrotten kann. Er weiß alles. Er hat ein Telefon.«

Ich nickte auf diese Mitteilung hin und wusste nicht so
recht, was ich dazu sagen sollte.

Swerdlow gesellte sich zu uns, und zu meinem Erstaunen
begrüßte er den heiligen Narren mit einer ehrerbietigen Verbeugung.

»Gott ist mein Zeuge«, sagte Swerdlow ohne jede Ironie.
»Sie müssen den Glatzkopf im Mausoleum bald mal in die
Erde legen, damit ihn endlich der Teufel holen kann.«

Kanischew brummte zustimmend. »Ein Mann, der Bescheid weiß, der da«, sagte er wie zu sich selbst. »Der junge
weiß nicht so viel. Nein. Das ist ein Stolzer. Hmm?«

Der Pilger drehte sich abrupt zu mir um und fasste mich
am Kinn. Sein Griff war erstaunlich stark, und ich zuckte
unwillkürlich zurück.

»Tische, tische«, sagte er, als spräche er zu einem scheuen
Tier. »Nur die Ruhe.«

Er drehte mein Gesicht erst in die eine, dann in die andere
Richtung und starrte mir eindringlich in die Augen. Seine
Finger waren hart und schmutzig und rochen nach Erde und
Schimmel.

»*Oi joi joi*«, sagte er, nachdem er mein Gesicht eine Weile studiert hatte. »Der Herr erbarme sich unser.«

Er ließ mich los, bekreuzigte sich dreimal rasch und lehnte sich wieder gemütlich an seine Birke zurück.

»Na, was hast du uns zu sagen, weiser alter Starez?« Swerdlow legte zwei Ecken von dem scheußlichen Viola-Schmelzkäse, den er extra noch gekauft hatte, als eine Art Tribut neben Kanischew nieder, dazu eine rohe Zwiebel und einen halben Laib hartes Schwarzbrot. Der Beschenkte packte den Käse aus, segnete ihn, beschnupperte ihn und vertilgte ihn auf einen Haps. Er segnete auch das Brot und riss drei Stücke ab, eins für sich und zwei für uns, die er uns würdevoll reichte. Er blieb noch ein Weilchen sitzen, als hätte er vergessen, dass wir da waren, und lauschte dem Rauschen der Bäume hinter ihm und dem gelegentlichen Brummen vorbeifahrender Autos.

»Der da.«

Er deutete auf mich, sprach aber mit Swerdlow.

»Mit dem hat Gott etwas vor. O ja. Er ist stolz und jung, und er weiß es noch nicht. Aber Gott weiß es.«

»Und was hat er mit dem da vor, Starez?«

Kanischew verfiel zur Antwort in ein feierliches kirchenslawisches Psalmodieren, das einer, der heutiges Russisch spricht, kaum verstehen kann. Er zitierte die Bibel. Ich schlug später nach: Es war eine Stelle aus Hesekiel.

»Siehe, ich will meine Hand ausstrecken gegen die Philister und will bittere Rache an ihnen üben und sie mit Grimm strafen, dass sie erfahren sollen, dass ich der HERR bin, wenn ich Vergeltung an ihnen übe.«

Ich blickte Swerdlow fragend an, doch er gab mir mit einem Zeichen zu verstehen, er werde es mir später erklären.

»Ja, junger Mann«, sprach Kanischew mich jetzt direkt an, und seine Augen brannten mit der ganzen Glut irrsinniger Überzeugtheit. »Gott hat dich zum Werkzeug seiner Rache ausersehen. Blut schreit von der Erde danach. Und du sollst Gottes Hand sein. Ich sehe es.«

Auf der anderen Straßenseite hielt ein Bus in einer Staub- und Abgaswolke an, und als er abfuhr, blieb eine schwarz gekleidete ältere Frau an der Haltestelle zurück. Mit zwei großen vietnamesischen Einkaufstaschen beladen trottete sie über die Straße, dann sank sie vor Kanischew zu Boden und rutschte auf den Knien auf ihn zu, wobei sie sich immer wieder energisch bekreuzigte. Er hob beiläufig eine Hand zum Segen, in der andern das Käsebrot. Die Frau fing an, Brot, Tomaten, Fischkonserven und Äpfel auszupacken und in den Kinderwagen zu laden.

Als Nächstes holte sie aus der anderen Tasche einen Haufen Krimskrams und plapperte dabei hastig und wiederholungsreich mit starkem ländlichem Akzent vor sich hin. »Und der hier ist von dem Heiligen gesegnet worden, und seitdem hilft er meiner Mutter gegen die Schmerzen«, murmelte sie und legte einen in Tuch eingeschlagenen Stein ins Gras.

Kanischew machte sich fertig, seine Pilgerfahrt fortzusetzen, und verstaute dazu die Plastikplane seines Zelts ordentlich im Kinderwagen und schnürte sich die Knieschützer an.

»Hütet euch«, sagte er zu Swerdlow und mir, während er

sich bekreuzigte. »Hütet euch vor den Dämonen der Versuchung, denn sie hungern nach jungen Seelen.«

Dann krabbelte er los, einen Stock in der einen Hand und mit der anderen den Kinderwagen auf dem Grünstreifen schiebend. Seine Jüngerin folgte ihm, ebenfalls auf den Knien, in ehrfürchtigem Abstand.

Nach einer langen Zeit des ohnmächtigen Anklammerns an die Macht legte Jelzin in der Endphase des Wahlkampfs eine Energie an den Tag wie seit Jahren nicht mehr. Gerüchten zufolge hatte er seinen neu gewonnenen Schwung unter anderem Kortisonspritzen zu verdanken, die ihm sein Ärzteteam verabreichte.

Mit einem Mal war er überall: bei einem Jugendkonzert in Ufa, wo er ohne Jackett ausgelassen auf der Bühne tanzte, in Wologda, wo er Schweinemastanlagen besichtigte, mit schwarzgesichtigen Bergleuten in Kemerowo, denen er grinsend die Hand schüttelte.

Am Abend des ersten Wahlgangs überschlugen sich im berstend vollen John Bull Pub die Gerüchte. Pound hatte sich gegen seine Gewohnheit gnädig zu uns gesellt, weshalb Hastings und ich uns manierlicher aufführen mussten als sonst. Bernstein und Popow machten Überstunden, Popow, weil er über den Köpfen seiner Mietschreiberlinge die Peitsche schwingen musste, Bernstein, weil er Berichte für ein neumodisches Dingsbums schrieb, das sich als »Site« im »World Wide Web« bezeichnete. Hastings erklärte kategorisch, daraus würde nie etwas werden.

Die ersten Ergebnisse trudelten ein, und die Landkarte in

der Wahlsondersendung zeigte, dass der Ferne Osten, Sibirien und der Ural an die Kommunisten fielen. Junge Gesichter leuchteten vor pubertärer Schadenfreude auf, ältere wie Pounds trübten sich sorgenvoll. Wir hingen bis in die frühen Morgenstunden an der Theke, stichelten uns gegenseitig und tranken Bier. Pound hätte sich seine Sorgen sparen können. Gegen ein Uhr nachts drehte die Wählergunst langsam, und als die Auszählungen aus dem europäischen Russland eintrafen, machten sich auf der Karte Flecken mit Jelzin-Blau breit. Als ich kurz vor Tagesanbruch zu Bett ging, lullte mich das leise Murmeln des russischen Dienstes der BBC mit der Meldung in den Schlaf, dass Jelzin vorn lag. Er musste gute zwei Wochen später noch einen zweiten Wahlgang bestehen, aber er war jetzt auf der Zielgeraden.

Bernstein und Popow mussten erst die Strapazen der Wahlnacht ausschlafen, bevor sie am folgenden Tag auftauchten. Mit triumphierend gereckten Fäusten kam Popow ins Starlite Diner.

»Ja! Ja! Vielen Dank – keine Ovationen bitte, Autogramme später.«

Hastings und ich tranken ungerührt unsere Milchshakes weiter.

»Gute Arbeit, Mann!« Bernstein war direkt hinter ihm und versetzte Popow einen mächtigen Schlag auf den Rücken, während er seine Tasche voller Zeitungen und Zeitschriften unter den Tisch pfefferte. »Saugute Arbeit. Was bin ich froh, dass diese Woche die russische Demokratie gesiegt hat. Tschetschenien hat mit großer Mehrheit für Jelzin gestimmt, hab ich gehört.«

»Leck mich am Arsch, Mensch«, sagte Popow und rutschte auf den glänzenden Kunststoffsitz. »Wärst du glücklicher, wenn die Kommis gewonnen hätten?«

»Fast eine Million Stimmen in Tschetschenien, heißt es. Das ist in vieler Hinsicht erstaunlich — weil, wow, ich glaube, den Schätzungen nach gibt es in Tschetschenien nur noch eine halbe Million Wähler! Und drei Viertel der Stimmen waren für Jelzin, den Mann, der ihre Republik zu Klump gehauen hat. So ein Ergebnis hätte ich nie im Leben vorhersagen können. Da sieht man mal, wie wenig man von Politik versteht, stimmt's, Popow?«

»Leck mich kreuzweise. Du kannst dir deinen Sarkasmus in den Arsch schieben. Bestellen wir lieber. Ich habe die ganze Nacht durchgearbeitet. Kann ich bitte ein Schinken-Käse-Sandwich und ein großes Tuborg haben, Schätzchen?«

Nach dem Essen begleitete ich Bernstein zurück in sein Büro. Die Straßen waren ungewöhnlich leer, denn die Moskauer nutzten das lange Wahlwochenende zur Fahrt in ihre Schrebergärten — und das, obwohl auf höhere Weisung in der Wahlnacht im Fernsehen die letzte Folge der beliebten mexikanischen Seifenoper *Auch die Reichen weinen* laufen sollte, damit die Leute in der Stadt blieben.

»George, ich muss dich was fragen. Meinst du, Menschen können sich verändern?«

Er ging langsamer und sah mich ironisch an.

»Sind wir hier bei Oprah oder was? Was soll das heißen: Können Menschen sich verändern?«

»Was ich gesagt habe. Meinst du, schlechte Menschen können aufhören, schlecht zu sein? Oder gute Menschen können schlecht werden?«

Er dachte einen Moment darüber nach. Ich weiß nicht, was für eine Antwort ich erwartete. Aber neben Swerdlow war Bernstein wahrscheinlich der älteste Mensch in meiner Bekanntschaft. Wahrscheinlich glaubte ich, mit der Weisheit seiner fünfundvierzig Jahre könnte er die moralische Provokation, die Dima Malachow für mich darstellte, ein wenig erhellen.

»Keine Ahnung, Mann. Ich war früher ein guter Mensch. Auf die amerikanische Art. Du weißt schon, keine fröhlichen und sorglosen jungen Frauen angemacht. Mich nicht jeden Abend betrunken und in der Disco nicht mit Teenagern getanzt. Ich habe ein braves Leben geführt – aber ein Leben ohne Würde. Ein kleines Leben. Und dann bin ich hierhergekommen, und jetzt sieh mich an!«

Er blieb stehen, breitete die Arme aus und schob die Brust vor.

»Jetzt bin ich ein Scheißkerl! Mit andern Worten, klar können Menschen sich verändern. Tut ihnen meistens gut.«

Ich beschloss, Malachow eine letzte Chance zu geben, bevor – bevor was, konnte ich im Augenblick nicht sagen. Aber wenn sonst nirgends, vor dem Gericht von Roman Lambert hatte der Mann sich ohne Frage zu verantworten.

Seine Sekretärin schickte mir weiter seine nichtssagenden Einladungen; sie war offensichtlich nicht darüber informiert, dass Malachow und ich uns zerstritten hatten. Deshalb stand ich auch auf der Gästeliste, als im Club XIII, neu eröffnet in der Mjasnizkajastraße, die große Party »Mittsommer-Wahnsinn – Schneewittchen und die sieben Zwerge, präsentiert von Malibu Tropic« veranstaltet wurde. Nur Malachows krankes Hirn konnte auf eine Verbindung zwischen Sonnencreme und Schneewittchen kommen. Aber Malachow hatte ganz offenbar Powell dazu bewegen können, Geld für eine Klubnacht dort lockerzumachen.

Sonja und ich hielten an der Tür unsere gefaxte Einladung hoch und quetschten uns an der langen Schlange der Wartenden vorbei.

Die Szenerie war imposant. Der Club XIII befand sich in einer großen, baufälligen vorrevolutionären Villa, die grün und rot angestrahlt war und von der lauten Musik regelrecht bebte. Zwerge in Kostümen nach dem Vorbild des Disney-Films standen auf der Treppe, aber sie hatten kleine Peitschen und schlugen damit den hinaufgehenden Gästen auf den Hintern. Ganz oben wand sich ein als Schneewittchen zurechtgemachtes Mädchen in einem riesigen Vogelkäfig, doch ihr Kostüm war rückenfrei, sodass sie bis auf einen Lederriemen als Kragen hinten nackt war.

Die lange Flucht der zur Mjasnizkajastraße liegenden Säle war gedrängt voll mit Besuchern. In einer Ecke stand Malachow, umgeben von einer Mädchentraube. Er hatte für den Abend sein Erscheinungsbild geändert. Anstelle des gewohnten ausgebeulten Anzugs trug er eine zitronengelbe Radlerweste, hängende Rapperjeans und klobige Stiefel von BOY London.

Er erspähte erst nur Sonja und begrüßte sie mit einer Umarmung. Dann sah er mich, und sein Blick wurde hart.

»Schön, dich zu sehen, Sonja!«, schrie er laut genug über die Musik hinweg, dass ich es hören konnte. »Bleib ein bisschen bei mir.«

Er legte ihr den Arm um den Hals und zog sie näher heran.

»Aber der muss verschwinden.« Er nickte zwei Wachmännern im schwarzen Anzug zu, die an der Bar standen.

»Na klar, netter Witz, Dima«, sagte ich. »Zum Totlachen. Lass sie los. Ich muss mit dir reden.«

Einer der Gorillas legte mir die Hand auf den Arm, und ich wischte sie weg.

»Verpiss dich. Siehst du nicht, dass ich mit dem Arsch hier rede?«

Dann geschah alles sehr schnell.

Ich wurde in Windeseile rückwärts durch den überfüllten Raum geschleift, sodass ich gestürzt wäre, wenn mich nicht zwei Paar kräftige Hände an Kragen und Ärmeln gehalten hätten. Obwohl ich fluchte und protestierte, wurde ich ohne eine Chance auf Gegenwehr an den Zwergen vorbei die Treppe hinunterbefördert. Nach wenigen Sekunden stand ich draußen vor der Tür und bombardierte die abziehenden schwarzen Rücken der Gorillas, die mich rausgeschmissen hatten, mit sämtlichen russischen Schimpfwörtern, die ich kannte. Andere, untergeordnete Wachleute in Tarnkleidung packten mich und schoben mich weiter, bis ich zwischen den kaukasischen Taxifahrern auf der Straße stand, fassungslos keuchend und knallrot im Gesicht vor Zorn über die Demütigung.

Mit wütenden Schritten stampfte ich durch die menschenleeren Seitenstraßen nach Hause. Vor der Tür meiner Wohnung saß Sonja schon auf der Treppe, und die Glut ihrer Zigarette beschien ihre blonden Stirnfransen.

»Ich … der … dieses Arschloch«, stammelte ich, doch Sonja erhob sich rasch und schloss mir den Mund mit der Hand.

»Ist doch egal.«

Wir gingen zusammen hinein, und sie füllte schweigend einen Wasserkessel, während ich mich im Bad aus meinen Sachen pellte.

Hielt sie jetzt weniger von mir, weil ich mich nicht gegen Malachow gewehrt hatte? Ließ sich ein richtiger Mann auf so eine Art vor die Tür setzen? Hatte sie protestiert? Hatte sie gelacht? Hatte Malachow gelacht?

Was war nach meinem Rausschmiss aus dem Klub geschehen? Die möglichen Szenarien brachen wie Wellen über mein lädiertes Ego herein. Vielleicht war es Sonja ja gar nicht unrecht gewesen? Ich starrte mein Abbild im Spiegel an. Rote Augen, sonnenverbrannte Haut, zerzauste Haare. Ziemlich anders als das Gesicht, das mich noch vor sechs Monaten aus dem Spiegel angeschaut hatte.

Älter. Hagerer. Aber auch härter, entschlossener, schroffer.

»Ich werde den Hurensohn umbringen!«, rief ich Sonja zu.

Sie kam ins Bad geschlapft und schlang tröstend die Arme um mich. Sie redete mit mir wie mit einem zornigen Kind. »Gewiss wirst du das, Liebes. Ganz sicher.«

Wann genau der Gedanke, Malachow umzubringen, von wütender Drohgebärde in kalkulierten Plan umschlug, ist schwer zu sagen. Aber eines weiß ich: Ich handelte nicht aus

Zorn, und ich handelte nicht aus Eifersucht. Ich tat es nicht aus Geldgier oder Rachsucht. Es war keine Affekthandlung, kein Verbrechen aus Leidenschaft, ja zu dem Zeitpunkt kam es mir gar nicht wie ein Verbrechen vor. Und ganz gewiss hatte es nichts mit dem verrückten Gegeifer des *jurodiwy* auf der Straße nach Wladimir zu tun.

Wollte ich es mit einem einzigen Wort benennen, so würde ich sagen, dass ich ihn aus Abscheu tötete. Aber das hört sich so an, als hätte ich aus einem hochmoralischen Motiv heraus gehandelt. Das habe ich nicht. Mein Antrieb war nicht richtig ehrbar, aber er war auch nicht das Gegenteil. In dieser Welt der Korruption, der Gier und der Dekadenz konnte ich mich nicht zu den Guten zählen, aber genauso wenig zu den Bösen. Vielleicht bewegte mich Eitelkeit und ganz bestimmt Stolz. Aber ich wollte zum ersten Mal in meinem sinnlosen Leben ehrlich das Richtige tun.

Wobei das nicht ganz stimmt.

Ich habe gesagt, ich hätte nicht aus Zorn gehandelt. Doch die Idee kam mir im Zorn, einem kurzen, alles verwandelnden Moment des Hasses, und damit fing es an. Die heiße, heftige Wut, die mich durchzuckte, als wir vor dem Krematorium miteinander sprachen, und dann wieder, nachdem er mich im Club XIII vor die Tür gesetzt hatte, verging recht bald. Aber ihr kaltes Destillat blieb zurück, und wenn ich an ihn dachte, hatte ich stets ihren bitteren, metallischen Geschmack im Mund. Da hasste ich ihn längst. Malachow hatte mir nichts getan, er hatte mich nur ein bisschen gedemütigt, mich ein bisschen beleidigt, mir provokativ zu verstehen gegeben, er werde meine Freundin ficken. Kaum als Schwerverbrechen zu bezeichnen, aber ausreichend, um einen kleinen schwarzen Hasskern zu bilden, um den herum sich die weißen Schichten der Vernunftgründe zur schönen, dicken Perle des Mords anlagerten.

Es fiel mir denkbar leicht, die Tat zu rationalisieren.

Es lag klar auf der Hand, wie Smith scherzhaft bemerkt hatte, dass es eher zum Nutzen der Welt wäre, wenn dieser widerliche Dmitri Malachow aus ihr verschwand. Ganz gewiss wäre es zum Nutzen Moskaus. Es wäre zum Nutzen vieler Menschen, von der alten Dienstmagd, die Malachows Treppe putzte, bis zu den Dutzenden von Frauen, in deren Leben er noch nicht getreten war und deren Träume er ausbeuten und zerstören würde. Ich würde Sonja und Katja rächen. Ich würde einen schlechten Menschen beseitigen, den niemand sonst in dieser korrupten Stadt zu bestrafen gedachte.

Dass ich damit etwas Gutes tun würde, hielt ich für ausgemacht. Was mich mehr bewegte und meinen Verstand beschäftigte wie ein besonders kniffliges Sudoku, war die Frage der tatsächlichen Ausführung. Vielleicht habe ich ja ein ungewöhnlich praktisch denkendes Gehirn, das sich gern in solchen handfesten Vorstellungen ergeht. Mit diesem Seil da und diesen Brettern sollen diese Männer mir einen Steg über diesen Graben bauen. Auf jeden Fall brachte ich Stunden damit zu, mir die Einzelheiten auszumalen wie ein Schriftsteller, der an einer Romanhandlung feilt. Noch reizvoller wurden die Gedankenspiele durch das deutliche Gefühl, dass die kleine und erregende Chance bestand, den Plan wirklich in die Tat umzusetzen. Es war durchaus zu machen.

Letzten Endes war die praktische Lösung, auf die ich verfiel, so simpel wie die moralische Rechnung, die ich aufmachte. Das Wesentliche am Mord, befand ich, war Einfachheit. Von den lachhaft inkompetenten Beamten der Moskauer Polizei hatte ich wenig zu befürchten, das wusste ich. Die Antwort auf die Frage, wie man den perfekten Mord beging, lautete daher: Misch dich unter die Menge. Unterscheide dich nicht von den vielen anderen Mördern dort draußen: den ausrastenden Ehemännern, den Totschlägern von Suffkumpanen und den psychotischen Mädchenstechern. Geh einfach vor. Geh brutal vor.

Als ich einige Tage nach dem Vorfall im Club XIII an einem Stand auf dem Flohmarkt in Ismailowo das Hackbeil sah, musste ich beinahe lachen, so passend erschien es mir. Es war regelrecht antik, ein fürchterlich schweres und barbarisches Stück Schmiedeeisen, so roh und brutal wie die russische Geschichte. Ich wog es in der Hand, wobei ich natürlich nicht vergaß, mir vorher den Hemdsärmel über die Hand zu ziehen, damit ich keine Fingerabdrücke hinterließ, wie ein guter Mörder. Seine Massivität befriedigte mich ungemein. Ich kaufte es ohne Feilschen und knurrte bei dem Handel nur in meinem besten kehligen Straßenrussisch »Wie viel?« und »Danke«. Für den Verkäufer war ich ein korpulenter jüngerer Mann mit Sonnenbrille und Jeans, nicht einmal ein Ausländer, einer von Dutzenden, die jeden Tag vor seinem Stand erschienen und wieder aus seinem Bewusstsein verschwanden. Anonym.

In dem Migrantenbabel des nahe gelegenen Tscherkisowoer Marktes besorgte ich mir Militärjacke und -hose aus Lager-

beständen der russischen Streitkräfte in den üblichen Tarn-
farben, dazu Nylonhandschuhe, eine schwarze Baseballmütze
und billige Turnschuhe. Es war die Uniform einer Million
armer und namenloser Gastarbeiter in der Stadt.

Als das erledigt war, spielte ich meine Starrolle in dem
Thriller weiter, den ich im Kopf ausarbeitete: Der Mörder hat
Montur und Mordwerkzeug in gestreifte Plastiktaschen ver-
staut, jetzt nimmt er ein Taxi und fährt nach Hause zum Tee.

Wenn ich im Ernst gedacht hätte, ich würde es tun, wirklich tun, wäre ich vor Entsetzen zerbröselt. Noch während ich
meine Einkäufe im Flur in eine Ecke warf, lachte ich über die
Vorstellung. Und dennoch, das Wissen, dass ich wenigstens
mit allem Nötigen ausgestattet und bereit war, verschaffte mir
Befriedigung. Mit neu gewonnener Selbstsicherheit schritt ich
von da an durch die Straßen und lächelte still vor mich hin.
Ich schwamm unbemerkt durch die Menschenströme, ein Hai
inmitten von Elritzenschwärmen, den niemand erkannte.

11

Der Mord

»Ihr Herren, bildet euch nur da nichts ein:
Der Mensch lebt nur von Missetat allein!«
Bertolt Brecht, *Die Dreigroschenoper*

Am folgenden Sonntagmorgen verließ Sonja meine Wohnung, ehe ich wach war. Sie hinterließ mir einen Zettel, auf dem stand, sie müsse zu einem Bewerbungsgespräch für eine Stelle, unterzeichnet mit einem großen Smiley. Ein Bewerbungsgespräch am Wochenende? Ein Verdacht flackerte kurz in mir auf, doch ich ließ ihn auf sich beruhen, zog ihn mir aus dem Gehirn wie einen Splitter und warf ihn weg.

Sonjas Leben gehörte Sonja, und ich wollte nicht, dass es mir gehörte. Oder doch? Auch diesen Gedanken schob ich behutsam beiseite. Ich sann darüber nach, wie ungewohnt diszipliniert ich auf einmal die vor mir liegende Aufgabe ins Visier nahm. Wie ein Marathonläufer vielleicht, der alle unnötigen Informationen ausschaltet und sich allein auf die Straße vor ihm konzentriert, auf das Hämmern des Blutes in den Ohren, auf die Ziellinie, die ihm winkt.

Ich beschloss, gar nicht erst aus dem Bett aufzustehen. Die Geräusche der Stadt wehten zum offenen Fenster herein. Ein fernes Radio, lärmend im Hof spielende Kinder, das wiederholte Aufheulen eines Motors, den ein Hobbymechaniker reparierte. Ich legte eine Platte von Fatboy Slim auf, holte die

Reste eines selbst gekochten Hühnercurrys aus dem Kühlschrank und löffelte es im Bett. Ich griff mir *Jagd auf Roter
Oktober* von Tom Clancy und las darin, während der Tag langsam dahintröpfelte. Am Nachmittag rief Sonja an und schlug
vor, am Abend ins Kino zu gehen. Ich erzählte ihr, ich hätte
Kopfschmerzen und könne sie nicht sehen. Nein, ich wolle
nicht, dass sie vorbeikam und mir eine Suppe kochte. Nein,
ich sei nicht verstimmt wegen des gestrigen Abends. Nein,
wirklich, ich sei ihr nicht böse.

»Du klingst komisch«, sagte sie.

»Nein«, erwiderte ich energischer als beabsichtigt. »Klinge
ich nicht. Alles ist ganz normal. Tschüs, Sonja.«

Am frühen Abend zog ich meine Jeans an und ging spazieren. Statt wie üblich den Weg durch die historischen Seitenstraßen zum Boulevard und weiter Richtung Innenstadt einzu-
schlagen, ging ich auf dem Gartenring zum Kursker Bahnhof.
Die Bahnhofsgegend war die schmutzige Schattenseite der
Stadt, graue Betonbauten, bewohnt vom menschlichen Aus-
schuss Moskaus. Auf herumliegenden Melonenschalen hock-
ten ganze Fliegenschwärme, und im harten Mittsommerlicht
trieb feiner Staub. Ich blieb stehen, um die Rostflecken auf
dem Marmor der Metro zu betrachten, den Müll überall, das
Gewimmel der Menschen, die teils schleppend, teils hastig
die Bahnhofshalle durchquerten.

Tagsüber drängten sich berufstätige Pendler in der Halle
und eilten zu ihren Vorstadtzügen. Doch wenn es Abend
wurde und der Ansturm der aus ihren Datschen zurückkeh-
renden Menschen nachließ, trauten sich vorsichtig die nächtlichen Bewohner des Bahnhofs hervor und nahmen ihr Revier

in Besitz. Ein Häuflein jugendlicher Taschendiebe umlagerte eine Bank, die die jungen Kavaliere, auf asiatische Art in der Hocke sitzend, den Mädchen überließen.

Auf den Bahnsteigen tranken Stadtstreicher in kleinen Gruppen ihren billigen Fusel, schwankten von einem Fuß auf den anderen wie Zombies in *Die Nacht der lebenden Toten* und besabberten und erbrachen sich, schimpften und kuschten. Ich kaufte mir ein Bier und ein halbes Hähnchen. Ein junges Mädchen, wahrscheinlich nicht älter als fünfzehn, stand am Kiosk, die Haare mit einer Plastikspange hochgesteckt und das junge Gesicht schon aufgequollen von Alkohol und Schlägen. Ich kaufte ein Bier für sie mit und drückte es ihr in die Hand. Mit scharfem, argwöhnischem Blick sah sie zu mir auf, schloss dann aber die Hand um die Flasche und ging eilig davon.

Heimgekehrt setzte ich mich im Dunkeln an den Schreibtisch und sah zu, wie die Sonne im Westen erlosch. Die schmutziggelben Straßenlaternen, die flackernd angingen, beleuchteten die Straßen der sich schlafen legenden Stadt und ließen die Dächer in der Nacht verschwinden. Ich fühlte, wie die Welt ringsherum sich drehte, die Verhältnisse sich überschnitten, die Planeten sich konstellierten. Und als ich an Malachow dachte, sah ich einen schwarzen Fleck wie einen Bluterguss, und mein Blut kam in Wallung.

Whisky trinkend ging ich in der Wohnung auf und ab und brütete über meinen Plan nach. Spät in der Nacht schließlich kam mir die Gewissheit, dass es irgendwo tief in mir drin eine kleine, dunkle Ader zielgerichteten Wollens gab, die ich anzapfen konnte, um diesen Mann zu töten. Die Erkenntnis war eigentümlich erhebend, so als hätte ich mich geprüft und mich seltsam verwandelt gefunden, gehärtet im kalten Feuer Moskaus. Vertrieben aus meinem alten Ich durch eine berauschende Mischung von Schnaps und Heldenfantasien. Wiedergeboren als grimmiger Rächer.

Ich zog die Sachen an, die ich auf dem Tscherkisowoer Markt gekauft hatte, tat Handschuhe und Hackbeil in einen Plastikbeutel und trat in die warme Nacht hinaus.

Auf dem Weg zu Malachows Mietwohnung in der Twerskaja fühlte ich keine Furcht, sondern eine euphorische Schwerelosigkeit. Ich drückte seine Klingel mit einer präzisen Bewegung, mit genau dem richtigen Druck, und stellte mich sehr aufrecht und breit vor seine Haustür. Selbst als Malachow verschlafen die Tür aufmachte und mich mit einem fatalistischen Grunzen zur Kenntnis nahm, blieb ich zu meiner eigenen Überraschung innerlich ruhig. Eine wunderbare Klarheit erfüllte mich, und mich durchlief ein geradezu freudiger Schauder. Ich war nur ein Werkzeug, dazu ausersehen, den Zorn Dutzender unschuldiger Opfer zu kanalisieren. Jetzt hatte Malachow sein Leben selbst in der Hand. Was er in den nächsten Minuten sagte und tat, entschied darüber, ob er am Leben blieb oder starb. Vielleicht gab er mir Anlass, ihn zu töten; vielleicht nicht. Es lag nicht mehr an mir.

»Roman! Was zum Geier willst du hier? Bist du betrunken oder was? Komm rein.« In einem T-Shirt mit der Aufschrift SAVE ME BABY JESUS und gestreiften Boxershorts schlurfte Malachow durch den Hausflur davon und überließ es mir, die Tür hinter mir zuzumachen. »Wie bist du über-

haupt angezogen? Du siehst aus wie ein beschissener tadschi-
kischer Straßenfeger.«

Aus dem Bad hörte ich Wasser laufen, dann gieriges
Schlürfen.

»Bist du allein?«, fragte ich. Meine Stimme, hohl und
gepresst, schien aus weiter Ferne zu kommen.

»Gott sei Dank, ja. Eine Nacht muss ich mal meine Ruhe
haben vor den ganzen Weibern und ihren Problemen. Und
dann kommst du mit deinen scheiß Problemen an. Du willst
also über Katja reden?«

Ich gab keine Antwort, sondern lehnte mich an die Wand
vor der Badezimmertür und atmete langsam und tief, den
Kopf in den Nacken gelegt, den Mund zu einem vollkommenen O geformt. Ach, Dima, dachte ich, mach es mir leicht. Es
plätscherte, als er zu pissen begann.

»Ich erzähl dir mal was über Katja«, fuhr er fort. »Ich hab
schon viele Katjas gekannt. Aber *die* Katja war anders. Und
weißt du, warum? Sie war dümmer. Ein Vollidiot. Jawohl,
sie war dümmer, und sie ist an ihrer Dummheit gestorben.
Und weißt du, wem ich die Schuld gebe? Deiner Sonja und
ihrer Clique. Die sind schuld daran, denn wenn ihre sogenannten Freundinnen es nicht für nötig hielten, der armen, kleinen, kaputten Katja zu sagen, WIE DER LADEN LÄUFT, dann
weiß ich nicht, was das für Freundinnen waren.«

Ich hörte die Toilettenspülung, dann wieder das Wasser
laufen. Langsam und ruhig zog ich meine Arbeitshandschuhe
aus gummiertem Nylon an.

»Sie war sauer wegen dieser Malibu-Tropic-Sache, stimmt's?
Aber das lag nicht an mir. Na gut, kann sein, dass ich ihr sagte,

sie würde gewinnen. Aber die Knete kam von Borodin, und er war für das andere Mädchen, also hey, was kann ich daran ändern? Oder – Moment mal, meinst du, sie wäre, was weiß ich, verliebt gewesen? Verliebt in mich? Aber Sonja und die andern Mädels hätten ihr sagen müssen, dass das so nicht läuft bei mir. Du kannst deinen Arsch drauf wetten, dass ich ihr klipp und klar gesagt habe, wie die Sache läuft. Ich bin vielleicht ein Scheißkerl, aber ich tue nicht so, als ob ich sie lieben würde. Wie du.«

Malachow kam aus der Toilette, und wir standen uns im Korridor Auge in Auge gegenüber. Ich atmete seinen säuerlichen Atem ein. Er wirkte älter in dieser Nacht und müde.

»Also komm hier nicht an und geh mir auf den Sack mit deinem sentimentalen Scheißdreck. Wir leben hier im Dschungel, kapiert? Mir wird auch niemand helfen. Niemand wird für mich eintreten. Du ganz bestimmt nicht. Du trittst nicht für mich ein. Du findest mich nur unterhaltsam, mehr nicht. Du bist nur ein Tourist. Für dich ist das alles bloß ein unterhaltsamer Besuch im Zoo, aber weißt du was, wir sitzen in den Käfigen, und wir müssen essen, Mann. Auch Sonja. Was meinst du, warum sie mit dir zusammen ist, du Schlauberger? Weil sie so auf deinen dicken Schwanz abfährt? Hm-hm. Weil du ein Flugticket bist, du bist ein Reisepass, du bist eine Wohnung und ein Auto. Guck nicht so scheiß geschockt.«

Malachow wandte sich ab und ging ins Wohnzimmer, wo ein Fernseher flackerte.

»Apropos, sie hat sich noch gar nicht ordentlich bei mir bedankt dafür, dass ich sie an dich abgetreten habe. Darauf trinken wir.«

Er drehte sich mit einem gemeinen Feixen zu mir um, aber ich kam schon geflogen wie von der Sehne geschnellt, mitgerissen vom Schwung meiner eigenen Bewegung. Die zwei Kilo Eisen in meiner Rechten zogen durch den Arm am Bizeps und beschrieben einen hohen, perfekten Bogen. Mein Körper schoss vor, ein Schritt, zwei Schritte, und schraubte sich mit aller Kraft und Präzision in den tödlichen Schlag. Noch während sich Malachow drehte, traf das Beil direkt über dem linken Auge an seinem Schädel auf, und es gab ein hohles Tock, als schlüge ein Hammer auf eine Kokosnuss.

»Wuoh«, sagte er und fiel schwer auf die Knie, und im selben Moment, als sich das Blut über die bekannten Gesichtszüge ergoss, gehörte er schon einer anderen Wirklichkeit an. Abermals schwang ich das Beil und tauchte dabei noch tiefer in die schwarze Ader des Tötungswillens ein, genoss ihre Kraft. Dumpf knirschend grub sich die Schneide tief ins Weiche. Malachows Kopf flog nach hinten und riss mir mit einem Ruck den Griff aus der Hand. Er sackte seitlich zu Boden, und sein Gehirn quoll dick über das Wohnzimmerparkett wie Eis aus einer weggeworfenen Tüte.

»Siehst du?«, sagte ich sinnlos, als erwartete ich eine Antwort. »Na, siehst du? Verstehst du jetzt? Kapierst du's? Kapierst du, was ich von dir will, du Wichser?«

Ein Adrenalinschwall überspülte mich, wie ich ihn so stark und euphorisch noch nie erlebt hatte. Ich trat über die Leiche, und rhythmisch die Fäuste öffnend und schließend ging ich im Zimmer umher. Die Blutlache, nahezu schwarz auf dem hellen Holz des Parketts, breitete sich langsam aus. Malachows Oberkörper sank langsam nieder, als ob ihm die Luft abgelassen würde. Eine Hand, die in einem unnatürlichen Winkel in den Flur ragte, zuckte noch einmal, zitterte leicht und lag dann still.

Ich zwang mich, mit dem Umhergehen aufzuhören und langsam zu atmen. Malachow hatte seine Hose achtlos über die Sofalehne geworfen, und ich zog seine Brieftasche heraus. Ein paar Hundert Dollar in bar, ein Stoß Visitenkarten und Mitgliedskarten in Klubs und Kasinos. Ich steckte das Geld ein und verstreute die Karten auf dem Boden. Ich nahm meinen Plastikbeutel, und mit einem letzten Blick auf den Toten, den ich jetzt auf dem Gewissen hatte, zog ich die Wohnungstür hinter mir zu.

Als die leichte Stahltür von Malachows Mietshaus hinter mir ins Schloss fiel, trat ich in eine andere Welt hinaus. Die nächtlichen Lichter auf der Twerskaja waren schmerzhaft hell und die kühle Nachtluft beinahe unerträglich feucht und frisch von den Sprenglastern, die die Bürgersteige bewässerten.

Ich atmete den metallischen Abgasgeruch der Autos und die süßen Dünste verrottender Abfälle in einer nahen Mülltonne ein. Die neue Mütze tief in die Stirn gezogen, eilte ich über den leeren Hof und in den hohen Durchgang zum Nachbarhof. Im Schatten zweier Müllcontainer zog ich Handschuhe, Militärjacke und Mütze aus und warf sie zu den übrigen Abfällen.

Leicht zitternd in meinem dünnen weißen T-Shirt, aber mehr vor Erregung als vor Kälte, trat ich aus dem Durchgang, überquerte unter den gelangweilten Blicken der Polizisten, die den Föderationsrat bewachten, die Bolschaja-Dmitrowka-Straße und marschierte zügig zum News Pub.

Es war wieder Wahlnacht, der zweite und entscheidende Wahlgang. In den Fernsehern über dem Schankbereich lief die Wahlsondersendung von NTW mit ihren riesigen Landkarten und rot-blauen Kreisdiagrammen, die Jelzin einen historischen Sieg prophezeiten. Die üblichen Verdächtigen waren da: Bernstein, Hastings, eine schnatternde Horde von Journalisten, die ihre Artikel abgeliefert hatten und den Sieg der Guten feierten. Ich winkte ihnen fröhlich grinsend zu, wobei ich dafür sorgte, dass ich mit jedem Einzelnen Blickkontakt hatte, und stürzte mich in das Getümmel an der Bar. Die Musik dröhnte, das Strobolicht flackerte, alle anwesenden Frauen wurden angemacht, und niemand achtete auf das langweilige Fernsehen.

Ich war ein neuer Mensch.

Nicht allein Malachow lag leblos und blutüberströmt auf dem Fußboden seiner feudalen Mietwohnung, sondern auch mein altes Ich. Ich hatte es mitgetötet, wollte mir scheinen, als ich kurz vor Morgengrauen im kühlen Nachtwind die Steigung der Petrowkastraße hinaufging. Und als ich später nach einem heißen Bad schlaflos auf meinem Bett lag, fühlte ich mich neugeboren, so verletzlich und nackt wie ein Säugling. Wie bekifft starrte ich auf die tanzenden Sonnenscheinsplitter, die, reflektiert von den Windschutzscheiben vorbeifahrender Autos, über meine Schlafzimmerdecke huschten — als schwebte ich über mir und betrachtete mich von einem Blickpunkt einen halben Schritt außerhalb der Wirklichkeit in den kleinsten Einzelheiten. Im Zentrum meines Bewusstseins war eine dumpfe Leere, doch alles andere an mir zitterte vor Triumph und Furcht. Ich hatte eine Verwandlung durchgemacht und wusste nicht, was aus mir geworden war.

Ich hatte meinen Feind getötet, und seine Kraft war so gewiss auf mich übergegangen, als ob ich sein Herz gegessen hätte.

In aller Frühe rief ich Sonja an und befahl ihr, zu mir zu kommen. Sie klang, als sei sie von meiner Forderung sowohl erfreut als auch ein klein wenig irritiert. Sie versprach, in einer Stunde bei mir zu sein. Als sie durch die Tür trat, nahm ich sie auf den Arm und trug sie geradewegs ins Schlafzimmer. Ohne ihr erst die neue weiße Jeansjacke auszuziehen, warf ich sie aufs Bett, zog ihr die Hose herunter und begann, sie ohne weitere Umstände mit einer Gier zu vögeln, die fast wehtat. Während wir uns liebten und ihre kräftigen kleinen Schenkel sich fester um meine Taille schlangen, fühlte ich mich über mich selbst hinausgehoben, bärenstark, muskelbepackt.

Sonja beobachtete, wie ich nackt ins Bad ging, und sah in stummer Verehrung zu mir auf, als ich ins Bett zurückkam. Irgendwie war ihr Geliebter dunkel und kraftvoll und wild geworden. Das war schön, doch es machte ihr auch sichtlich Angst.

»Was ist los?«, fragte sie. »Was ist mit dir?«

Ich fuhr ihr mit den Fingern durch die feinen blonden Haare und packte sie kurz und fest dicht an der Kopfhaut, dann ließ ich sie los. Ich gab keine Antwort. Was war mit mir? Nie zuvor hatte ich mich so überlegen gefühlt, so athletisch die Muskeln in meinen Schultern, so klar die Strahlkraft meines Blicks.

»Hab nachgedacht«, sagte ich. »Und gehandelt.«

Ich sah auf das zerzauste blonde Mädchen nieder, nackt von der Taille abwärts, die langen Beine in das zerwühlte Bettzeug gewickelt. Ich warf ihr ein kurzes, mildes Lächeln zu und ging. Endlich, dachte ich, bin ich so hart wie sie, gehärtet von der Gewalt, die ich in mir entdeckt habe. Nicht mehr der hübsch frisierte englische Zuckerbubi, sondern ein mächtiger Rächer mit dem Mut, jeden zu töten, der seine Geliebte beleidigt.

Fast drei Stunden zu spät erschien ich im Publicitas-Büro zur Arbeit.

»He – Roman?«, rief Pound aus seinen Zimmer, als er mich vorbeigehen sah.

»Charles. Viel zu tun heute Morgen«, erwiderte ich mit einem geschäftsmäßigen Lächeln, ohne innezuhalten, und ging aufrecht und selbstbewusst weiter. Am Fotokopierer blieb ich stehen, um eine Auswahl der aktuellen Tageszeitungen mitzunehmen; sie zeigten einen lachenden Jelzin, jubelnde Menschenmassen in der Moskauer Innenstadt.

»He, Mann«, sagte Hastings, als er hinter seinem Berg aus Zeitungen und Kaffeetassen aufschaute und mich im Gang bemerkte. »Klasse Nacht im News Pub gestern. Wie lange bist du geblieben?« Er stutzte und sah mich fragend an. »Moment mal. Neue Eroberung oder was? Du guckst wie der Mops im Paletot.«

»Na klar«, sagte ich. »Immer. Du kennst mich doch.«

Ich kam im Flur am Buchhalter Swjagin vorbei und beglückwünschte ihn gut gelaunt zu seinem ärmellosen karierten Hemd. Er beäugte mich durch seine dicken Brillengläser wie eine Eule und rümpfte die Nase, weil er Spott witterte.

Ich warf mich auf meinen Bürostuhl, kramte unter dem ganzen Plunder auf meinem Schreibtisch die Fernbedienung hervor und schaltete meinen kleinen Fernseher an. Im Rosengarten des Weißen Hauses gratulierte Bill Clinton Jelzin zu seinem historischen Sieg. Mürrische alte Männer in schlechten Anzügen in der Zentrale der Kommunistischen Partei zeterten etwas von Wahlbetrug. Smarte junge Banker mit modischen Brillen brabbelten etwas über den kommenden Aufschwung. Diagramme erschienen auf dem Bildschirm — überall ging der Trend nach oben, rollte das Geld. Jelzin selbst fehlte seltsamerweise bei den Feiern. Es gab Gerüchte, er habe einen schweren Herzanfall erlitten.

Nichts von alledem war natürlich für einen neugierigen Mörder wie mich von Interesse. Ich schaltete auf den Lokalsender um: nichts. Auch nichts in der Moskauer Presse, aber das war nicht verwunderlich. Für mein Gefühl war mein Verbrechen in ferner Vergangenheit geschehen, doch in Wirklichkeit war es noch keinen Tag alt. Die Meldung würde wahrscheinlich morgen kommen, schloss ich, und konnte zu meiner Zufriedenheit kein Fünkchen Nervosität in meiner Brust entdecken. Ich seufzte, wie ein lebenserfahrener Mann seufzt, wenn er von den Fehlern und Schwächen der Menschheit lesen muss, schmiss die Zeitungen in den Papierkorb und ging schauen, ob ich Hastings zu einem langen, gut feuchtfröhlichen Mittagessen überreden konnte.

Jelzins Sieg löste so etwas wie eine kollektive Euphorie unter denen aus, die reich und gesichert genug waren, um etwas davon zu haben, und resignierte Gleichgültigkeit unter denen, die nicht. Die Siegesbeute war schnell verteilt, und wer dem Regime in den dunkelsten Stunden die Treue gehalten hatte, wurde reich belohnt. Über die nächsten paar Tage sickerten immer wieder Meldungen durch, Jelzin liege im Krankenhaus und müsse eine Bypassoperation am Herzen bekommen. Der angeschlagene Präsident verschwand aus der Öffentlichkeit und kam in den Gewahrsam des Kreml-Krankenhauses. Doch das war nebensächlich. Hauptsache, nach der lästigen kurzen Unterbrechung konnte die große Party weitergehen.

Heute kommt mir das merkwürdig vor, aber tatsächlich vergaß ich in den Tagen nach Malachows Tod, dass ich ihn auf dem Gewissen hatte. Stundenlang war die Erinnerung an die Tat einfach aus meinem Bewusstsein gelöscht. Vielleicht weil es so ungeheuerlich, so undenkbar war, dass ich, Roman Lambert, einen gemeinen Mord begangen hatte, wurde er schlicht nicht in meinem Gehirn gespeichert.

Vorher hatte mich der Gedanke an den Mord tagelang nicht losgelassen. Hinterher erfüllte mich ein eigentümlicher Friede. Ich sonnte mich nicht in Selbstgerechtigkeit, war aber auch frei von der lähmenden Paranoia, die ich gefürchtet hatte. Der schwarze Fleck, der sich zuvor beim Gedanken an Malachow vor meinem inneren Auge ausgebreitet hatte wie ein Bluterguss, war plötzlich verschwunden, verflossen. Die ganze Episode erschien mir vollkommen unwirklich, und als

Tag um Tag verging, ohne dass eine Meldung erschien, war es, als ob das Universum meine Leugnung der Wirklichkeit förderte. Vielleicht hatte ich es ja gar nicht getan? Konnte es eine Halluzination gewesen sein?

Letztlich erregte Malachows Tod nicht viel Aufsehen. Er war im Tod nicht so berühmt, wie er sich das im Leben eingebildet hatte. Die Sache wurde schließlich am Donnerstag gemeldet, vier Tage nach seinem Ableben. Ich war fast erleichtert, als ich sein grinsendes Konterfei in den Frühnachrichten im Fernsehen erblickte. Irgendjemand im Moskauer Sender TW-6 hatte ein Video von Malachow ausgegraben, wie er beim Finale von Miss Malibu Tropic Moscow schwachsinnig grinsend auf der Bühne stand, und es wurde bei der Kurzmeldung über seinen Tod eingespielt. Er sah aus wie ein schmieriger Ganove.

Der *Moskowski Komsomolez* informierte natürlich genauer. Die Polizei im Bezirk Twerskoi hatte die Leiche gefunden, nachdem bei dem Nachbarn eine Treppe tiefer Blut durch die Decke gesickert war. Dieses spektakulär grausige Detail blieb aber das einzige, das die Presse ausschlachten konnte. Der polizeiliche Ermittler stellte nach bewährtem Muster die Hypothese auf, der Mord hänge »wahrscheinlich mit den beruflichen Aktivitäten des Opfers zusammen«. Am Abend zeigte der Hauptstadtsender in einer Kriminalsendung das Dmitri-Malachow-Entertainment und ein paar Polizisten, die gewichtig Aktenordner aus Malachows Büro schleppten. Die Reportage enthielt eine kurze Aussage von seinem Geschäftspartner Igor Schein, der völlig aufgelöst und mitgenommen aussah und gelobte, er werde alle

Hebel in Bewegung setzen, um den Mörder seines Partners zu finden.

Als ich nach Hause kam, lag Sonja, umgeben von zerknüllten Kleenex, auf dem Sofa. Sie hing am Telefon und hatte geweint. Sie beachtete mich gar nicht und führte murmelnd ihr Gespräch fort, während ich in der Küche herumklapperte.

»Was ist passiert?«, fragte ich, als sie in der Tür erschien, und wollte sie in den Arm nehmen. »Liebling. Was ist passiert?«

Sie schlang fest die Arme um sich und schüttelte mich ab.

»Dima ist tot. Sie haben ihn heute gefunden.«

»Ich weiß. Ich hab's in den Nachrichten gesehen. Aber warum nimmt dich das so mit? Er war ein Arschloch.«

»Ja. Ein Arschloch.«

»Und?«

Sie wandte sich abrupt ab, marschierte ins Schlafzimmer und knallte die Tür zu.

Die Beerdigung war zwei Tage später.

Zu meiner erneuten Überraschung bestand Sonja darauf hinzugehen, und sie telefonierte stundenlang mit Dutzenden anderer Mädchen, die sich auch zur Beerdigung einfinden wollten. Sie fragte mich, ob ich mitkommen wolle. Ich weigerte mich kategorisch.

Sonja stand vor dem Spiegel im Flur und zupfte ein dunkles Kopftuch zurecht, das sie sich umgebunden hatte, setzte sich eine große Sonnenbrille auf. Sie sah aus wie eine blasse Kopie von Grace Kelly.

»Ich habe keine Ahnung, warum ihr alle da hingeht.«

»Nein. Ich stimme dir zu: Du hast keine Ahnung.«

»Nach allem, was er dir angetan hat.«

Sie wandte sich zur Tür.

»Er hat quasi zur Familie gehört, Roma. Man ehrt seine Familie. Egal, was passiert.«

Es dauerte über eine Woche, bis die Polizei schließlich bei mir anrief. Ich war mir fast sicher, dass sie das irgendwann tun würde. Ich war überzeugt, dass mein Verbrechen von der Ausführung her makellos war – und vielleicht sogar ein bisschen stolz darauf. Doch dass die Polizei nichts von sich hören ließ, hatte ein wenig an meinen Nerven gezehrt. Konnten die wirklich so unfähig sein?

Deshalb war ich erleichtert, als ich schließlich an meinem Computer ein Post-it mit der Nachricht kleben sah, ich solle den Ermittler anrufen. Die Ungewissheit war unangenehm gewesen. Jetzt musste ich nur noch ein paar Formalitäten über mich ergehen lassen, dann war ich endgültig aus dem Schneider. Und als ich Inspektor Pjotr Bondarenkos Stimme am Telefon hörte, wusste ich sofort, dass die Sache ein Kinderspiel sein würde.

»Inspektor Bondarenko? Sie hatten um meinen Rückruf gebeten.«

»Herr Lambert Roman?« Er sprach leise und zögernd. »Sie kannten, glaube ich, Dmitri Malachow?«

Ich bejahte.

»Haben Sie vielleicht davon gehört ...?«

»Dass er tot ist? Hab ich im Fernsehen gesehen.«

»Aha. Aha. Gut, ich hätte da ein paar Fragen, die ich gern

von Ihnen beantwortet hätte. Morgen Vormittag in meinem Büro?«

Er gab mir die Adresse und fragte noch einmal, ob mir die Zeit gelegen sei.

»Na ja, der Tag morgen ist sehr voll.«

»Gewiss. Ich verspreche Ihnen, es wird nicht lange dauern. Lediglich ein paar Formalitäten.«

Bondarenko legte auf, aber ich behielt den Hörer noch eine Weile am Ohr und lauschte auf das Summen in der Muschel.

Gab es etwas, das ich vergessen hatte? Übersehen? Hatte ich einen Fehler gemacht? Nein. Der Mörder war sicher; er war schlicht ein ehrbarer Bürger, der alles tat, was in seiner Macht stand, um der Polizei bei ihren Nachforschungen zu helfen. Ich legte behutsam den Hörer auf und blätterte in meinem Terminkalender. Zeit, etwas Geld von meinem wachsenden Kundenstamm einzutreiben, dachte ich. Zeit, auf die Pirsch zu gehen und ein paar neue Kunden zu fangen, reiche, große. Moskau, diese fette Hure von einer Stadt, in der das Geld auf den Straßen lag, gehörte jetzt mir. Ich wollte ihr meine Zähne ins Fleisch schlagen, meinen satten Teil davon abbeißen.

Am nächsten Morgen fand ich mich ungewohnt früh in den schäbigen Räumen der Mordkommission im Bezirk Twerskoi ein. Es dauerte eine Weile, bis ich den unauffälligen fünf-stöckigen Bau aus der Chruschtschow-Zeit fand, der sich in einem Gewirr von Höfen hinter dem Majakowskiplatz versteckte. Das Gebäude war im üblichen Behördengrün gestrichen, und staubige nackte Glühbirnen beleuchteten die Korridore. Es roch schwach nach Toiletten und menschlichen

Ausscheidungen. Die Beamten, die mir auf meiner Suche nach Inspektor Bondarenkos Büro begegneten, erinnerten mich stark an Figuren in einer Gogol-Geschichte: unförmige, fertig aussehende Männer mit grauen Gesichtern.

Bondarenko war ein hagerer, mittelgroßer Mann mit gebückter Haltung, der vielleicht fünfundvierzig war, aber aussah wie sechzig. Die Kragenweite seines Hemds war zu groß, und sein Polyesteranzug schlackerte ihm am Leib. In seinem Leben schien vieles schiefgegangen zu sein, und es signalisierte seinen Verliererstatus, dass er mich matt anlächelte, als ich den Kopf zur Tür hineinsteckte. Unter erwachsenen russischen Männern, besonders Beamten, galt die Regel, dass man umso weniger lächelte, je höher man stand. Bondarenkos dümmliches Grinsen zeugte von trauriger Unterwürfigkeit. Was für ein Jammerlappen, dachte ich, was für ein armseliges Würmchen! Bondarenko entschuldigte sich, dass er mich einbestellt hatte, und bat, ich möge mich setzen. Er selbst blieb stehen, und damit war die Dynamik unserer Beziehung im Nu geklärt. Ich wischte seine Entschuldigung mit derber Direktheit beiseite. Ich kann nicht leugnen, dass mich eine gewisse Nervosität geplagt hatte, als ich die Treppe zu seinem Büro emporgestiegen war. Jetzt aber entspannte ich mich.

»Können Sie mir sagen, wie lange Sie Dmitri Malachow kannten?«

»Ungefähr sechs Monate.«

»Und wie haben Sie ihn kennengelernt?«

»Auf einer Party. Im Firebird Casino.« Während ich redete, notierte sich Bondarenko meine Antwort mit Nicken und leisen zustimmenden Brummtönen in ein großes Heft.

»Gab er die Party?«

»Jemand anders.«

»Hm-hm. Und wann haben Sie ihn zum letzten Mal gesehen?«

»Letzte Woche. Im Club XIII. Auf der Mjasnizkaja.«

»Und würden Sie sagen, dass Sie Herrn Malachow gut kannten?«

»Einigermaßen. Wie man sich von solchen gesellschaftlichen Anlässen halt kennt.«

»Sind Sie je bei ihm zu Hause gewesen?«

Ich zögerte kurz. »Nein. Nie.«

»Und er bei Ihnen?«

»Nie.«

»Sie sagen also, Sie kannten ihn von gesellschaftlichen Anlässen. Hatten Sie gemeinsame Bekannte?«

»Ja. Ja, die hatten wir.«

»Wen zum Beispiel?«

»Verschiedene entfernte Bekannte. Niemand, der mir nahestand.«

»Niemand, der Ihnen nahestand. Ich verstehe.«

»Sascha Borodin, der mit der Modelagentur. Ein paar Mädchen.«

»Kannten Sie Jekaterina Moroswa?«

»Vielleicht. Katja?«

»Katja. Sie hat Selbstmord begangen. Kannten Sie sie?«

Ich tat so, als müsste ich nachdenken.

»Bin mir nicht sicher. Na ja, ich kannte ein Mädchen, das Katja hieß. Flüchtig. Soll aus dem Fenster gesprungen sein, habe ich gehört.«

»Sie kannten sie flüchtig?«

»Das sagte ich ja.«

»Und Sie waren auf ihrer Beerdigung?«

»Ja, war ich. Sie war mit meiner Freundin befreundet.«

»Verstehe. Die da wäre?«

Ich machte alle Angaben zu Sonja. So ging das noch vielleicht eine halbe Stunde. Ich beugte mich mit gespielter Hilfsbereitschaft zu dem Ermittler vor. Ungefragt flocht ich die Information ein, dass ich am Abend des Mordes mit einigen Freunden im News Pub gewesen war, und nannte ihm die Namen, was er mit einem beifälligen Nicken quittierte. Mein hieb- und stichfestes Alibi, geschickt lanciert, bevor auch nur der Schatten eines Verdachts auf mich fallen konnte.

Bondarenko stellte respektvolle Fragen, auf die ich meine sorgfältig überlegten unverdächtigen Antworten gab. Er fragte nichts, was ich nicht mühelos beantworten konnte. Mein ganzes Verhalten kam mir denkbar entspannt vor. Ich lachte über meine eigenen Scherze, gab ihm alle Informationen, die er haben wollte.

»Ich glaube, wir sind fertig, Herr Lambert.« Bondarenko klappte sein Notizheft zu und schob es von sich. »Sie haben uns sehr geholfen.«

»Aber gewiss doch. Gern zu Diensten.«

»Eine Sache noch. Was für ein Mensch war Malachow? Ihrer Meinung nach.«

»Was für ein Mensch?«

»Ihrer Meinung nach.«

Ich überlegte, wog meine Antwort ab. »Er war ... er war ein schlechter Mensch, Herr Inspektor.«

Bondarenkos Armsündergesicht legte sich in die Falten einer unausgesprochenen Frage, während er darauf wartete, dass ich fortfuhr.

»Ja. Ein schlechter Mensch. Ich glaube, er hat vielen Menschen wehgetan. Ich glaube, er hat viele betrogen. Ich hatte nicht den Eindruck, dass er ein ehrlicher Mensch war. Ich glaube, er war einer, der andern die Hucke volllügen konnte.«

»Tatsächlich? Und was bringt Sie zu dieser Annahme?«

»Er hat mir erzählt, dass ... dass er Feinde habe. Leute, die seinen Tod wollten. Er hat keine Namen genannt. Aber er sagte, dass er mit Leuten Geschäfte machte, mit denen er im Streit lag. Er führte das nicht weiter aus. Tut mir sehr leid, Herr Inspektor, ich hätte mich genauer danach erkundigen sollen. Aber er sagte wörtlich, dass er Feinde habe.«

»Er sagte zu Ihnen, es gebe Leute, die ihn töten wollten? Waren das seine Worte?«

»Ja, das hat er gesagt.«

»Wie überaus interessant. Überaus interessant. Wirklich, sehr schade, dass er Ihnen nicht mehr erzählt hat.«

»Tja. Wie gesagt, so gut kannte ich ihn auch wieder nicht.«

»Natürlich.«

Bondarenko wartete regungslos darauf, dass ich fortfuhr. Ich räusperte mich und wagte mich weiter vor.

»Haben Sie schon ... äh, ich wollte sagen, stehen Sie vielleicht in Kontakt mit seinen Geschäftspartnern?«

Bondarenko zog ein Gesicht, das zu sagen schien: »Kann sein.«

»Na ja, vielleicht wäre das geraten. In Anbetracht dessen, was er sagte.«

Der Inspektor nickte verständnisvoll, als verdaute er meinen Rat, sagte aber nichts.

»Er hatte Angst. Glaube ich. Malachow hatte Angst. Vor seinen Feinden.«

Es entstand eine lange Pause, in der Bondarenko das zu bedenken schien.

»Ja«, sagte er schließlich. »Eine letzte Frage. Verstanden Sie sich gut mit ihm? Oder hatten Sie einen Streit mit Herrn Malachow? Als Sie ihn das letzte Mal sahen.«

»Nein«, sagte ich freundlich lächelnd. »Nein. Kann man nicht sagen. Nein. Ich verstand mich gut mit ihm.«

»Ich danke Ihnen.«

Bondarenko erhob sich abrupt und reichte mir seine schlaffe Hand. Ich drückte sie kräftig und bot ihm noch einmal jede erdenkliche Hilfe an.

»Sie hören von mir.«

Bondarenko brachte mich zur Tür.

»Sie ... Sie haben doch noch keinen Verdächtigen, oder?«

»Nein. Noch nicht. Aber was Sie mir erzählt haben, könnte uns auf eine heiße Spur führen. Man weiß nie.«

Er lächelte schmallippig, und ich drehte mich um und trabte mit federnden Schritten die Treppe hinunter und in den Sonnenschein hinaus. Ich war froh, aus dem gruftigen kleinen Zimmer heraus zu sein, und zufrieden mit meinem Auftritt. Meine Vertrauenswürdigkeit war erwiesen, ganz zu schweigen von meinem Alibi, das ich so elegant ins Gespräch eingeflochten hatte. Bondarenko hatte, entschied ich, den falschen Beruf. Er war ein gutmütiger Niemand, eine aufgeblasene Null, ein völlig unbedeutender Wurm.

Darin irrte ich mich. Denn hinter seinem bescheidenen Gehabe war Bondarenko ein scharfer Beobachter der verkommenen Welt um ihn herum. Viel schärfer, als ich ahnte, wie ich da an dem sich rasch erwärmenden Sommermorgen selbstgewiss aus dem Hof auf den breiten Bürgersteig der Twerskajastraße hinaustrat. Ich glaubte mich sicher. Doch hinter mir drehten sich die Rädchen von Bondarenkos Gehirn.

12

Ins Schwarze

>»Making their way,
The only way they know how,
But that's just a little bit more
Than the law will allow.«
Waylon Jennings, »Good Ol' Boys«

In der heißesten Phase des Sommers 1996 war ich von dem Verlangen geschüttelt, mich der Stadt zu bemächtigen, sie mit beiden Händen zu packen, hart zu ficken und auszuschlürfen. Eine nie gekannte manische Energie gab mir das Gefühl, endlich mit dem Hauptnerv der Stadt verbunden und ein Leiter ihrer Kraft geworden zu sein. Und noch im unruhigen Schlaf des Betrunkenen fühlte ich, wie mir der heiße, lüsterne Atem alter Dämonen verführerisch übers Gesicht strich.

Sonja und ich waren unzertrennlich. Mit keiner anderen hatte ich je so häufig geschlafen wie jetzt mit ihr.

Seit Malachows Tod hatte ich Vint nicht mehr angerührt. Dazu bedurfte es seltsamerweise gar keiner Willenskraft, ich spürte einfach, dass das Methamphetamin mir den Arsch zur Genüge aufgerissen hatte und dass es an der Zeit war, diese Missbrauchsbeziehung zu beenden. Es war immerhin eine ehrliche Droge: Klare Sache, man kriegte seinen Kick, man bezahlte dafür. Das Tauschgeschäft war fast biblisch in seiner Schlichtheit. Sündiges Vergnügen jetzt war erkauft mit späteren Schmerzen, und eine Zeit lang hatte das nach einem reellen Handel ausgesehen. Aber nach einem Wochenende auf Vint fühlte man sich, als hätte man ein Formel-1-Rennen gefahren: ausgelaugt und vor Erschöpfung zitternd. Und als es dann damit losging, dass ich nachts vom Herzrasen aufwachte und vier Tage lang ein völlig kaputtes, gereiztes Nervenbündel war, wenn ich von der Droge runterkam, beschloss ich, schleunigst auf etwas Sanfteres umzusteigen. Meine Karriere als Moskauer Methjunkie und Partyhengst hatte gerade mal zwei Monate gedauert. Dass ich Vint aufgab, spülte den Unrat aus meinem Gehirn; mir war, als würde mein Kopf gründlich mit Bleiche ausgescheuert.

»Ach, Roman. Du bist einfach kein richtiger Junkie«, sagte Sonja tröstend.

Gekleidet in einen schlichten dunklen Rock und eine burgunderrote Jacke, die ich hier gekauft hatte, saß sie auf meinem Bett und bürstete sich die Haare. Sie sagte es ganz sachlich, ohne jede Ironie. »Doch. Du hast dich im Griff. Darum beneide ich dich. Du meinst vielleicht, du wärst sehr russisch, aber das stimmt nicht, du bist sehr englisch. Du lässt nicht zu, dass dein Leben vom erstbesten Wind weggeweht wird. Von unserem russischen *weterok*, der leichten Brise, die uns so schnell davonträgt.«

Ich musste irgendwie gekränkt geguckt haben, denn sie strahlte mich an.

»Das ist doch nicht schlimm! Weißt du was, vielleicht zeigst du mir ja, wie ich mein Leben genauso in den Griff bekomme. Das mag ich so an dir. Du bist stark, aber du bist auch sensibel. So sensibel.« Sie beugte sich vor und zauste meine

Haare. »Du versuchst, ein verrückter Russe zu sein, aber du bist einfach ein braver kleiner Junge.«

Jetzt machte sie sich doch über mich lustig. Es gab einen grausamen Zug in Sonja, der ganz dicht bei ihrem Trieb zur Selbstzerstörung lag.

»Ja, Sonja, du hast recht«, hörte ich mich sagen. »Das bin ich. Ein braver kleiner Junge.«

Bondarenko rief wieder an. Fünf Wochen waren seit unserem Gespräch vergangen, anderthalb Monate, seit ich Malachow getötet hatte.

»Herr Lambert?«

Ein unwillkürliches Atemholen, eine Trockenheit im Mund. »Herr Bondarenko.«

»Ich hoffe, ich rufe nicht zu einem ungelegenen Zeitpunkt an.«

»Nein. Nein, ich bin immer gern bereit, Ihnen zu helfen. Was kann ich für Sie tun?«

»Ja, da haben Sie recht, ich rufe an, weil ich noch einmal Ihre Hilfe brauche.«

Ich räusperte mich. »Zu Ihren Diensten.«

»Können Sie bitte in die Krasnopresnenskaja Nabereschnaja kommen? Dort liegt ein Schiff am Kai. Die *Alexandr Blok*.«

»Ah, ja. Ich glaube, das kenne ich.«

»Gut. Dann kommen Sie.«

»Wann?«

»Jetzt. Sofort. Würde Ihnen das passen?«

Die billige Leuchttafel des Dmitri-Malachow-Entertainments war verschwunden, doch ansonsten sah das Schiff unverändert aus. Bei Tageslicht, ohne die Aussicht auf Sex oder Alkohol im Innern, machte es einen deprimierenden Eindruck. Schwimmender Müll sammelte sich in der Rückströmung zwischen Schiff und Kaimauer und ließ einen starken säuerlichen Fäulnisgeruch aufsteigen. Der Zugangssteg war mit Taubenscheiße besudelt und mit zertretenen Zigarettenkippen gespickt.

Das Schiff wirkte verlassen, selbst die Wachleute hatten sich anscheinend verzogen. Ich schlenderte in die Bar, wo die Malibu-Tropic-Sperrholzbühne noch stand. Auf ein paar Tischen waren die schmutzigen Gläser und leeren Bierflaschen noch nicht abgeräumt.

»Herr Lambert.«

Beim Klang von Bondarenkos unerwartet fester und befehlender Stimme zuckte ich zusammen. Ich schaltete mein freundlichstes Lächeln an und drehte mich um.

»Sie kennen sich aus, wie ich sehe.«

»Ich war ein paarmal hier, ja.«

Er dankte mir für mein Kommen. »Bitte, kommen Sie mit. Ich möchte Ihnen etwas zeigen.«

Wir traten durch die Tür neben der Theke und gingen den Flur hinunter zu den Kabinen am Bug. Malachows Tür war mit einem gestempelten Amtssiegel über dem Schloss abgesperrt gewesen; es war zerrissen, und die Tür stand sperrangelweit offen.

Innen sah der Raum ungefähr genauso aus wie in der Nacht der Malibu-Tropic-Party: unordentliche Haufen schmutziger

Wäsche, Zeitschriften, ein ungemachtes Bett. Ein Tresor von der Größe eines kleinen Fernsehers, den ich vorher gar nicht bemerkt hatte, war auf den Tisch gestellt worden. Die Polizeischlosser hatten ihn augenscheinlich geknackt, denn er stand offen. Daneben lagen Akten in bunten Mappen, einige offiziell aussehende Papiere. Der Geruch des fauligen schwimmenden Mülls wehte durch ein offenes Bullauge herein und vermischte sich mit dem starken Moschusduft von Malachows Armani-Eau-de-Cologne.

»So. Bitte.«

Bondarenko deutete auf einen Stuhl, und ich setzte mich. Er griff sich eines der dicken Fotoalben, die auf dem Bett verteilt waren.

»Ich hätte gern, dass Sie mir bitte sagen, ob Sie jemand von diesen Personen erkennen.«

Er schlug es auf einer eingemerkten Seite auf. Das Foto war bei schwachem Licht aufgenommen, ein abstraktes Geschlinge rot beleuchteter weicher Gestalten. Ich blätterte um und biss die Zähne zusammen, als ich eine Lampe erkannte, die Ecke eines Sofas. Die Bilder waren in der Nebenkabine aufgenommen worden. Hier eine Brust, dort ein kahler Männerkopf zwischen dünnen Frauenbeinen. Bill Powell, wie er einen geblasen bekam. Der nackte Oberkörper eines dicken Mannes, der Mund weit aufgerissen und ein grotesk wirkender ekstatischer Ausdruck im Gesicht – es schien sich um Igor Schein zu handeln. Noch ein paar undeutliche Bilder und dann unvermittelt eine Serie von Blitzlichtaufnahmen, brutal deutlich. Ein Gruppenfoto: Männer mit Handtüchern und Bademänteln und vor ihnen eine Reihe nackter Mäd-

chen, die teils lasziv ihre Brüste der Kamera entgegenstreck-
ten, teils glamouröse Posen einnahmen, teils auch schüchtern
die Scham und die Brüste verdeckten. An einer Seite, Malachows Hände auf den nackten Schultern und sein grinsendes
Gesicht neben ihrem, stand Katja. Sie lächelte tapfer, aber aus
ihren Augen sprach Qual. Dann noch ein paar Blitzlichtfotos,
diesmal nur die Mädchen, wie sie sich auf dem riesigen Sofa in
lesbischen Posen rekelten.

»Und?«

Ich sah zu Bondarenko auf, rang um Worte. Er schwieg.

»Ja. Ich kenne diese Leute. Malachow. Schein. Und... und
Katja.«

»Morosowa? Die sich in Malachows Wohnung die Pulsadern aufschnitt und dann Selbstmord beging?«

Ich nickte stumm.

»Warum hat sie das getan?«

»Ich habe keine Ahnung.«

»Sie war drogensüchtig, stimmt das?«

»Kann sein. Ich habe sie nie Drogen nehmen sehen.«

»Sie war Malachows Freundin?«

»Eine von vielen.«

»Und sie war auch Ihre Freundin? Ihre Geliebte?«

»Nein.«

»Doch, Sie waren mit ihr befreundet.«

»Sie war mit meiner Freundin befreundet. Sonja. Sofija
Semjonowna Warennikowa.«

»Verstehe. Und Sonja, war sie auch mit dem verstorbenen
Herrn Malachow befreundet?«

»Sie kannte ihn flüchtig.«

Bondarenko nickte und überlegte, dann nahm er mir vorsichtig das schwere Fotoalbum ab.

»Sie wissen nicht, wie sie sich kennenlernten? Malachow und Sofija Warennikowa? Malachow und Jekaterina Morosowa?«

Ich schüttelte den Kopf.

»Nun gut, Herr Lambert, ich werde Ihnen jetzt etwas zeigen, das Sie verstören könnte. Ich möchte mich im Voraus dafür entschuldigen. Sie dürfen natürlich rauchen.«

Bondarenkos Betragen war höflich und besänftigend. Er schob einen großen, halb vollen gläsernen Aschenbecher über den Tisch und schritt durch den Raum zu einem Stapel Videokassetten, die zum Teil mit roh ausgeschnittenen Papierstreifen etikettiert waren. Er suchte drei aus und begab sich mit ihnen zu einem großen Fernseher, der in der Ecke stand. Wenn Bondarenko sich bewegte, schien sein Körper aus schlecht zusammengesetzten Stücken zu bestehen, und sein plattfüßiger Gang hatte etwas Steifes, das mich an eine Aufziehpuppe erinnerte. Ich beobachtete ihn und rauchte dabei mit tiefen Lungenzügen. Das Prickeln des Nikotins im Gehirn löste ein seltsames außerkörperliches Gefühl aus. Ich betrachtete mich selbst wie von außen: Beine übereinandergeschlagen, Oberkörper vorgebeugt, ein Gefühl der Enge in der Brust, wahrscheinlich bleich im Gesicht, die Zigarettenhand fast unmerklich zitternd.

Bondarenko kniete jetzt vor dem Videorekorder und legte eine der Kassetten ein. Ich drückte meine Zigarette aus und setzte an aufzustehen, doch er hinderte mich daran, ohne sich umzudrehen.

»Seien Sie bitte so gut, und bleiben Sie sitzen. Sie werden gleich sehen, weshalb ich Sie darum bitte.«

Ein pornografischer Film, offensichtlich ungeschnittenes Material. Bondarenko hielt die Vorspultaste gedrückt, und die ganze würdelose Kopulationsfarce lief in irrwitzig schnellen, komischen Rucken ab. Ein Mädchen, zwei Mädchen, ein junger Mann in schwarzem Anzug, ein Knäuel sich küssender Leiber, dann ein hemdloser Oberkörper, zwei, drei, ein paar schwingende Brüste, eine hektische Fellatio, dann eine rasante Abfolge von Grundstellungen beim Sex, bis das Bild verwackelte, weil der Kameramann für eine Nahaufnahme die Position wechselte. Hier hielt Bondarenko das Band an und spulte dann langsam Einstellung für Einstellung vor. Da war sie, unverkennbar: eine jüngere Sonja, nicht so hübsch wie heute, die Haare noch mädchenhaft lang und geradezu absurd dick geschminkt.

»Würden Sie mir bitte sagen, wer das ist?«

Ich wollte eigentlich nur zur Beruhigung tief Atem holen, doch die Luft schabte an den Stimmbändern, so dass es ein raues Knarren gab.

»Sonja.«

»Ja. Ich glaube auch, dass es Sonja ist.«

Er drückte den Eject-Schalter, schob die Kassette in ihre Schachtel und zog eine andere heraus.

»Wenn Sie jetzt bitte Katja identifizieren könnten.«

Eine Stunde später standen Bondarenko und ich nebeneinander auf dem Deck und betrachteten schweigend das frühe Abendlicht auf dem Fluss. Die Sommerhitze war bereits abgeflaut, es lag eine leichte Kühle in der Luft. Ich bot Bondarenko eine Zigarette an, und er nahm sie wortlos, gab mir seinerseits Feuer. Als ich die Hand wölbte, um die Flamme vor dem Wind zu schützen, berührten sich unsere Finger.

Wir atmeten im Gleichtakt aus, während wir vor uns hin rauchten. Mir fiel auf, dass er Linkshänder war.

»Sind Sie noch mit Sonja zusammen?«, fragte er.

Ich nickte.

»Aha. Richten wir nicht, damit wir nicht gerichtet werden.«

Ich zog eine Augenbraue hoch und sah ihn von der Seite an, doch er schien es ernst zu meinen.

»Komisch, wenn ein Polizist so etwas sagt.«

»Warum komisch? Sie meinen vielleicht merkwürdig.«

»Merkwürdig.«

»Entschuldigung. Ihr Russisch ist hervorragend. Ich wünschte, mein Englisch wäre so gut. Nein, ich wollte damit sagen: Urteilen Sie nicht zu streng über Ihre Sonja. Ich will nicht behaupten, sie hätte keine Wahl gehabt. Aber hübsche Mädchen mögen hübsche Kleider, sie mögen sich gern schminken. Wo sollen sie das Geld dafür hernehmen? Da gibt es heutzutage in diesem Land nicht so viele Möglichkeiten.«

Er seufzte und schnippte seine Zigarette über Bord. Sie zog eine kleine Rauchspur durch die Luft.

»Wie viel Geld hat sie damit verdient?«, fragte ich. »Was meinen Sie? Verglichen damit, was Malachow verdient hat?«

»Tja. Manche würden sagen, er war schlicht und einfach ein Geschäftsmann. Er gibt den Leuten, was sie haben wollen, er bezahlt andere Leute für ihre Arbeit. So ist doch die neue

Welt, in der wir leben, oder? So ist der Kapitalismus, das wissen Sie, glaube ich, besser als ich. War Malachow denn nicht schlicht und einfach ein Geschäftsmann?«

Ich dachte an Katjas gequältes Lächeln, die Verletzlichkeit der zuckenden jungen Körper in den Pornofilmen.

»Nein. Malachow war ein bösartiger Schweinehund, der den Tod verdient hatte.«

Ich warf meine Zigarette hinter Bondarenkos her und drehte mich auf dem Absatz um.

»Bitte«, hielt Bondarenko mich auf. »Verlassen Sie bis auf Weiteres nicht die Stadt. Es könnte sein, dass ich Ihre Hilfe noch einmal benötige.«

Drei Tage später verließ ich die Stadt.

Nach dem Treffen mit Bondarenko ging ich schnurstracks nach Hause, goss mir ein großes Glas Whisky ein und guckte schweigend zum Fenster hinaus. Richten wir nicht, so so. Aber das hatte ich auch nicht vor. Der alte Lambert, der ahnungslose Tropf vom vorigen Jahr, hätte sich bemüht, Sonjas Notlage zu verstehen, ihr Mitgefühl und Vergebung zu schenken. Und der neue, in den Feuern Moskaus gehärtete Lambert? Vielleicht kannte ich mich inzwischen ein bisschen besser; mit Sicherheit kannte ich Sonja besser. Doch ich wusste, dass meine mitfühlenden Worte sie nur beschämt hätten. Mit dem Anschauen des Videos, auf dem die jugendliche Sonja gevögelt wurde, war ich quasi zum Mitwisser einer äußerst privaten und würdelosen Handlung geworden. Sollte sie erfahren, dass ich davon wusste, würde sie sich für alle Zeit bloßgestellt fühlen.

Ich beschloss daher, nichts zu sagen. Doch als das warme Glühen des Whiskys stärker wurde und das Tageslicht in der Wohnung schwand, wurde mir noch etwas klar, nämlich dass dem Schweigen in Russland sehr häufig solche Abwägungen zugrunde liegen. Wenn der Engländer in mir etwas aussprach, neutralisierte und zähmte er es damit. Aber der Russe in mir verstand, dass die Wahrheit manchmal gefährlich und schmerzhaft ist und mit Schimpf und Schande beladen. Lieber Stillschweigen bewahren, das tiefe, volle Schweigen der Russen, das so viel beredter ist als das ganze gescheite Geplapper der Welt.

Ich hörte Sonjas Schlüssel im Schloss. Sie trat ein, knipste das Licht an und stieß einen unterdrückten Schrei aus.

»Gott! Hast du mich erschreckt! Wieso sitzt du hier im Dunkeln?«

»Nur so«, sagte ich, rappelte mich auf und umarmte sie. »Ich lerne schweigen.«

Swerdlow redete mir schon seit Längerem zu, ihn auf einer weiteren Fahrt in die Provinz zu begleiten. Er meinte, er müsse hinaus in die offenen Weiten Russlands, um den Kopf von allem Müll frei zu bekommen. Klang wie eine gute Idee.

Hin und wieder erinnerte sich Swerdlow daran, dass er tatsächlich einmal Journalist gewesen war. Ein paar seiner alten Kollegen von Radio Echo Moskwy hatten ihn besucht und aufgeregt von der erstarkenden Revolution in der Region erzählt, die traditionell als »Schmiede« Russlands galt. Ihre Begeisterung hatte ihn angesteckt.

Während des Wahlkampfs hatte der Kreml Geld zusammengekratzt, um hier und dort krasse Lohnrückstände zu begleichen. Jetzt aber, wo die Macht gesichert war, waren die Geldhähne zugedreht worden, und unter den russischen Arbeitern und Rentnern gärte erneut die Unruhe. In der Woche zuvor erst war die Transsibirische Eisenbahn in der Nähe der Stadt Tscheljabinsk von streikenden Bergleuten an der Weiterfahrt gehindert worden.

»Mensch, Roman«, sagte Swerdlow am Telefon ganz aufgekratzt und mit jungenhafter Dringlichkeit in der Stimme. »Ich will diesen Revolutionären in die Augen sehen. Eine Sorte habe ich 1991 erlebt. Kamen mir damals ganz normal vor. Und jetzt schau dir an, wie magisch sie uns alle verwandelt haben. Vielleicht werden mir diese neuen Revolutionäre besser gefallen. Wie Lenin sagte: Jeder ist verpflichtet, sich aktiv in seine Zeit einzumischen!«

Wir flogen in einer uralten und übel riechenden Maschine nach Tscheljabinsk.

Die Stadt war einmal das Zentrum der sowjetischen Schwerindustrie gewesen und heute ein niedriges Häusermeer, durchsetzt mit größtenteils erloschenen Schornsteinen und riesigen Hochofentürmen, das sich in die verschmutzte Weite der flachen graugrünen Tiefebene ergoss.

Städte wie Tscheljabinsk und seine südliche Nachbarstadt Magnitogorsk waren in den Dreißigerjahren die heroischen Schlachtfelder von Stalins großer Industrialisierungskampagne gewesen. Ganze Städte waren aus dem jungfräulichen Steppenboden geschossen, und blecherne Rundfunkstimmen hatten stolz die steigenden Zahlen der Stahlproduktion verkündet. Doch im Winter 1996 ging diese alte sowjetische Industrieregion aus Geldmangel langsam vor die Hunde. Die Zechen und Fabriken produzierten noch, mehr aus Gewohnheit als aus sonst einem Grund, aber niemand bezahlte, was sie herstellten. Die Riesenbetriebe ihrerseits waren nicht in der Lage, Geld für Infrastruktur, Löhne oder Steuern aufzubringen.

Die Bergleute von Tscheljabinsk, traditionell der bestbezahlte, bestorganisierte und militanteste Teil der Arbeiterschaft, hatten als Erste die Geduld verloren. In den ersten Septembertagen beschloss eine Gruppe von einigen Dutzend, Maßnahmen zu ergreifen, und blockierte einen Zug. Sie wurden von der Polizei zerstreut, einige wurden verhaftet. Eine Woche später kehrten sie mit Verstärkung zurück, zorniger und besser vorbereitet, und mehrere Hundert schlugen Zelte an der Strecke auf und schwärmten auf die Gleise, sobald ein Güterzug kam. Passagierzüge ließen sie durch.

Die Behörden machten Versprechungen. Die Bergleute sagten: Wir wollen Geld sehen. Es gab kein Geld. Also blieben sie. Zu dem Zeitpunkt, als Swerdlow und ich auf der staubigen Straße angeholpert kamen, war der Verkehr auf der Strecke seit zwei Wochen unterbrochen und damit die Lebensader gekappt, die das europäische mit dem asiatischen Russland verband. Aus Mangel an Rohstoffen stellten Fabriken im Umkreis von mehreren Tausend Kilometern die Arbeit ein.

Das Bergarbeiterlager stand ungefähr fünfzehn Kilometer außerhalb von Tscheljabinsk in der Nähe der Bergwerksstadt Kopeisk auf einer Wiese neben dem Bahndamm. Ungefähr drei Dutzend kleine Campingzelte waren in ordentlichen Reihen aufgestellt worden, dazu drei große Armeezelte in der Mitte, die als Kommandozentrale und Speisesäle fungierten.

Der Anführer war ein kleiner, drahtiger Mann mit mächtigen Armen und wie alle Bergarbeiter mit unglaublich sauberer Haut – niemand wäscht sich so häufig und so gründlich wie ein Bergmann. Mit kurzem, festem Händedruck stellte er sich als Jaroslaw vor und spulte seine lange Liste von Missständen herunter.

»In einem normalen Land« – das war eine seiner stehenden Redewendungen –, »in einem normalen Land, würden Arbeiter da neun Monate lang auf ihren Lohn warten müssen?«

Er führte uns im Lager herum, über einen kleinen Parkplatz voller Schigulis und Wolgas aus den späten Achtzigerjahren, ein Zeichen für den früheren Wohlstand der Bergarbeiter. In sowjetischen Zeiten hatten Bergleute das Sechsfache des Durchschnittsgehalts im Lande bekommen, mehr als die Mitglieder des Politbüros.

Aus dem Bullerofen im Küchenzelt trieb Rauch über das Lager, in dem etwa hundert Männer Karten spielten, Radio hörten, dösten und sich unterhielten. Es war ein heißer Tag, und das Gras auf der Wiese, die sie sich als Lagerplatz ausgesucht hatten, stand hoch und duftete kräftig. Wenn nicht das halbe Dutzend blau uniformierter Polizisten gewesen wäre, die am Bahndamm bereitstanden, hätte man die Szene für den Ausklang eines Betriebsausflugs halten können.

Swerdlow konnte reden wie ein Buch – vielleicht nicht die beste Eignungsvoraussetzung für einen Reporter, der eigentlich zuhören können muss –, aber er hatte die Gabe, sich einem anderen Standpunkt anzupassen wie ein Chamäleon und ihn weitschweifig zu wiederholen. Echo Moskwy hatte ihm ein altmodisches Grundig-Tonbandgerät und ein fellgeschütztes Mikrofon mitgegeben, damit er seine Gespräche mit den Bergarbeitern aufnehmen konnte und auch seine eigenen langen soziopolitischen Monologe.

Schmierige Gläser mit Wodka wurden mir in die Hand gedrückt, dazu sandige Schwarzbrotstullen mit Käse und Sauergemüse. Der abstinente Swerdlow wehrte die Angebote mit einem Klopfen auf die Leber ab, was allen verständlich machte, dass er ein ehemaliger Alkoholiker war, und mitfühlendes Nicken auslöste. Die Folge war, dass sie mich umso mehr zum Trinken nötigten.

Wiktor, einer der Bergleute aus dem Lager, lud uns zu sich in sein hübsches kleines Holzhaus am Rand von Kopeisk ein. Der gepflegte Gemüsegarten wurde von einem wütenden Kettenhund bewacht.

»Entschuldigung«, sagte Wiktor, während er den Hund hielt, damit wir auf dem Gartenweg vorbeigehen konnten. »Wir müssen so einen Hund haben, damit die Leute aufhören, das Gemüse zu privatisieren.«

»Zu privatisieren?«

»Ja, du weißt schon, bei Nacht über die Mauer zu steigen und es zu stehlen.«

Er zeigte uns seinen Kühlschrank, ein Ende der Achtzigerjahre gekauftes Luxusmodell, das jetzt leer war bis auf eine halbe Salami und zwei Tomaten.

»Ich mache ihn am Morgen auf, hole einmal tief Luft, und das ist mein Frühstück«, witzelte er.

Wie alle Bergarbeiter war Wiktor mager, schnurrbärtig und Mitte dreißig. Er hatte ein ansteckendes Lächeln, das ihm nur verging, wenn er sich über »diese Schweinehunde« ereiferte, womit er die Betriebsleitung, die Bezirksverwaltung und die Regierung meinte. Wiktor arbeitete fünf Acht-Stunden-Schichten die Woche und verbrachte seine übrige Zeit hauptsächlich mit Gemüseanbau, weil er und seine Familie nur so etwas zu essen auf den Tisch bekamen.

»Wir haben jetzt alle einen Doppelberuf«, sagte Wiktor, »Bergmann-Bauer«.

Bevor wir fuhren, drängte er mir noch zwei große Gläser mit eingelegtem Gemüse auf, das Einzige, was er uns schenken konnte. Er knallte den Kofferraum des alten Wolga-Taxis zu, das Swerdlow für den Tag gemietet hatte. »Was ich noch sagen wollte, wollt ihr morgen mit in den Schacht kommen? Ich führe die zweite Schicht. Ich sag dem Chef Bescheid. Er ist einer von uns.«

Die Grube »Die Roten Bergarbeiterinnen« lag am Rand von Kopeisk, gleich hinter einer Reihe adretter dörflicher Holzhäuser, in denen einige der glücklicheren Bergarbeiter lebten. Die weniger glücklichen bewohnten die zerfallenden *pjatietaschki*, die fünfstöckigen Wohnblocks aus den Fünfzigerjahren an der Hauptstraße, in denen die Heizungsrohre leckten und die Wände mit den Aussinterungen von altem Beton verkrustet waren. Die Zechengebäude schienen in keinem besseren Zustand zu sein als die namenlosen verlassenen Werkshallen, die sie umgaben, und der weitläufige Hof war von Unkraut überwuchert und vermüllt von allerlei rostenden Gerätschaften. Man hätte kaum glauben können, dass die Grube tatsächlich in Betrieb war, wenn nicht das Quietschen der Förderräder und das ständige Röhren der Luft gewesen wären, die aus dem Entlüftungsschacht strömte und eine hohe Kohlenstaubwolke in den Himmel blies. Da alle Arbeiter viele Hundert Meter tief unter uns waren, war der Hof geradezu unheimlich menschenleer.

Der Direktor, ein Mann mit hängenden Schultern und Bierbauch, der so fertig aussah wie die Zechengebäude, begrüßte uns herzlich und tischte uns in seinem eigenen kleinen Speisezimmer ein Mittagessen mit Pelmeni und Suppe auf. Die Küchenfrauen hatten als Tischschmuck eine Handvoll Wildblumen in ein Wasserglas gestellt und die verbogenen Aluminiumlöffel wie im Restaurant in zusammengelegte Papierservietten eingerollt. Der Direktor war selbst einmal Bergmann gewesen, und auf dem Weg durch die Umkleideräume schien er sich zu freuen, dass er von seiner Papierarbeit wegkam. In der Angestelltenumkleide warfen wir uns in frisch gewaschene grobe Baumwolloveralls und wickelten uns anstelle von Strümpfen große Stofflappen, *portjanki* genannt, um die Füße. Wir zogen schwere Gummistiefel und orangefarbene Schutzhelme an (Angestellten vorbehalten, die Arbeiter trugen weiße) und stapften zu einem Fenster, wo wir für den Notfall Sauerstoffgeräte ausgehändigt bekamen, die aussahen, als wären sie ungefähr 1914 hergestellt worden, dazu einen Satz Batterien und eine Stirnlampe. Eine rundliche Frau in Arbeiterkleidung schrieb unsere Namen in eine Kladde und reichte Swerdlow und mir mit ernster Miene eine faustgroße Metallscheibe mit einer Nummer darauf, die wir mit in den Schacht nehmen und zurückgeben mussten, wenn wir wieder oben waren. Auf die Weise ließen sich im Fall eines Unglücks die Verluste ermitteln.

Rasselnd wie Soldaten in voller Montur tappten wir zu den Förderschächten. Auf dem Vorplatz fühlte man sich ins 19. Jahrhundert versetzt, in eine raue Szene aus *Germinal*. Die Fördertürme waren große Stahlkonstruktionen mit mächtigen Speichenrädern, über welche die Kabel von den Körben in das Windenhaus liefen, das von Gestrüpp und Gerümpel umgeben war. Ein kleiner Trupp wartete darauf einzufahren, neun Männer, die herumhockten und sich teils unterhielten, teils rauchten. Ein Reparaturtrupp, sagte der Direktor, der unten einen absackenden Stollen befestigen solle.

»Gefährliche Arbeit«, erklärte er sachlich, den Blick in die Ferne gerichtet.

Ich hielt mich an einem Träger fest und spähte in den Schacht hinab. Es gab kein Sicherheitsgeländer. Das Aufzugkabel lief minutenlang ununterbrochen in die schwarze Tiefe.

»Tief«, sagte einer der Bergarbeiter so nahe an meinem Ohr, dass ich erschrak. »Da fällt man lange.«

»Fällt? Ist schon mal jemand runtergefallen?«

»Gefallen nicht. Gesprungen schon. Zwei Selbstmorde dieses Jahr hier in dem Schacht. Ein Mann hat es nicht über sich gebracht, ohne Geburtstagsgeschenk nach Hause zu seiner Tochter zu gehen. Als seine Schicht kam, ist er reingesprungen.«

Ich sah dem Mann ins Gesicht, und er blickte zurück und nickte langsam, um zu bekräftigen, dass es stimmte. Er sah aus wie Mitte fünfzig, hätte aber auch zwanzig Jahre jünger sein können.

»Siebenhundertneunzig Meter bis ganz unten. Es hat ihn im Sturz an den Wänden zerrissen. Ein Bein hat man auf halber Höhe gefunden, im Gebälk eingeklemmt.«

Er hielt den Blickkontakt, wie um meine Reaktion zu prüfen.

Das Klappern des eintreffenden Förderkorbs unterbrach uns. Er hatte zwei Etagen, Schiebetüren mit Maschendraht und geschlossene Stahlwände. Als wir eintraten, federte er, da sich das Kabel unter unserem Gewicht streckte. Die Tür rasselte zu, und nach kurzem Warten sackten wir an unserem Stahlseil wie Gehenkte mit erschreckender Geschwindigkeit in das dröhnende Dunkel ab.

Die Dunkelheit in einem Bergwerkschacht gleicht keiner anderen Dunkelheit. Die Schwärze ist so tief, dass sie wie eine zähe Masse wirkt; man scheint darin zu schwimmen. Wir gingen zu Fuß zwanzig Minuten zu einem der Kohlenstöße, einem höchstens ein Meter zwanzig hohen schmalen Stollen, der vom Hauptstollen steil nach unten abfiel. Von unten schallten uns das grässliche Kreischen und Hämmern von Maschinen und das brandungsartige Geräusch fallender Steine entgegen. Im wallenden Kohlenstaub sahen wir Lichter aufblitzen. Der Lärm hörte auf, und der Direktor schrie, wir kämen jetzt hinunter. Mit geübten Bewegungen schob er sich als Erster in geducktem Seitwärtsgang die Dreißig-Grad-Neigung hinab, eine Hand zur Sicherheit am Förderband und mit dem Helm an der Decke kratzend. Hundert Meter weiter machten sich zwei kohlschwarze Männer an einer zweieinhalb Meter langen Abbaumaschine zu schaffen, deren über ein Meter hohe Walze mit Stiften besetzt war, die Diamantschneiden hatten.

»Zeigt ihnen die Hydraulik«, sagte der Direktor in der Stille, die nur von dem leisen Zischen gestört wurde, mit dem die abgeschaltete Maschine Luft pumpte. Er winkte uns, beiseitezutreten, und einer der Bergleute kroch an uns vorbei. Während der Mann sich in einer kleinen Staubwolke im Stollen emporarbeitete, überkam mich heftige Platzangst.

»Gut!«, schrie er, nachdem er an einigen der hydraulischen Stützen herumhantiert hatte, die die Decke hielten. »Fertig!«

Plötzlich ertönte ein Zischen, und zwei der Stützpfeiler fünf Meter weiter oben im Gang ließen Druck ab und senkten sich dreißig Zentimeter. Mit ihnen senkte sich die Stollendecke, die auf einmal so nachgiebig war wie ein Stück Schokoladentorte, und Kohlestückchen regneten auf uns herab. Er betätigte einen anderen Schalter, und mit einem erneuten Zischen hob sich die Stollendecke gnädig wieder an. Schmutziger Schweiß lief mir über die Stirn.

Swerdlow hielt einem der Bergarbeiter sein Grundig-Mikrofon unter die Nase und fragte ihn, ob es hier unten Ratten gebe.

»Früher mal. Aber heute nicht mehr. Die haben von der Brotzeit mitgezehrt, die wir immer kostenlos vom Werk bekamen – Brotrinde, Salamibröckchen. Aber vor ungefähr vier Jahren sollten wir plötzlich dafür bezahlen, seitdem nimmt sie keiner mehr. Und wo jetzt jeder sein eigenes Essen mitbringt, bleibt für die Ratten nicht mehr genug übrig.«

»Aber das ist doch gut, oder? Keine Ratten mehr?«

»Nein. Die Ratten haben uns immer vor Gas gewarnt. Wenn man viele Ratten aus einem Stollen kommen sieht, weiß man, dass da Gas drin ist. Jetzt haben wir nur noch die da«, er deutete auf ein Stahlrohr an seinem Gürtel, einen altmodischen mechanischen Grubengasanzeiger, »und die sind viel schlechter. Wenn die Gas melden, ist es schon zu spät. Dann bist du tot«.

An dem Abend saßen Swerdlow und ich im Restaurant des Intourist-Hotels und würgten ein besonders abscheuliches Kiewer Kotelett hinunter. Er süffelte besinnlich an einem großen Becher, aus dem nicht weniger als vier Lipton-Teebeutelfädchen hingen. Ich trank das einheimische hefige Bier.

»Unglaublich, diese Kerle, was? Machen so eine saugefährliche Scheißarbeit und werden nicht dafür bezahlt.«

Swerdlow überdachte das ein Weilchen. »Unglaublich für einen Engländer. Für mich nicht.«

Ich wartete auf eine Erklärung.

»Sie machen die Scheißarbeit, weil sie keine bessere finden. Sie wohnen in diesen Scheißhäusern, weil sie in kein besseres Haus ziehen können. Du vergisst eines: Wann hätten Männer wie Wiktor jemals eine Entscheidung getroffen? Eine echte Entscheidung über ihr Leben. Nie. Vielleicht trafen ihre Großväter die Entscheidung, hierherzukommen, als Stalin ihre Höfe kollektivierte und sie von ihrem Land verjagt wurden. Aber was sie trieb, war der Hunger, also war auch da nicht viel freier Wille im Spiel. Und ihre Vorväter? Die waren das Eigentum eines Herrn. Leibeigene. Tausend Jahre lang. Da setzt sich die Leibeigenschaft in den Köpfen fest. Ein Volk mit einem Hauch von Selbstachtung hätte sich niemals über Jahre und Jahrhunderte derart schikanieren lassen.«

Swerdlow war normalerweise so ruhig und entspannt, dass es mich verdutzte, wie aufgewühlt er auf einmal war.

»Na ja, wir haben einen Menschen in den Weltraum geschickt. Und wir haben Hitler besiegt.«

Das »Wir« kam mir ein bisschen zögernd über die Lippen, aber Swerdlow merkte es nicht – oder er ließ es mir kommentarlos durchgehen.

»Da hast du's. Wir tun erst etwas, wenn wir müssen. Aber wenn wir müssen, bei Gott, dann vollbringen wir Wunder. Kennst du das Lied von den einfachen Sowjetmenschen, die überall Wunder vollbringen? Das haben wir früher im Kindergarten gesungen. Wunder!«

Er schnaubte in seine Teetasse und langte in das Einmachglas, das Wiktor uns geschenkt hatte.

»Köstlich, das Sauergemüse. Das ist das einzige Wunder, zu dem diese Leute fähig sind.«

Er kaute still vor sich hin, und das schillernde Licht einer Glitzerkugel an der Decke strich über uns hinweg. Nach einer Weile hellte sich seine Stimmung auf, und er räusperte sich gewichtig.

»Wunder. Habe ich dir jemals von der sowjetischen Expedition in der Antarktis erzählt? Wo sie ihren Chef eingesperrt und sich vor den Flugzeugen versteckt haben, die sie retten wollten?«

Ich sagte, nein, hätte er nicht, und gespannt wie ein Schuljunge rutschte ich ein Stück vor.

»Schön. Ich werde diese Geschichte ›Das Wunder, zu dem einfache Sowjetmenschen fähig sind‹ nennen. Also, ein Team sowjetischer Polarforscher war in der Antarktis. Es gab dort eine feste Station – Hafen, Flugzeuge, beste Verpflegung, Komfort. Außerdem gab es Außenstellen. Fertighütten, die von Schleppern auf Schlitten viele Hundert Kilometer weit über das Festlandeis gezogen wurden. Um weiß Gott was zu messen. Die Scheiße aus Satelliten? Die Verstrahlung von Pinguinen? Irgendwas. Egal. Diese sowjetischen Forschungsstationen hatten alle zwei Dieselgeneratoren Marke Kamas, die jeder zwei Tonnen wogen. Fünfzig Grad minus im Juni, Mittwinter auf der Südhalbkugel, wilde Stürme. Kein Zuckerschlecken, nicht einmal für uns Russen. Diese Generatoren waren also die einzige Licht- und Wärmequelle der zwanzig Männer während ihres Aufenthalts. Zwei Monate in der Regel, höchstens drei. Aber eines Nachts fällt im Sturm der Hauptgenerator aus. Scheiße! Werft den andern an! Der will nicht anspringen. Der leitende Ingenieur weiß, dass er zur Reparatur nur wenige Stunden hat, dann werden sie alle erfrieren. Während die Techniker arbeiten, fängt das übrige Team an, Wundbenzin zu trinken. Es klappt nicht. Kamas-Generatoren sind so beschissen wie Kamas-Laster. Der Treibstoff fängt an zu gefrieren, die Finger fangen an zu erfrieren, der Tod ist jetzt sehr nahe.

Also macht der leitende Ingenieur seinem Chef, dem Expeditionsleiter, Meldung, dass sie am Arsch sind und Rettung anfordern müssen. Sie haben einen batteriebetriebenen Kurzwellensender, und die zwei Leiter und der Funker senden einen SOS-Notruf. Plötzlich gibt das Funkgerät den Geist auf. Geschrei draußen vor dem Funkraum. Mit lautem Krachen wird der Sendemast umgeworfen. Aber nicht von einem Sturm oder dem amerikanischen Feind, sondern von den Mitgliedern der Expedition!

›Untersteht euch, die Rettung zu rufen, ihr Ärsche!‹, schreien sie. Das Team muss nur noch drei oder vier Tage Dienst schieben, dann ist der Einsatz offiziell beendet. Als Belohnung winkt jedem ein Wolga. Wenn sie den Aufenthalt vorzeitig abbrechen, kein Wolga. Mit andern Worten, kein Notruf!

›Seid ihr wahnsinnig, ihr Schwachköpfe? Wenn ihr zu Eis gefroren am Südpol liegt, werdet ihr eure beschissenen Wolgas nicht mehr fahren können!‹, schreien der Chef und der leitende Ingenieur.

›Ihr habt schon Wolgas, also haltet die Klappe!‹, schreien die Forscher. ›Wir bleiben!‹

Plötzlich hört man ein Flugzeug kommen, eine An-24 mit Kufen. Ganz gutes Flugzeug eigentlich, fliegt durch jeden Scheiß. Das Basislager hat den Notruf also doch gehört! Die Notlichter sind an. Die Forscher rennen los und schalten sie aus. Chef und leitender Ingenieur rennen los und schalten sie an.

›Der Dreckskerl!‹, schreien die Forscher.

Die im Basislager stationierten Piloten haben nur dann eine Chance, ihrerseits einen Wolga zu bekommen, wenn sie eine erfolgreiche Rettungsaktion durchführen.

›Der Saftsack will unsere Wolgas!‹

Es gibt mehr Forscher als Chefs. Die Lichter bleiben aus. Das Flugzeug fliegt weg.

›Und jetzt reparieren wir alle den beschissenen Generator!‹, verkünden die Forscher. Treibstoff am Gefrieren, die Männer am Erfrieren, alles säuft, um sich warm zu halten. Da erinnert sich einer an seine Soldatenzeit in Sibirien. Jawohl! Wenn Diesel gefroren ist, ölgetränkte Lappen darunter und anzünden. Das wissen alle. Aber diesem Burschen ist noch was eingefallen, irgendwas ganz Kompliziertes: mit Kerosin vorpumpen, doppelten Batteriesatz mit dem Anlasser verbinden und natürlich unter dem Motor ein Feuer anzünden, damit er schön warm bleibt. Einzige Chance, die sie haben. Alle vorhandenen Batterien angeschlossen. Raum völlig verräuchert von den brennenden Lappen, die Motor und Treibstoff warm halten sollen. Kein Mensch kann irgendwas sehen. Notstrom will nicht. Sie drücken den Anlasser.«

Swerdlow machte eine theatralische Pause und schlürfte seinen Tee.

»Und was ist passiert?«

»Das Ding ist angesprungen. ›Weshalb habt ihr so ein Geschiss gemacht?‹, sagen die Forscher und trinken das restliche Wundbenzin aus. Die Chefs mit. Schalten den Funk an und melden, dass alles normal ist. Später schreiben sie einen Bericht und schlagen alle für eine Auszeichnung vor, weil sie sich in Lebensgefahr so bravourös verhalten haben.«

Schmutzig, erschöpft, verkatert, aber glücklich kehrte ich nach Moskau zurück. Es wäre lachhaft zu behaupten, ich hätte mich mit den Männern von Kopeisk solidarisch gefühlt. Trotzdem, etwas war mir von ihnen geblieben, etwas von ihrer gut gelaunten Unverwüstlichkeit, ihrer Freundlichkeit und ihrer

Zähigkeit, die mich tief beeindruckt hatten. Ich überlegte, wie ich Hastings das erklären sollte, oder selbst Sonja, und mir fielen keine Worte ein, die nicht unmöglich sentimental klangen. Doch die Wahrheit war, dass in dem zerrütteten Tscheljabinsk ein großartiger Geist herrschte, ein sehr starker, unbeugsamer Kampfgeist.

Ich rief Sonja vom Flughafen an, und sie versprach mir, zu Hause zu sein, wenn ich kam. Sie bot sogar an, Suppe zu kochen, was mich überraschte. Sie sagte zwar manchmal im Scherz, sie werde bei mir noch zur Göttin der Häuslichkeit, aber Bemühungen in der Richtung ließ sie selten erkennen.

Als ich zur Tür hereinkam, Reisetasche und Kleidung voller Flecken und Kohlenstaub, kreischte sie mit gespieltem Abscheu auf.

»Wo hast du dich denn rumgetrieben? Wohin hat dich Swerdlow geschleppt, dieser alte Widerling? Du siehst aus, als wärst du begraben gewesen.«

Am nächsten Tag ging ich fröhlich grinsend ins Büro und platzte schier von Geschichten über mein Tscheljabinsker Abenteuer. Doch als ich in mein Zimmer einbog, verpuffte meine gute Laune sofort. Auf meinem Schreibtisch lagen mehrere Aufforderungen, Bondarenko anzurufen.

»Herr Lambert, ich hatte Sie gebeten, die Stadt nicht zu verlassen oder mir wenigstens vorher Bescheid zu sagen, wenn Sie die Absicht haben, und Sie haben das unterlassen?«

Bondarenko saß wieder in seinem dunklen kleinen Büro wie ein Maulwurf in seinem Loch. Ich fand seinen fordernden neuen Ton anmaßend und fühlte in mir die Empörung aufsteigen.

»Ich musste in dringenden Geschäften fort. Ich habe im Revier eine Mitteilung hinterlassen.« Ich richtete mich auf meinem Stuhl auf und begegnete seinem Blick voll Selbstgerechtigkeit.

»Na schön. Ich werde Sie nicht auffordern, Ihren Pass auszuhändigen. Aber ich könnte es tun. Sie sind ein Zeuge in einem Mordfall. Ich muss Sie erreichen können.«

Seine Wichtigtuerei brachte mich noch mehr auf.

»Inspektor Bondarenko. Sie sagen, ich sei ein Zeuge. Sagen Sie mir bitte, wovon ich ein Zeuge sein soll! Ich habe Ihnen alles gesagt, was ich über Dmitri Malachow weiß. Ich habe Ihnen alles gesagt, was ich über die Leute weiß, die er kannte. Sie haben mir ein paar widerwärtige Filme aus der Vergangenheit meiner Freundin gezeigt, über die ich nichts weiß. Wie, bitte schön, kann ich Ihnen noch helfen?«

Mir fiel auf, dass ich meine Stimme stärker erhoben hatte als beabsichtigt.

Bondarenko blieb vollkommen unbewegt sitzen, nur sein spitzes kleines Kinn wippte leicht, während ich redete.

»Ich verstehe. Oder nein, eigentlich verstehe ich nicht. Sie sind wütend, weil ich Ihnen Fragen stelle, und doch haben Sie mich belogen.«

Das Adrenalin der Empörung half mir, über die Panik hinwegzugehen, die wie ein Schwall Magensäure in mir aufschoss.

»Was soll das heißen?«

Bondarenko gab keine Antwort, sondern stand auf und überflog ein paar Akten, die auf einem überfüllten Tisch hinter ihm ausgebreitet waren. Sein langer Finger tauchte in die Brusttasche seines Jacketts und zog mit einer eleganten Bewegung eine Lesebrille heraus.

»Aha. Ja. Hier.«

Er räusperte sich. Ich bemerkte, dass eine Polizistin ins Zimmer geschlüpft war und hinter mir Platz genommen hatte. Bondarenko bedachte sie mit einem knappen Nicken. Ein Füller begann, auf Papier zu kratzen.

»Sagen Sie mir noch einmal fürs Protokoll, Herr Roman Lambert: Haben Sie jemals eine Zahlung irgendwelcher Art von Dmitri Malachow erhalten?«

»Nein. Habe ich nicht.«

Ein unwillkürliches Zittern lag in meiner Stimme, das ich nicht kontrollieren konnte.

»Haben Sie nicht. Und haben Sie für Herrn Malachow irgendwelche Dienste verrichtet? Beruflicher Art? Persönlicher Art?«

»Nein.«

Gut, viel gefasster diesmal.

»Wie erklären Sie sich dann diesen Vertrag und diese Empfangsquittungen für Barzahlungen, allem Anschein nach von Ihnen unterzeichnet?«

Bondarenko zog die Augenbrauen hoch und reichte mir den Ordner mit Dokumenten über den Schreibtisch. Ich riss ihn ihm aus der Hand und blätterte sie durch. In der Tat: ein Vertrag zwischen dem Dmitri-Malachow-Entertainment und der Publicitas Public Relations Company, vertreten durch Roman Lambert. Und dort eine Unterschrift, die der meinen sehr ähnlich sah. Ich versuchte, aus dem Juristenrussisch des

Vertrags schlau zu werden, gab aber nach wenigen Sekunden auf.

»Ich habe diese Papiere noch nie im Leben gesehen!«

Ich blätterte hastig weiter. Quittungen über Barzahlungen – zweitausend US-Dollar, dreitausend, fünftausend, alle datiert zwischen März und Juni 1996.

»Drecksau.«

Bondarenko wurde steif.

»Ich fordere den Zeugen auf, auf anstößige Ausdrücke zu verzichten«, sagte er förmlich.

»Ich meinte Malachow. Er hat das gefälscht. Ich habe dieses Geld nie erhalten. Er hat diese Verträge benutzt, um Geld in die eigene Tasche zu wirtschaften. Ich habe diese Papiere noch nie gesehen. Ich habe sie nicht unterzeichnet. Schauen Sie!«

Ich zog meinen Füller aus der Tasche und begann, den Deckel des Ordners zu signieren, wieder und wieder.

»Das ist meine Unterschrift! So sieht die aus! Mit so einem Schnörkel am Ende! Da!«

Ich streckte Bondarenko energisch den Ordner hin, und er musterte prüfend den Vertrag und meine wiederholten Unterschriften.

»Vielleicht haben Sie recht«, sagte er nach einer Weile. »Sagen wir meinethalben, ich glaube, Sie haben recht. Sagen wir, ich bin Ihrer Meinung: Diese Unterschriften sind Fälschungen. Schlechte Fälschungen.«

Meine Gesichtsmuskeln entspannten sich leicht. Der Atem kam wieder gleichmäßig und tief, nicht mehr schnell und flach.

»Aber.«

Bondarenko erhob sich erneut auf seine eigentümliche Art, die an eine Stockpuppe erinnerte, und kam um den Schreibtisch herum nach vorn. Er lehnte sich dagegen und verschränkte die Arme – genau wie in den Kriminalfilmen, dachte ich.

»Aber als ich Sie das erste Mal nach Malachow befragte, sagten Sie, Sie hätten ihn kaum gekannt. Ich fragte nach Morosowa, und auch sie kannten Sie kaum. Dann aber stellt sich heraus, das Sie die tote Morosowa in Wirklichkeit recht gut kannten. Und jetzt ergibt sich, dass auch etwas zwischen Ihnen und Malachow lief. Geschäfte, sagen diese Dokumente. Scheingeschäfte, sagen Sie. Aber Sie meinten mir gegenüber, er sei ein böser Mensch gewesen, der den Tod verdient hatte. Jetzt ist er tot. Und ich sitze mit Fragen da.«

Es gibt Grade der Furcht, Arten der Furcht. Es gibt die stille Furcht, die nachts wie Hunger im Magen nagt, die einem paranoide Szenen in den Kopf setzt und einen an allen Gliedern schlottern lässt. Es gibt die unmittelbare, physische Furcht – vor dem Auto, das bei Rot über die Kreuzung fährt, vor der Gerüstbohle, die auf einen herabstürzt –, die eine fast unwillkürliche Reaktion auslöst. Der Körper bewegt sich, ohne dass man es will. Der Vorfall ist buchstäblich vorbei, bevor man weiß, was eigentlich los war. Doch es gibt noch eine andere Furcht, die Furcht des Gehirns, wenn es Worte hört, die seine Vernichtung bedeuten. Das ist die Furcht, die ich in dem Moment empfand, und ich sage Ihnen, sie war kalt, kalt und langsam und irgendwo richtig schön. Ich merkte, wie mich das bekannte Flattern nach wenigen Atemzügen verließ. Ich empfand einen eigentümlichen Frieden, eine Wärme, die mir wie Badewasser das Rückgrat hinunterlief, eine Fokussiertheit des Blicks, eine spürbare Verlangsamung des Pulses und der Atmung. Dies war die Stufe jenseits der Panik – oder vielleicht daneben, die Parallelspur der absoluten Konzentration.

Ich setzte mich gemütlich auf dem Stuhl zurecht.

»Verehrter Inspektor Bondarenko«, sagte eine körperlose Stimme, die anscheinend meine war, mit großer Ruhe und tiefer Selbstsicherheit. »Sie haben vollkommen recht.«

13

Bis zur Unkenntlichkeit

»Eines Tages stopfte sich Orlow mit Erbsenpüree voll und starb. Krylow erfuhr davon und starb auch. Spiridonow starb von selbst. Spiridonows Frau fiel vom Küchenschrank und starb auch. Spiridonows Kinder ertranken in einem Teich.«
Daniil Charms, *Vorfälle*

Unterm Strich hielt ich mich, glaube ich, ganz gut.

Immerhin ließ mich Bondarenko gehen.

Zum ersten von vielen Malen ließ ich meinen Auftritt innerlich Revue passieren, als ich in die Sonne auf der Twerskajastraße hinaustrat. Meine erste Empfindung war hysterische Erleichterung und Triumph. Ja! Ich hatte es geschafft. Ich hatte sie ausgetrickst, die Deppen. Als freier Mann ging ich durch die Straßen Moskaus, stolz und stattlich.

Und dennoch.

»Sie müssen das verstehen. Sonja war von ihrer Beziehung mit Malachow traumatisiert. Sie können sich vorstellen, warum. Mein erster Gedanke war daher, zugegeben, sie aus der Sache herauszuhalten.«

Ein reumütiges Senken des Kopfes, ein Schuldeingeständnis – gewiss überzeugend, oder? –, ein gerader Blick in Bondarenkos Augen.

»Um ganz ehrlich zu sein, ich wollte einfach nicht, dass er sich im Tode noch an ihr vergeht, wie er es im Leben getan hat. Ich entschuldige mich vielmals dafür. Ich wollte Sie nicht in die Irre führen.«

Eine Pause, um das nachwirken zu lassen. Langsames Nicken von Bondarenko: verständnisvoll? Oder war das bloß sein normales Verhalten, wenn jemand etwas zu ihm sagte?

»Und was diese albernen Verträge betrifft – bitte sehr. Ziehen Sie Schriftsachverständige hinzu. Ziehen Sie hinzu, wen Sie wollen. Ich habe diese Papiere noch nie zuvor gesehen. Das schwöre ich.«

Augen weit aufgerissen, hell und klar. Unschuld und Aufrichtigkeit ausstrahlend wie eine Infrarotlampe. Und tatsächlich zerschmolz Bondarenko vor ihrer Strahlkraft. Wie ein Hypnotiseur hielt ich seinen Blick und ließ meine neu entdeckten übersinnlichen Kräfte in seine sanften braunen Augen einströmen.

»Natürlich. Ich verstehe: Sie wollten Ihre Freundin vor Schaden bewahren.«

Seine Stimme war völlig neutral. Hieß das, er verstand es – und billigte es? Oder verstand er lediglich, dass dies meine Erklärung war?

Eine tief treibende Wolke zog vor die Sonne, und ein kühler Schatten legte sich über die Straße. Was dachte er wirklich, dieser drahtige kleine Mann, mein Peiniger, der meine Zukunft in seinen langfingerigen Händen hielt?

»Ich glaube wirklich, um diese Sache ein für alle Mal aufzuklären, sollten Sie mit Sonja sprechen. Ja, unbedingt. Es wird ihr vielleicht wehtun, aber Sie haben das Recht, die Wahrheit zu erfahren. Die ganze Wahrheit.«

Ein Einfall im letzten Moment: Natürlich würde er Sonja

zum Verhör bestellen. Da konnte ich es auch gleich selbst vor-
schlagen. So hätte jedenfalls ein Unschuldiger gehandelt.

»Oh, das werde ich. Das werde ich. Und wenn ich bitten
darf, bevor Sie gehen, wird Wachtmeisterin Jermolowa noch
Ihre Fingerabdrücke nehmen. Der Vollständigkeit halber.«

Dieses stille Lächeln. Unser Händedruck zum Abschied
schwach, seine Hand trocken und seltsam kühl.

»Du musst den Polizisten anrufen. Bondarenko. Er will mit dir
über Malachows Tod reden.«

»Was?«

Sonja erstarrte in der Bewegung, mit der sie gerade die
Kopfhörer des Sony Walkman abnahm, den ich ihr gekauft
hatte. Sie hatte seit dem Frühjahr ein bisschen zugenommen.
Eine vorteilhafte Veränderung: Sie sah gesünder aus, nicht
mehr so eckig.

»Ich habe heute mit ihm geredet. Nichts Ernstes. Aber er
meinte, er wollte mit dir reden.«

Ich beschloss, die Sache mit den gefälschten Verträgen in
meinem ständig anschwellenden Speicher des Ungesagten
abzulegen.

»Scheiß drauf. Ich will nicht mit den Bullen reden.«

»Was soll das heißen?«

»Das heißt, Roman, dass man in Russland nicht mit den
Bullen redet.«

»Er sagte, er wollte dir bloß ein paar Fragen zu Dima stellen. Wir haben doch nichts zu verbergen.«

Sie starrte mich eine Weile an, dann schüttelte sie ärgerlich den Kopf.

»Wie lange bist du jetzt schon in Russland? Bald ein Jahr? Und dir ist an unseren wunderbaren Hütern der öffentlichen Ordnung noch nie was aufgefallen? Schon mal jemand sagen hören, wie toll sie ihren Dienst verrichten? Wie sehr wir ihnen alle vertrauen?«

»Er ist ein anständiger Kerl«, sagte ich halbherzig.

Sonja stöhnte genervt, streckte die Hände aus und blickte zur Decke, als betete sie um göttlichen Beistand, damit dieser Idiot vor ihr das nur zu Offensichtliche endlich begriff. »Scheiße. Na schön. Du blickst es nicht. Du würdest es auch nicht verstehen, wenn ich es dir erkläre.«

Dennoch ging sie hin.

Sie trug schwarze Jeans und einen schwarzen Rollkragenpullover und hatte einen schwarzen Blick trotziger Gereiztheit aufgesetzt. Während sie weg war, machte ich mir Sorgen: Würde Bondarenko ihr die Videos zeigen? Würde er sie unter Druck setzen? Sonja hatte natürlich keine Ahnung, wie Malachow tatsächlich ums Leben gekommen war, aber trotzdem spielte mein Gehirn fieberhaft Szenarien durch, auf welche Weise sie den Eindruck der Unschuld schwächen konnte, den ich gemacht zu haben hoffte.

Aber ich hätte mir keine Sorgen machen müssen. Sonja kehrte mit besserer Laune zurück. Sie stratzte ins Wohnzimmer, ohne ihre schwarzen Springerstiefel auszuziehen, und vollführte in Zeitlupe einen perfekten Karatekick.

»Da muss der Arsch sich schon was anderes einfallen lassen, um aus mir was rausholen.«

Dennoch: Ich machte mir Sorgen.

Bondarenko ließ nichts von sich hören. Die Wochen vergingen.

Der Herbst kam und überhäufte die Straßen mit Laub, saugte das Licht aus den Abenden. Die Heizkörper in meinem Haus knarrten und ächzten, als wären sie von gequälten Seelen bewohnt, aber am nächsten Tag füllten sie sich mit kochend heißem Wasser und gaben eine derart bullige Hitze ab, dass meine Wohnung so stickig wurde wie eine *banja*. Ich ließ sämtliche *fortotschki* offen, damit die kalte Zugluft die glühend heißen Heizkörper neutralisierte. Es war, als wollte die Regierung nach einem festen Plan die abnehmende herbstliche Lichtzuteilung mit unbegrenzter Wärme kompensieren. Das Wetter schien sich nicht mehr verändern zu wollen: Tage- und wochenlang hing der graue Himmel tief herab und spuckte gefrierenden Regen aus oder Graupel, der am Boden eine dünne Schicht bildete, die sich unter den Füßen sofort in schmutzigen Matsch verwandelte.

Ich merkte, wie meine Energiereserven mit dem Licht schwanden und damit auch mein Optimismus nachließ.

Ich schleppte mich mit dem üblichen Klüngel zu mittäglichen Gelagen. Aber ich hatte kaum die Kraft, unter der Woche mehr zu tun, als zu Hause auf dem Sofa zu lümmeln oder im Büro untätig am Schreibtisch zu hängen. Ich hatte nicht mehr das Bedürfnis, in der Stadt herumzurennen wie ein entflohener Sträfling.

»Roman. Hast du wegen deines Zustands mal den Arzt aufgesucht?«

Ausgerechnet Swjagin, unser Buchhalter, stand in meinem Zimmer und betrachtete missbilligend das Schlachtfeld meines Schreibtischs und meine unordentliche Erscheinung. Ich hatte auf dem Stuhl gedöst, die Füße hochgelegt. Vielleicht hatte ich geschnarcht. Pound, Popow und Hastings waren unterwegs; Swjagin und ich waren allein im Büro. Ich setzte mich ruckartig auf, legte, mich vorbeugend, den Kopf in die Hände und fasste seine feiste, selbstzufriedene kleine Gestalt ins Auge.

»Ja, Sergei. Ich war in der Tat beim Arzt. Er sagt, ich habe das Tourette-Syndrom, du blöder Wichser.«

Swjagin seufzte blasiert und ging hinaus. In der Stille des Büros hörte ich seine nasale Stimme am Telefon sprechen und das Faxgerät wählen und senden, wählen und senden.

Der elende Fettsack ist bienenfleißig, dachte ich. Das muss man ihm lassen.

Pound war zerstreut und gereizt und schien meine völlige Unproduktivität gar nicht zu registrieren. Er schloss sich immer häufiger mit Swjagin ein, um irgendwelche gerissenen Steuertricks zu diskutieren. Swjagin hatte die Idee, eine Holdinggesellschaft in Zypern zu gründen. Ein ausgemergelter Anwalt, der mit ihm befreundet war und der die Verträge aufsetzen sollte, erschien alle paar Tage im Büro, manchmal begleitet von einer Notarin mit einem großen haarigen Leberfleck über der Oberlippe.

Diese drei – dünn, dick, hässlich – waren derartige Witzfiguren, dass ich immer die Titelmelodie aus *Dam Busters* summte, um Hastings über den Flur hinweg ihr Eintreffen zu signalisieren.

Seine Freundin Lena hatte Hastings verlassen, wie zu erwarten, und dabei seinen Fernseher, seinen Videorekorder, seine CD-Sammlung, seine Stereoanlage und seinen Pass mitgenommen. Ich erklärte ihm, damit sei er noch gut weggekommen, zumal sie zuletzt Geld für eine Abtreibung von ihm gefordert hatte.

»Wenigstens haben sie dir nicht die Nieren weggenommen, Mann. Es hätte schlimmer kommen können.«

»Aber mein Pass!«, jammerte Hastings. »Er wird jetzt wahrscheinlich von irgendeinem tschetschenischen Terroristen benutzt, Mann.«

»Sieh es als eine Art Abgeltung an.«

Der Revolutionsfeiertag am 7. November kam, und den Publicitas-Mitarbeitern blieb nichts anderes übrig, als sich das graue lange Wochenende mit Essen und Trinken zu vertreiben. Hastings und ich zogen uns mit Videos, Taschenbuchthrillern, chilenischem Wein und Marihuana in die Datscha zurück. Als wir am Dienstagmorgen unwillig wieder ins Büro schlichen, war Swjagin nicht da. Das war ein bisschen ungewöhnlich, denn er war normalerweise immer früh dran. Merkwürdigerweise war auch der Fahrer Kolja nirgends zu sehen, ebenso wenig Walentina Wladimirowna und Popow, der nach seiner Wahlkampfpause auf Kosten des Kremls in die Firma zurückgekehrt war. Die Tanjas waren da, hatten jedoch nichts von ihren Kollegen gehört, auch nicht von Pound. Achselzuckend begab ich mich in mein Zimmer.

Kurz nach Mittag klopfte es laut an der Tür. Tanja zwei ging sie aufmachen. Ich hörte einen schrillen Schrei und ein raues Gebelle barscher Männerstimmen. Ich wollte gerade aufstehen, da flog meine Zimmertür auf, und zwei Männer in schwarzen Kampfanzügen und schwarzen Sturmhauben platzten herein. Einer hatte eine Pistole in der Hand, die er auf mein Gesicht richtete.

»*Leschat!* Hinlegen!«, schrie er. »Runter! Runter!«

Ich war zu perplex, um mich zu bewegen. Jetzt war es so weit, sie hatten mich. Die Vergeltung brach mit Gewalt in mein Leben ein, und ich erhielt die wohlverdiente Strafe. Erschrocken starrte ich in den Lauf der Waffe und hob dabei unwillkürlich die Hände. Der zweite Mann packte mich mit flinken Bewegungen hinten am Kragen und stieß mich vom Stuhl auf den schmutzigen grauen Teppich.

»Hände an den Hinterkopf! Hände an den Hinterkopf!«

Ich tat wie befohlen. Der Teppich war widerlich. Ich atmete mit dem synthetischen Muff den in den Fasern hängenden Staub ein.

So. Bondarenko war also zur Tat geschritten. Ich hatte nicht damit gerechnet, dass es so schlagartig passieren würde und so gewaltsam. Hatte mich irgendein forensisches Beweisstück belastet, das er endlich aus dem Labor erhalten hatte? Hatte sich ein Zeuge gemeldet, ein heimliches Augenpaar, das den Mörder auf der Treppe gesehen hatte? Während ich da lag, die dick besohlten Stiefel der durch mein Zimmer trampelnden Polizisten betrachtete und dem guten Dutzend Männerstimmen lauschte, die im Flur durcheinander redeten, fühlte ich mich beinahe erleichtert. Ich hatte erleben müssen, wie mein Leben von einem konfusen seelischen Aufruhr, den ich weder erklären noch beherrschen konnte, bis zur Unkenntlichkeit verformt und zerquetscht worden war. Und auf einmal wurde ich mit atemberaubender Plötzlichkeit und Heftigkeit von der Ordnung am Kragen gepackt, was bedeutete, dass sie mich jetzt mit ihrem starken Arm abführen, festsetzen, einschließen würde.

Doch während die Minuten verrannen, kamen mir Zweifel. Ein Polizist stand schweigend neben mir, während die übrigen in den anderen Zimmern herumwühlten und sich unterhielten. Ich hörte die Tanjas mit ängstlichen Stimmen Fragen beantworten.

Warum redeten sie nicht mit mir? Es empörte mich fast. Ich bin es doch, meinetwegen seid ihr gekommen, wollte ich sagen. Verschwendet nicht eure Zeit damit, diese kleinen Trantüten zu verhören.

Schließlich kam nach ungefähr fünfzehn Minuten ein Mann in normalen schwarzen Schuhen und grauer Uniformhose mit roter Paspel herein.

»Hoch. Aufstehen.«

Ich rappelte mich auf, rieb mir die eingeschlafenen und stechenden Schenkel und richtete mich auf, um meinem Ankläger ins Gesicht zu sehen. Er war ein kleiner Mann in der zerknitterten Polyesteruniform eines Moskauer Polizeimajors. Sein Bauch hing ihm über den Gürtel, und seine Haare waren so dünn wie sein Geduldsfaden.

»Roman Lambert?«

Ich nickte.

»Pass.«

Ich zog die Schreibtischschublade auf und händigte ihn aus.

»Pankin. Lassen Sie eine Quittung darüber ausstellen.«

Der Polizist in Schwarz, der mich bewacht hatte, nahm meinen roten Pass und ging aus dem Zimmer. Auf dem Rücken seiner schwarzen Uniform stand in großen gelben Lettern »Steuerpolizei«.

»Was soll das alles?«

»Sind Sie darüber informiert, dass mehrere Gerichtsverfahren gegen Ihren Arbeitgeber anhängig sind?«

Ich schüttelte den Kopf. »Das muss ein Missverständnis sein.«

»Wann haben Sie Herrn Charles Pound das letzte Mal gesehen?«

»Vor dem Wochenende. Warum?«

»Firmen, die auf Herrn Pounds Namen unter dieser Adresse eingetragen sind, haben erhebliche Steuerschulden. Gegen ihn wird wegen eines besonders schweren Falles von Betrug ermittelt.«

Der Major gab mir seine Karte – Wladimir Alexandrow vom Moskauer Betrugsdezernat – und sagte mir, er werde meinen Pass bis auf Weiteres einbehalten. Man werde mich in den nächsten Tagen zum Verhör bestellen. Er notierte sich meine Telefonnummer, wählte sie und hörte sich zur Sicherheit meinen Anrufbeantworter an, dann ließ er mich gehen. Hastings wurde aufs Revier mitgenommen, weil Lena ihm seinen Pass geklaut hatte. Die beiden Tanjas halfen den Polizisten, Schachteln mit Ordnern in Plastikwannen zu laden, auf denen »Beweismaterial« stand.

Verwirrt trat ich hinaus in den Nachmittag. Merkwürdigerweise erleichterte es mich nicht, der Verhaftung fürs Erste entgangen zu sein. In meinem verwickelten Leben sah es jetzt so aus, als wäre ich demnächst arbeitslos. Zu Hause angekommen, rief ich Pound alle halbe Stunde an. Gegen sechs Uhr abends ging er endlich dran. Er klang mitgenommen.

»Charles! Hier ist Roman. Wo hast du gesteckt?«

»Roman. Ich war… auf der Polizei. Sergei, es war Sergei. Er hat sich die Firma unter den Nagel gerissen.«

Wir verabredeten uns zum Essen im Scandinavia. Pound war von der Polizei festgenommen worden, als er am Morgen seine Wohnung verlassen hatte. Der Ermittler im Betrugsdezernat war bestens vorbereitet gewesen: Dokumente, die er vor sich aufgestapelt hatte, erzählten eine Geschichte von Betrug, Steuerhinterziehung und Veruntreuung, und alle belasteten sie zweifelsfrei Charles Pound. Er habe kein einziges davon je zuvor gesehen, schwor Pound, doch sämtliche Gründungsurkunden, Vollmachten und Verträge trugen anscheinend seine Unterschrift, und notariell beglaubigte Fotokopien seines Passes lagen bei. Vorsichtig geschätzt kamen an Strafen und Gerichtsentscheiden gegen seine neu gegründeten Unternehmen ungefähr zwei Millionen Dollar auf Pound zu. Die Krönung des Ganzen war die Entdeckung, dass die Publicitas nicht mehr ihm gehörte, sondern einem zypriotischen Unternehmen mit griechischen Direktoren, von denen er noch nie gehört hatte.

»Sergei ist ein Genie, ein bösartiges Schwein von einem Genie. Die ganze Zeit hat er mich an der Nase herumgeführt. Tag für Tag. Tag für Tag hat er gerackert, um seinen Plan umzusetzen.«

Pound sah aus, als hätte er einen elektrischen Schlag bekommen oder als wäre eine Bombe neben ihm niedergegangen. Seine Hände zitterten, während er Whisky um Whisky kippte. Der Ermittler hatte ihm trocken erklärt, man werde ihn in Untersuchungshaft behalten, wenn er nicht bis zum Abend zehntausend Dollar in bar auf den Tisch legte. Gormley-Smith hatte die Kaution gestellt und das Geld in einem braunen Kuvert aufs Revier bringen lassen. Pound war zwar auf freiem Fuß, aber er musste sich am Morgen wieder auf dem Revier melden.

»Ich bin erledigt. Ich bin erledigt. Die stecken mich ins Gefängnis.«

Pound hätte sich keine Sorgen machen müssen. Swjagin hatte seinen Coup schnell und skrupellos ausgeführt. Er mochte bösartig sein, aber er war auch effizient. Pound vor Gericht wäre laut und lästig; Pound im Gefängnis würde einen internationalen Skandal verursachen. Der Handel war einfach. Mit seiner peniblen Fälschungsarbeit hatte Swjagin Pound genug Verbrechen angehängt, dass sie für fünf Jahre Gefängnis reichten. Aber wenn Pound mitspielte, wenn er einfach still seine Koffer packte und abzog und seinen Kunden erzählte, die Firma habe einen neuen Besitzer, wurden die Vorwürfe gegen ihn fallen gelassen.

»Pound hat noch Glück gehabt«, erzählte mir Popow ein paar Tage später. »Er ist auf die feine Art ausgenommen worden. Elegant. Professionell. Glaub mir, wenn er Russe gewesen wäre, hätte man ihn nicht so zimperlich behandelt. Sergei ist ein schlaues Aas, aber er hat ein Herz.«

Popow war jetzt Hauptgeschäftsführer der Publicitas.

Swjagin hatte ihm ein Angebot gemacht, das er nicht ablehnen konnte: Entweder er flog zusammen mit Hastings, mir
und den Tanjas, oder er leitete den Laden.

»Willst du mir jetzt moralisch kommen?«, sagte Popow
beim Bier im John Bull. »Wenn ja, dann tu das, während ich
pissen gehe. Sieh zu, dass die Moral aus deinem System verschwunden ist, bis ich zurück bin.«

Ich hatte nichts zu sagen.

Popow bezeichnete das Angebot, das er mir machte, als
großzügig: tausend Dollar für jedes meiner sechs Kunden-
konten. Im Austausch dafür hatte ich den Mund zu halten.

»Bitte, tu mir einen Gefallen. Tu dir einen Gefallen. Nimm
das Geld. Erspar uns den Papierkram.«

Papierkram, der mich vermutlich ans Messer geliefert hätte,
wie Pound ans Messer geliefert worden war. Ich nahm an.

Pound flog noch am selben Abend mit British Airways aus.
Er rief mich erst an, als er sicher zu Hause in London war,
und dann nur, um mir zu sagen, ich solle mir von der Putzfrau
seine Hausschlüssel besorgen und seine Habseligkeiten aus
der Wohnung räumen, bevor am Ende des Monats die Miete
fällig wurde. Ich ging gleich am nächsten Tag hin, doch es
war offensichtlich, dass die Putzfrau die elektronischen Ge-
räte und alles andere, was sie für wertvoll hielt, bereits hatte
mitgehen lassen, darunter auch Pounds elektrischen Wasserkocher und sein Bügeleisen. Ich packte seine Vorräte an Marmelade und Marmite, Wein und Winterstiefeln, Romanen
und Postern in einen Koffer und ließ den Rest liegen.

Die Moskauer Karriere von Charles Pound hatte ein jähes
Ende genommen, und das Einzige, was davon übrig blieb,

waren auf dem Fußboden verstreute Hemden zweiter Wahl und schmutzige Strümpfe.

Mir ging es nicht viel besser. Mein steiler Höhenflug als PR-Agent in Moskau hatte ein Jahr nach dem wackligen Start mit einer Bauchlandung geendet. Ich hatte meinen Arbeitgeber und Freund Pound verloren. Ich hatte meine Kollegen Popow und die Tanjas verloren. Hastings beschloss, Journalist zu werden, und trat eine Stelle bei einer englischsprachigen Zeitung in Budapest an.

»Fuck, Mann, diese Stadt ist mir echt zu heftig.«

Er hinterließ mir eine Kollektion zerlesener russischer Klassiker sowie ein paar schreckliche sozialistisch-realistische Gemälde, die er auf dem Flohmarkt gekauft hatte. Ich half ihm packen. Was ihm von zwei Jahren in Moskau blieb, passte in zwei Koffer.

»Bye, Alter«, sagte er, nachdem wir sein Gepäck in den Kofferraum eines stotternden Wolga-Taxis gewürgt hatten. »Bist du sicher, dass du hierbleiben willst? Wir sind hier doch bloß Frischfleisch, Mann. Nur eine Frage der Zeit, bis sie dich drankriegen. Fände ich furchtbar, Mann. Denk drüber nach. Bitte.«

Die Steuerpolizei hatte mir meinen Pass zurückgegeben. Vielleicht war es Zeit zu gehen. Ich dachte darüber nach. Aber England kam mir völlig unwirklich vor, kein Linienflug entfernt, sondern eine Welt. Hastings und ich hatten häufig in amüsierter Verwunderung den Kopf über die dummen Verbrecher im *Moskowski Komsomolez* geschüttelt, die offenbar nicht imstande waren wegzulaufen. Sie blieben immer am Schauplatz des Mords sitzen und betranken sich mit ihren

Kumpanen. Oder sie gingen nach Hause und warteten darauf, dass die Polizei sie holen kam. Jetzt aber begann ich langsam die allgemeine Lähmung in Russland zu verstehen. Seine großen offenen Weiten und seine Leere setzten einen nicht frei, sondern fesselten einen vielmehr. Anderswo war die Welt ungeheuer, feindlich und unbekannt, da blieb man lieber, wo man war, und arrangierte sich mit den Dämonen, die man kannte.

Ich traf mich hin und wieder mit Bernstein. Ich faxte ein paar Lebensläufe an Werbeagenturen. Die meiste Zeit lümmelte ich in der Wohnung herum. Sonja hatte eine neue Stelle als Sekretärin in einer Modelagentur angetreten, sie stand früh auf und kam spät von der Arbeit. Ich lebte wie ein Vampir von Abenddämmerung bis Morgengrauen. Wenn ich mich aus dem Bett quälte, meistens irgendwann am Nachmittag, putschte ich mich mit Kaffee auf und ging vielleicht schlafwandelnd einkaufen. Richtig wach wurde ich erst zur Abendessenszeit und verbrachte dann den restlichen Abend damit, mich in Kneipen oder zu Hause in den Schlaf zu trinken. Bei Tagesanbruch betäubte ich mich oft mit einer Handvoll Valium.

Eines Nachmittags lauschte ich gerade halb dösend, halb sinnend den Geräuschen der Welt im Ausklang des Tages. Ein langsam über den Fußboden kriechender Sonnenfleck zeigte an, wie die Stunden vergingen, während ich mich unruhig in meinem zerwühlten Bett herumwälzte. Das Telefon klingelte. Ich ignorierte es. Dann klingelte es ein zweites Mal, ein drittes, und jedes Mal klang es insistierender. Ich musste ohnehin dringend pinkeln und nahm im Vorbeistolpern den Hörer ab.

»Ja?«, bellte ich, während ich den Apparat an seiner langen Schnur mit ins Bad schleifte.

»Herr Lambert?«

Es war Bondarenko. Über vier Monate waren seit unserer ersten Begegnung vergangen, und ich hatte mir vorzustellen gewagt, dass die Untersuchung ohne greifbares Ergebnis im Sand verlaufen würde.

»Ja?«

»Könnten Sie vielleicht zu einem Gespräch herkommen? Ich habe Neuigkeiten für Sie. Es ist recht dringend.«

Ich versuchte es mit Ausflüchten, schob Termine vor, dann Krankheit. Wenigstens einen Tag gewinnen, um meine innere Abwehr hochzufahren. Aber Bondarenko war hartnäckig. Als er anbot, mich von einem Streifenwagen abholen zu lassen, kapitulierte ich und willigte ein. Ich legte den Hörer ab und erblickte im Badezimmerspiegel eine verhärmte, bleiche und aufgequollene Karikatur meiner selbst. Der Mann, den ich anschaute, war schwer vom Leben gezeichnet. Wie einer aus der Verbrecherkartei, kaputt und wütend und erniedrigt. Ich beugte mich vor und erbrach mich ausgiebig ins Waschbecken.

Drei Stunden später war ich halbwegs wieder beieinander. Ein paar Liter englischer Frühstückstee, Pizza aus der Mikrowelle, eine hastige, nicht ganz unblutige Rasur, und ich sah wenigstens ein klein bisschen menschlicher aus. Ich fand ein gebügeltes Hemd, eine Krawatte, meine einzige unbefleckte Hose, ein Nadelstreifenjackett, eine Sonnenbrille. Leicht schwankend machte ich mich auf den Weg, meinem Inquisitor gegenüberzutreten.

»Vielen Dank, dass Sie gekommen sind.«

Anders als sonst stand Bondarenko nicht für mich auf, sondern bedeutete mir mit einer höflichen Geste, ihm gegenüber Platz zu nehmen. Diesmal saß die Wachtmeisterin schon auf einem Holzstuhl hinter der Tür bereit.

»Sind Sie vielleicht krank? Sie sehen nicht gut aus.«

»Das sagte ich ja. Lebensmittelvergiftung, glaube ich. Vielleicht Sushi.«

»Aha. Sie lieben also exotische Erfahrungen, wie es scheint. Meine Sache ist das nicht. Nehmen Sie bitte Platz.«

Bondarenko sprach so langsam, höflich und pedantisch wie immer. Als ich mich setzte, hatte ich einen derart heftigen Hustenanfall, dass es mir den Atem verschlug.

»Erkältung auch«, krächzte ich. »Hab mich irgendwo erkältet.«

»Ah ja. Ich weiß, diese Stadt kann einem zusetzen, das Klima, das macht Ausländern zu schaffen.« Bondarenko hörte sich ehrlich mitfühlend an. »Sie sollten eine *banja* aufsuchen. Gehen Sie gern in die *banja*? Trinken Sie zur Stärkung ein Glas Wodka mit Pfeffer. Und stecken Sie sich Senfpflaster in die Strümpfe. Ich bin sicher, Sofija Semjonowna kann Ihnen dabei helfen.«

Ich nickte stumm und wischte mir den Mund mit einem Taschentuch ab.

»Gut. Zur Sache. Ich entschuldige mich, dass es so schnell gehen musste, aber es gibt wichtige Ergebnisse von den forensischen Gutachtern, die ich Ihnen nicht vorenthalten wollte.«

Wie jemand, der im Dunkeln nach einer fallen gelassenen Taschenlampe sucht, tastete ich langsam mein Inneres ab, um in den Schlupfwinkeln meines Gehirns die Stelle zu finden, wo sich mein früheres forsches Selbstvertrauen versteckte. Ich spürte, dass ich diesen klaren, starken Adrenalinstrom brauchte. Doch was ich fand, war nur stumme, wollweiche Stumpfheit.

»Sicher war diese Verzögerung auch für Sie sehr unangenehm. Unsere Forensiker sind einfach stark überlastet. Aber ich muss sagen, sie arbeiten sehr professionell. Trotz der schwierigen Umstände, in denen sich unser Land befindet. Ja, ich kann behaupten, dass ich großes Vertrauen zu unseren Grafologen habe.«

Ich kniff verständnislos die Augen zusammen. Bondarenko blickte in einen aufgeschlagenen Aktenordner auf seinem Schreibtisch, der vergrößerte Fotos verschiedener Dokumente neben maschinengeschriebenen Blättern enthielt. Wie versunken in professionelle Bewunderung, gab er leise beifällige Töne von sich, während er die Papiere überflog. Nach einer Weile erinnerte er sich an meine Anwesenheit.

»Ha, ja, Entschuldigung. Die Unterschriften sind nicht von Ihnen. Eindeutig. Und Ihre Fingerabdrücke sind nicht auf den Originalverträgen.« Er hielt mit einem Clownsgrinsen den Ordner hoch. »Macht Sie das nicht zufrieden?«

Abermals nickte ich stumm. In meinem Kopf Baumwolle. Gedämpfte, fehlzündende Gehirnsignale blitzten auf wie das Feuer einer fernen Seeschlacht. Ich rang um Worte. »Das ist gut. Natürlich. Das erleichtert mich sehr. Aber ich wusste, dass Sie mir glauben, deshalb habe ich mir keine Sorgen gemacht.«

Die Worte kamen fast flüsternd heraus.

Wie ich da zusammengesunkenen vor ihm saß, war der Unterschied zwischen meinem früheren kecken Auftreten und dem erschöpften Schatten, der ich jetzt nur noch war, nicht zu übersehen.

»Sie müssen mir eine Erklärung unterschreiben, die besagt, dass Sie diese Dokumente gesehen haben und mit ihren Schlussfolgerungen übereinstimmen.«

»Selbstverständlich.«

Ich wartete teilnahmslos, dass die Papiere fertig gemacht wurden, und unterschrieb sie sorgfältig, als ich sie vorgelegt bekam.

»Das wäre dann alles, glaube ich. Zurück ins Bett mit Ihnen. Und in die *banja*.«

Bondarenko stand auf und brachte mich zur Tür.

»Ach, eins noch«, sagte er, als wir in der Tür standen, und legte mir leicht eine Hand auf den Ellbogen. »Hatten Sie einen Streit mit Malachow? Eine Meinungsverschiedenheit über irgendetwas?«

Leiser Donner in meinem Kopf, ganz schwer meine Zunge.

»Nein. Hatte ich nicht.«

»Aha. Aber wie ich höre, gab es einen Vorfall auf einer Party, in einem Lokal in der Mjasnizkajastraße?«

»Hat Sonja Ihnen das erzählt?«

»Das hat sie nicht. Fräulein Warennikowa, muss ich sagen, hat sich bei ihrer Befragung höchst professionell verhalten. Sie hat mir gar nichts erzählt.«

»Professionell?«

»Eine Redensart. Aber Sie behaupten weiterhin, dass es keinen Streit gab? Bei unserer letzten Unterhaltung haben Sie mir nichts von einem solchen Streit erzählt. Da frage ich mich, warum. Vielleicht hatten sie ja einen Grund, sich zu streiten? Vielleicht haben sie sich doch gestritten? Und da interessiert es mich natürlich, warum Sie mir nicht die Wahrheit gesagt haben. Wieder einmal.«

Ein neuer, härterer Ton schwang in Bondarenkos Stimme.

»Was wollen Sie damit sagen?«

»Ich will gar nichts sagen. Aber hatten Sie nun einen Streit mit Malachow?«

»Nein. Ganz und gar nicht. Definitiv.«

Ich merkte, dass ich krebsrot im Gesicht wurde. Ich fühlte mich krank und schwach.

»Sind Sie da ganz sicher?«

Bondarenko blieb vollkommen ruhig. Ich setzte ein stählernes Lächeln auf und kicherte grundlos, und Bondarenko lächelte zurück.

»Dann auf Wiedersehen, Herr Lambert. Und baldige gute Besserung.«

Ich verabschiedete mich mit übertriebener Fröhlichkeit, aber als ich auf dem Gang um die Ecke bog, trat ich vor Wut über meine Dummheit gegen die Wand. Warum hatte ich wegen einer Sache gelogen, die so leicht nachzuprüfen und vor allen Dingen so belanglos war? Hunderte hatten gesehen, wie ich aus dem Club XIII geworfen wurde. Ich hatte es lediglich fertiggebracht, Bondarenkos geschäftigem kleinen Gehirn mehr Futter zum Grübeln zu geben.

Verdammt, verdammt, verdammt, du Idiot!, murmelte ich vor mich hin, als ich die abgetretenen Stufen hinunterstieg.

Nach meinem Treffen mit Bondarenko lag ich tagelang mit einer richtigen Grippe darnieder. Sonja pflegte mich, doch ich fühlte, wie mir mit jedem krächzenden Husten die letzte sommerliche Kraft entwich und an ihre Stelle eine tiefe Knochenmüdigkeit trat. Meine Krankheitstage flossen träge dahin, und während ich beobachtete, wie der dunkelgraue Novemberhimmel sich am Morgen aufhellte und am Abend verdunkelte, begann ich, eine weiche schwarze Stelle in meinem Kopf anzukratzen. Sie war giftig wie ein Tumor und empfindlich wie ein Eidotter. Wenn sie platzt, sagte ich mir, wird der schwere schwarze Eiter der Schuld und des Schreckens hinter meinen Augen hinunterlaufen und mein Leben mit Schmerzen verseuchen.

Mit dem Einsetzen des Winters gelangte ich in mir an einen toten Punkt. Das Gespenst der Depression, das mich im Leben sporadisch verfolgt hatte, ergriff von mir Besitz, und selbst als ich von der Grippe wieder genesen war, nahm ich das Telefon nicht mehr ab und ging nicht mehr aus.

Wenn ich aufwachte, sah ich manchmal Sonja mit sorgenvoller oder mitleidiger Miene auf mich niederblicken. Ich gab dann unverständliche tierische Protest- und Leidenstöne von mir und zog mir das Federbett übers Gesicht, und während ich mich darin vergrub und wieder einzuschlafen versuchte, hörte ich die Wohnungstür zuschlagen, und es war still in der Wohnung. Wenn sie von der Arbeit zurückkam, fühlte ich, wie ihre dünnen Arme sich um mich legten und mich fest drückten. Ich hatte mich so lange nicht mehr so geliebt gefühlt, dass es mir die Sprache verschlug.

»Roma. Wach auf. Zeit für ein Bad. Du stinkst.«

Ich ließ mich aus dem Bett schubsen und schlurfte ins Badezimmer. Sonja zog routiniert das Bett ab und kam mit einem Armvoll verschwitzter Bettwäsche hinter mir her. Ich legte mich in die kalte gusseiserne Badewanne, und um mich herum stiegen der Dampf und das Wasser.

»Ich habe tolle Neuigkeiten.«

»Mmm?«

»Ich habe eine neue Stelle.«

»Hmm.«

»Erinnerst du dich noch an Igor Schein?«

»An wen?« Dieser Name sagte mir etwas. Aber was?

»Dimas alter Geschäftspartner. Igor Schein.«

Ich spülte mir das Gesicht ab und schüttelte es trocken. »Natürlich. Was hast du denn mit dem zu schaffen?«

»Schein hat mir eine Stelle angeboten. Er will mich als Sekretärin haben. Ich habe mich gestern mit ihm getroffen. Er hat mir erzählt, Dima hätte den Unterhaltungskomplex in einem geschäftlichen Chaos zurückgelassen. Löhne nicht gezahlt. Lieferanten nicht bezahlt. Fördergelder nicht kassiert. Das Geld lag irgendwo in verschlossenen Tresoren. Schein sagte, die hätten sie mit Trennschleifern aufschneiden müssen. Egal. Er sagt, er vertraut mir. Er sagt, ich hätte ein gutes Organisationstalent.«

»Du kannst dort nicht arbeiten. Nicht für diese Leute.«

»Das kann ich nicht?«

»Nein. Das kannst du nicht.«

»Igor sagt, ich soll einen Kurs in Buchhaltung machen. Oder in BWL. Er zahlt mir tausend Dollar im Monat.«

Ich ließ mich ins Wasser sinken. Sonja schnatterte weiter.

Mich fröstelte trotz des heißen Wassers. Als ich schließlich aus dem abkühlenden Bad gestiegen war und wieder in meinem frisch gemachten Bett lag, schlotterte ich unkontrolliert.

»Mein armer Liebling. Bist du krank?«

Sie nahm meinen Kopf in ihre heißen kleinen Hände und hob mein Gesicht an ihres. In dem Moment platzte der schwere schwarze Dotter in meinem Kopf. Ich fühlte mich wie von einer mächtigen Flutwelle mitgerissen. Die Welt draußen vor dem Fenster verschwamm zu beängstigenden Schlieren, und ich klammerte mich an Sonja wie ein Ertrinkender. Plötzlich war sie die Starke, nicht mehr das beschädigte Unschuldslamm, sondern ein kleiner, aber fester Anker.

»Sonja«, sagte ich, während ich das Gesicht in ihren feinen duftenden Haaren vergrub. »Du darfst dort nicht wieder hingehen. Du musst dich von diesen Leuten fernhalten.«

»Warum?«

»Es gibt etwas, das ich dir sagen muss.«

14

Schiffbruch

»»Er weiß es!«, durchzuckte es ihn wie ein Blitz.«
Fjodor Dostojewski, *Verbrechen und Strafe*

Sie schlug mich. Hart. Mit der offenen Hand. Die Ohrfeige ließ funkelnde weiße Sterne vor meinen Augen tanzen. Sie tat erstaunlich weh. Mehr aber als der körperliche Schmerz verblüffte mich die hemmungslose Gewalt, die sie in den Schlag legte. Sie wollte mich verletzen, sosehr sie nur konnte.

»Du GOTTVERDAMMTER Idiot!«

Leichenblass im Gesicht, krümmte sie sich zusammen, griff sich in die Haare.

»Gottverdammter Idiot!«, wiederholte sie und ging erneut auf mich los. Ich erschrak dermaßen vor dem Zorn dieses Mädchens, das nur halb so viel wog wie ich, dass ich instinktiv zurückwich, mich von der verknäuelten Decke befreite und aus dem Bett sprang. Sie bemerkte meine Schreckreaktion und trieb mich in eine Ecke, wo sie mir einen weiteren harten kleinen Schlag an die Schulter versetzte, dann noch einen, schwächer, und weiter auf meine Brust eintrommelte, bis ihre Wut verraucht war.

Zuerst hatte sie mir nicht geglaubt. Sie dachte, meine Geschichte von der Ermordung Malachows sei vielleicht eine Fieberfantasie von mir. Selbst in meiner wilden Entschlossenheit, ihr alles zu beichten, verletzte es irgendwo auch meinen Stolz, dass sie mir partout keinen Mord zutrauen wollte. Dann aber begriff sie plötzlich, dass ich die Wahrheit sagte, und sie explodierte. Doch so plötzlich, wie ihr Zorn aufgeflammt war, erlosch er auch wieder, und sie blieb einfach rotäugig und schwer atmend vor mir stehen.

»Ich verstehe dich nicht. Warum? Warum bist du so wütend? Ich habe es doch für dich getan! Ich habe es für Katja getan.«

»Was? Du hast Dima für mich ermordet? Wann hätte ich dich je darum gebeten? Oder Katja? Hat ihre tote Seele sich bei dir dafür bedankt?«

»Aber was er euch alles angetan hat. Dir und Katja.«

»Was hat er uns angetan?«

»Er ... hat euch ausgebeutet. Er hat Katja belogen. Er hat euch gezwungen ... diese ganzen Sachen zu machen.«

Sonja schüttelte nur ungläubig den Kopf und sagte nichts. Ich redete weiter auf sie ein.

»Bondarenko hat mir Filme gezeigt. Hinterher. Grauenhafte Filme, Pornovideos. Du warst auch drin. Da war Dima schon tot. Aber da wusste ich, dass ich recht gehabt hatte. Wie er dich erniedrigt hat. Wie er Katja erniedrigt hat. Er hat sie benutzt und ihr das Herz gebrochen, und dann hat sie sich umgebracht. Das hat mich dermaßen angewidert. Dima hat mich angewidert. Sonja, begreif doch: Dima hatte den Tod verdient.«

Während ich redete, hatte Sonja sich die Hand vor den Mund gehalten. Jetzt aber fasste sie sich und sprach sehr langsam und deutlich.

»Roma. Du hast doch nicht die geringste Ahnung von mir oder von Katja. Du hast nicht die geringste Ahnung von Dima.

Oder von Russland. Dima? Mich erniedrigt? Er hat mich gerettet. Er hat Katja gerettet. Was meinst du, wo wir ohne ihn wären? Du hast doch Radost gesehen, oder? Du hast ein paar von meinen Freundinnen gesehen. Dick und hässlich. Kinder. Suff. Abgefuckte Männer. Sind dreißig und sehen aus wie fünfzig. Jeden Abend machst du Würstchen und *kascha*. Jedes Wochenende wirst du verprügelt, weil dein Freund betrunken ist. Du fickst seine Freunde für eine Flasche Wodka oder ein bisschen Kleingeld. Ja, Roma, das machen sie, das haben sie mir erzählt. Scheiße, ich brauch was zu trinken.«

Sie stürmte ins Wohnzimmer und goss sich ein großes Glas Jack Daniels ein, die Hälfte daneben.

»Und Katja? Weißt du, wo sie herkam? Irgendeine Vorstellung? Du warst doch auf deinem Ausflug mit Swerdlow so begeistert von dem großartigen russischen Kampfgeist in Tscheljabinsk. Vielleicht solltest du mal in den Kaukasus fahren, wo sie her ist, und dir den großartigen russischen Kampfgeist dort anschauen. Diese großartigen altehrwürdigen Kosakentraditionen, o ja. Großartige kämpferische Patriarchen sind das. Wusstest du, dass Katja von ihrem Cousin gefickt wurde, als sie zwölf war? Er hat sie hinter dem Schweinestall vergewaltigt, weil ihr Kreischen dort im Schreien der Schweine unterging. Als sie es ihrer Mutter erzählte, sagte die: ›Trau dich ja nicht, schwanger zu werden, du Hure!‹ O ja. Als sie ging, hatte ihr Vater schon die Heirat mit einem dicken Armenier arrangiert, der ein Geschäftspartner von ihm war.«

Feuer brannte jetzt in ihren Augen, während sie wild mit ihrem Glas herumfuchtelte und Whisky auf dem Teppich verschüttete.

»In Moskau konnte sie wenigstens ihre Fotze selbst verkaufen! Zu Hause hatte ihr Vater sie schon an ihrer Stelle verkauft. Dima? Dima Malachow war der Retter. Meinst du, wir
hätten nicht gewusst, worauf wir uns einließen, als wir nach
Moskau kamen? Natürlich wussten wir das. Wenn eine dir erzählt, sie hätte geglaubt, sie würde nur ein bisschen ›modeln‹,
ein bisschen ›kellnern‹, ist sie ein verlogenes Miststück. Sie
spielt dir was vor. Keine Frau gibt gern zu, dass sie eine Hure
ist. Jede hat eine Geschichte auf Lager. Aber Dima – Dima hat
uns geholfen. Er hat uns beschützt. Er hat uns Kleider gekauft
und Flugtickets und Make-up und hat uns nett ausgeführt
und uns zum Lachen gebracht. Und er hat uns beigestanden.
Was mehr ist, als ich von dir behaupten kann.«

Zum ersten Mal seit Jahren traten mir heiße Tränen in die
Augen.

»Ja, von dir. Stehst du mir bei? Meinst du, ich könnte mich
auf dich verlassen? Auf meinen herzallerliebsten Roma, der
nach Tscheljabinsk abdüst, wenn ihm gerade danach ist,
der am selben Abend in London sein kann wie sein Freund
Charles Pound? Was wirst du ihnen allen für tolle Abenteuer
aus deiner Zeit in Russland zu erzählen haben, Roma. Die ganzen wilden Bräute, mit denen du geschlafen hast, die ganzen
wilden Partys, auf den du warst, die ganzen geilen Drogen, die
du genommen hast! Fantastisch! Wir aber müssen immer hier
leben. Dima hat das verstanden. Er kannte das wichtigste Ge-
setz in diesem Scheißland, und das heißt Geld. Hast du es, bist
du frei. Hast du es nicht, gehörst du jemandem. Der Unterschied zwischen dir, Roma, und russischen Männern ist der:
Russische Männer wissen, dass sie dafür bezahlen müssen.

Mit Geld, mit Schuhen, mit Autos, mit Wohnungen, womit auch immer. Sie erwarten nicht, es umsonst zu kriegen, wie deine knickrigen ausländischen Freunde.«

Ich hatte Sonja noch nie so erlebt. Sie zitterte vor Erregung, eine zierliche Furie, die über meine Welt Gericht hielt.

»Weißt du, was ich mal werden wollte, als ich klein war? Ich wollte Ausländer werden. Echt wahr. Kein Witz. Ich machte mal eine Klassenreise zum Lenin-Mausoleum mit. Es war Winter. Wir standen in der Kälte Schlange. Man musste stundenlang anstehen, bevor man an der Reihe war. Und da kam eine Gruppe ausländischer Touristen mit ihren Aufpassern und Führern, mit ihren schönen dünnen Mänteln und feinen Schuhen und teuren japanischen Kameras, und alle sagten: ›Oh, da kommen die *Intouristi*! Lasst die Ausländer durch!‹ Alle wollten ihnen Russland besser präsentieren, als es in Wirklichkeit war. Und von da an wusste ich: Ich wollte eine von denen sein. Ein Ausländer. Und als ich zur Schule ging, weißt du, wen wir am meisten bewunderten? Valutaprostituierte. Ganz im Ernst. Als ich ein Teenager war, gab es einen Film, *Interdewotschka*, über ein Mädchen, das reiche Finnen für Dollars fickt. Und sie trägt schöne Kleider und fährt in Taxis herum, und einer der Finnen will sie sogar heiraten. Bloß ein Märchen. Aber wir alle wollten dieses strahlende Mädchen sein.«

Sonja kippte den letzten Schluck Whisky, goss sich ein neues Glas ein und schob mir die Flasche zu, sodass sie über mein Sideboard glitt und dicht vor der Kante stehen blieb, genau wie in einer Wildwestbar im Film.

»Trink. Du musst dir das anhören. Kapierst du langsam? Mein Leben lang wollte ich aus Radost weg. Ich hatte im Grunde nie einen Vater. Keine meiner Freundinnen hatte einen. Wir lebten in einer Welt, wo alle Typen jämmerlich waren. Jämmerlich, wenn sie jung waren, dann widerlich, wenn sie alt waren. Aber Dima? Der war ein richtiger Mann. Er war großzügig, und das bedeutete viel. Gut gekleidet. Witzig. Er war wie ein Besucher von einem andern Stern. Es gab mal eine sowjetische Fernsehserie, die *Gäste aus der Zukunft* hieß und von Jungen handelte, die eine Zeitmaschine finden. Egal. Dima kennenzulernen war jedenfalls genauso. Er war unser Gast aus der Zukunft. Er war unsere Zeitmaschine. Er war auf der Suche nach den besten Mädchen, um sie nach Moskau mitzunehmen. Wie oft würde sich mir so eine Gelegenheit bieten? Natürlich kam ich mit. Natürlich kam Katja mit. Und wir taten, was er von uns verlangte.« Sie starrte mich herausfordernd an. »Ich glaube, ich muss nicht genauer werden.«

Ich schüttelte den Kopf. »Aber Katja ... Katja war nach diesem Schönheitswettbewerb so enttäuscht. Das hat ihr das Herz gebrochen. Dima hat sie betrogen. Er hat ein Versprechen gebrochen.«

Sonja schnaubte verächtlich. »Gott. Kann einer wirklich so naiv sein? Meinst du, wir Mädchen bringen uns um, nur weil die Männer ihre Versprechen brechen? Ich sage dir, wenn wir das tun würden, wären nicht mehr sehr viele von uns am Leben. Nein. Dima hat uns das Blaue vom Himmel versprochen. Meinst du, wir hätten jedem Wort geglaubt? Natürlich nicht. Aber wir glaubten, ein klein bisschen könnte vielleicht dran sein. Und bei Dima war ziemlich oft viel mehr dran als nur ein klein bisschen. Er war wie ein Politiker. Die machen auch große Versprechungen, und kein Mensch erwartet, dass sie alle gehalten werden. Na klar war Katja enttäuscht. Aber meinst du vielleicht, sie war ein zartes Blümlein, das darüber nicht weggekommen wäre? Natürlich ist sie drüber weggekommen. Katja hat sich umgebracht, weil sie ein Vollidiot war.«

Das russische Wort *dura*, »Idiotin«, war viel härter als die englische Entsprechung. Mit demselben Wort hatte Malachow kurz vor seinem Tod Katja bezeichnet.

»Ach, bist du jetzt schockiert, Roma? Ja, sie war ein Vollidiot. Sie hat Scheiße gebaut. Weißt du, was sie bei Dima gemacht hat damals in der Nacht, als sie sich die Pulsadern durchschnitt? Sie hat sich entschuldigt. Ja, so war es. Weißt du noch, was sie sich an Drogen reingezogen hat? Weißt du noch, wie scheiße sie aussah? Jawohl. Jedenfalls hatte Dima ein paar Sachen für sie aufgetan. Modeljobs. Richtige, für Sascha Borodin. Modesachen, für eine Zeitschrift. Und sie kommt zu spät zum Termin, sieht aus wie ein Junkie, Fieberbläschen, Ringe unter den Augen. Sie hatte Dima hängen lassen. Sie hatte Mist gebaut. Also kam sie zu ihm nach Hause, um sich bei ihm zu entschuldigen. Ich weiß nicht, was er ihr erzählt hat. Aber ich nehme mal an, es war das Gleiche, was er mir ein paar Monate zuvor erzählt hat. Ja, als ich Vint gespritzt habe. Als wir uns kennenlernten. Weißt du noch? Ich denke schon. Egal. Dima sagte zu mir: Reiß dich verdammt noch mal zusammen, Mädel, denn niemand wird deinen Junkiearsch retten, wenn du damit nicht aufhörst. Ja, so war das. Bildest du dir vielleicht ein, du hättest mich aus diesem Keller und vor der Vintsucht gerettet? Nein, es war Dima. Mit ziemlich harten Worten. Aber die Welt ist hart. Ich hab es mir hinter die

Ohren geschrieben und mich am Riemen gerissen. War gar nicht so schwer. Aber Katja? Katja konnte nicht damit umgehen, vermute ich. Dima hat sie wahrscheinlich als Idiotin beschimpft. Ganz gewiss hat er mich als Idiotin beschimpft. Aber statt seinen Rat anzunehmen, schneidet sie sich in seiner Badewanne die Pulsadern auf.«

Sonja weinte mittlerweile – jedenfalls liefen ihr beim Reden Tränen aus den Augen, doch ihre Stimme blieb ruhig und hart.

»Ich schätze, man könnte es als Hilferuf bezeichnen. Sie wollte, dass Dima sie rettet.«

Meine Kehle war trocken. »Aber er hat sie nicht gerettet.«

»Hat er nicht? Er hat den Krankenwagen gerufen. Er hat sie ins Krankenhaus bringen lassen. Was hätte Dima sonst tun sollen? Er hatte keine Chance, sie zu retten. Keiner von uns hatte eine Chance, sie zu retten, weil Katja beschlossen hatte, dass sie mit dem Leben nicht fertigwurde. Wahrscheinlich sah sie im Krankenhaus in den Spiegel, und eine Halbtote starrte ihr entgegen. Oder der Vintentzug war zu brutal – du weißt ja, wie schlimm das sein kann. Da ist sie halt aus dem Fenster gesprungen.«

Ärgerlich wischte sich Sonja mit dem Handrücken die Tränen weg.

»Katja? Ich habe Katja geliebt. Aber Katja war schwach. Dima hielt sie bei der Stange, solange er konnte. Aber Freunde können nur so und so viel für einen tun. Letzten Endes sind wir alle allein. Das hat Dima uns eingebläut. Er war unser großer Bruder. Er hat uns aus unserem beschissenen Leben rausgeholt. Er hat uns vor uns selbst gerettet. Die meisten von uns.

Katja war eine, die er nicht retten konnte. Und du – ich fass es nicht! – du bringst ihn um.«

Ich suchte verzweifelt nach Worten. »Ich dachte ... ich dachte, ich ...«

»Was dachtest du, du Arsch? Was dachtest du?«

Sie schrie jetzt. Ich dachte an die Nachbarn und ging auf sie zu, die Hände beschwichtigend erhoben.

»Bleib mir vom Leib!«

Sie griff sich das schwere Whiskyglas und warf es nach meinem Kopf. Es ging daneben und zersplitterte an der Wand. Im Zurückweichen griff sie sich alles, was ihr in die Hand fiel – ein Schuh, ein Teller, eine fast leere Flasche Wodka –, und schleuderte es mit aller Kraft. Etwas traf die Lampe, so dass sie umfiel und die Glühbirne zerbrach und nur noch das Licht aus dem Schlafzimmer hereinschien.

»Rühr mich nicht an! Mörder! Mörder! Du elender Irrer!«

Ich stürzte zu ihr, umklammerte sie und hob sie hoch, obwohl sie schrie und strampelte und mich in die Schulter zu beißen versuchte. Mein erster Gedanke war, sie zum Schweigen zu bringen, bevor die entrüsteten Nachbarn die Polizei riefen. Ich nahm sie über die Schulter, warf sie aufs Bett und zerrte ihr Decke und Kissen übers Gesicht. Als ich mich mit meinen hundert Kilo auf sie setzte, konnte sie sich nicht mehr rühren, obwohl sie sich mit erstaunlicher Kraft wehrte. Ich drückte ihr ein Kissenpaket aufs Gesicht, um ihre Schreie zu ersticken, und hielt sie mit den Armen, den Beinen, dem ganzen Körper fest, fester, als ich je zuvor jemanden gehalten hatte, bis sie ihren Widerstand aufgab.

Ich weiß, was Sie jetzt denken.

Nein, Sonja starb nicht.

Lange lagen wir so. Ich lauschte auf Beschwerdetöne von den Nachbarn und hörte keine. Ich fühlte Sonja atmen.

»Lass mich bitte los.«

Ein winziges Stimmlein, kaum zu hören unter dem Bettzeug.

»Du erstickst mich. Roma. Bitte.«

Ich lockerte den Griff und legte ihre schweißnasse Stirn unter den Kissen frei. Ihre Haare waren ganz strohig auf der feuchten Haut, als ich meinen Kopf darauf legte.

»Liebling. Es tut mir so leid. Es tut mir so leid. Es tut mir so leid.«

Sie sagte nichts.

»Ich tat, was ich für richtig hielt. Ich dachte, es wäre das Richtige.«

Sie atmete langsam und gleichmäßig weiter.

Draußen rauschte der Verkehr auf dem Gartenring. Es war eine kalte, bewölkte Nacht, und durch die offene *fortotschka* kam eisige Zugluft. Einige Zeit nach Mitternacht ging ein Schneeschauer nieder, der sich in gefrierenden Regen verwandelte. Er tropfte auf mein Fensterblech. Derselbe Regen fiel auf das Deck der *Alexandr Blok*; er fiel auf das billige Blechdach von Inspektor Bondarenkos Datscha, und er fiel auf Dima Malachows neuen Granitgrabstein auf dem Wagankower Friedhof. Es regnete die ganze Nacht sanft auf die Lebenden und die Toten der Stadt.

Irgendwann fanden wir Schlaf. Ich musste Sonja die ganze Nacht festgehalten haben, denn am Morgen wachte ich davon auf, dass sie sich von meinen klammernden Armen und Beinen losmachte.

»Es tut mir so leid«, wiederholte ich noch halb im Schlaf.

»Ich weiß. Ich weiß.«

Sie legte mir die Hand auf die Stirn. Es war wie eine Absolution.

»Du hast Fieber. Schlaf.«

Nachdem ich Sonja gebeichtet hatte, waren die ersten Tage wie eine Rekonvaleszenz. Ich fühlte mich auf einmal sehr alt und sehr müde, schwach und hilflos wie ein Tattergreis. Der ungeheure Fehler, den ich begangen hatte, war wie ein großer, schwerer Tumor mitten in der Brust. Mein Verbrechen stand zitternd vor meinem inneren Auge wie ein geworfenes Messer. Ich wünschte mir sehnlich, das Messer fassen und aus mir herausziehen zu können.

Doch das konnte ich nicht.

Hatte Sonja mir verziehen? Schwer zu sagen. Die Tatsache, dass ihr Liebhaber ein Mörder war, hatte ihr Bewusstsein geschluckt, verdaut und neben den vielen anderen grässlichen, unaussprechlichen Erfahrungen abgelegt, die sie im Laufe ihres kurzen, grausamen Lebens gesammelt hatte.

»Wenn ich dir verzeihen würde, würde dir das helfen?«, fragte sie. »Wenn es dir hilft, ja, ich verzeihe dir.« Aber ich wusste nicht, was sie dachte. Ich hatte das Gefühl, sie weniger denn je zu kennen.

Am Sonntag ging es mir körperlich besser. Sonja bestand darauf, dass wir in die Kirche gingen und ein paar Kerzen anzündeten.

»Dafür bist du gesund genug. Komm mit. Sofort. Los! Auf! Auf!«

Sie scheuchte mich aus dem miefigen Bett, und ich zog eine Jeans aus einem Haufen schmutziger Wäsche auf dem Fußboden. Wir gingen Arm in Arm den Strastnoiboulevard hinunter zur Sankt-Dmitri-Kirche am Lenkom-Theater. War ihre Kirchenwahl reiner Zufall? War ihr der Name überhaupt aufgefallen? Ich wagte nicht zu fragen.

Die wuchtigen Säulen und vom Rauch gedunkelten Wände des alten Gemäuers zeugten von seinem hohen Alter. Ein Häuflein Gläubiger, hauptsächlich alte Frauen, drängte sich um den Altar, wo ein Priester die Messe sang. Es roch nach Weihrauch und nach feuchter Wolle. Sonja kaufte klebrige gelbe Kerzen und führte mich an der Hand zur Ikone der heiligen Jungfrau. Sie hatte sich züchtig ihren Schal über den Kopf gezogen, und während sie sich mehrmals vor dem verblassten goldenen Bild bekreuzigte, wirkte sie plötzlich viel russischer als sonst.

»Bitte Gott um Vergebung«, flüsterte sie.

Ich nickte gehorsam, zündete die Kerzen an und versuchte, Reue zu empfinden. Ich durchforschte mein Inneres nach Mitleid mit Malachow, fand aber nur reichlich Mitleid mit mir selbst. Ein Teil von ihm lebte in meinem Kopf fort und behexte mich wie ein afrikanisches Juju. Ich bekreuzigte mich flüchtig und blickte auf die abgewetzten eisernen Tafeln auf dem Fußboden.

»Wir sollten jetzt gehen, Roman«, sagte Sonja, nahm mich am Arm und führte mich auf die Straße hinaus wie einen kleinen Jungen.

Ich war, erkannte ich, innerlich völlig ausgehöhlt. Äußerlich wirkte alles stumpf, wie durch eine fettbeschmierte Linse betrachtet, und das lag nicht allein daran, dass der einsetzende winterliche Schneefall die Stadt mit einer schmutzigen Matschschicht bedeckte.

Ein neuer Morgen, Neuigkeiten von meinen Eltern zu Hause in London, die Wärme, die ich empfand, wenn Sonja sich an mich schmiegte, selbst die Vorstellung, einen anderen heißen, geschmeidigen kleinen Körper zu verführen – mich langweilte alles. Das Einzige, was mich aus meinem Stupor riss, war seltsamerweise der innere Hader mit der Ungerechtigkeit, dass ich für eine der wenigen eindeutig gerechten Handlungen, die ich je begangen hatte, bestraft werden sollte. Ich hatte aus reinen Motiven gehandelt, fand ich. Ich hatte bloß einen Fehler gemacht. Ich hatte Malachow verkannt. Irgendwie hatte ich unter der Oberfläche seiner Gemeinheit das Gute übersehen, das er wohl auch gehabt hatte. Dieser verletzte Stolz war die einzige Emotion, die ich in mir ausmachen konnte, abgesehen von gelegentlichen kurzen lüsternen Anwandlungen und, weniger stark, einem unspezifischen Widerwillen gegen alles um mich herum.

Wenn ich in den Spiegel sah, erblickte ich alle äußeren Merkmale meines alten Ich: das blasse, Fett ansetzende fleischige Gesicht, die schütter werdenden Haare, die markanten blauen Augen.

Aber es war niemand mehr dahinter.

Die normale Fähigkeit, Erbarmen und Reue zu empfinden, war verschwunden und existierte jetzt nur noch abgetrennt von mir als eine rationale Vorstellung, die irgendwo dort draußen in der Welt gang und gäbe war. Ich imitierte einfach den Menschen, der ich einmal gewesen war, um meine Umgebung nicht zu beunruhigen. Aber ein großer Teil von mir war verbrannt, und übrig geblieben war nur ein Gerippe: Höflichkeit, Vorurteile, soziale Antennen, berufliche Fertigkeiten. Etwas Grässliches war mit mir geschehen, und ich konnte nicht recht begreifen, warum. Ich bekam es nicht zu fassen.

Ich träumte von Bondarenko. Weißäugig stand er auf einer düsteren Bühne wie ein Shakespeare'scher Geist, ohne ein Wort zu sagen.

Sonja verbrachte immer mehr Zeit in der Arbeit. Sie hatte meinen Einwand in den Wind geschlagen und die Stelle bei Schein angenommen, trotz ihres schrecklichen Wissens. Schein brauche sie, erklärte sie mir, und ich nickte ergeben und aufmunternd.

Schein hatte alle Hände voll zu tun mit Malachows Hinterlassenschaft und mit den Verteilungskämpfen, die nach seinem Tod eingesetzt hatten. Sonja hatte von ihm einen erstklassigen Motorola-Pager bekommen und durfte rund um die Uhr über einen seiner Fahrer verfügen, einen abgebrühten Ganoven namens Wanja, dessen uralter Wolga laut unter meinen Fenstern knatterte, wenn er auf sie wartete. Ich hatte mir ein paar Kochbücher gekauft und verbrachte die Abende damit, aufwendige Kasserollen zuzubereiten, die ich in der Regel allein verzehrte. Wenn Sonja spät in der Nacht nach Hause kam, schloss sie sich im Bad ein und ließ sich eine dampfende Wanne einlaufen. Manchmal ließ sie sich von mir lieben, sanft, von hinten, während sie schon halb schlief.

Hier in diesen Wänden, mit Sonja an meiner Seite, war ich sicher. Nachts schluckte ich ein paar Valium oder Relanium, um die Träume zu vertreiben. Die Zukunft war eine graue Leere. Ich fühlte mich wie ein schutzsuchender Flüchtling auf dem Deck eines Dampfers, der in der Nacht ablegt mit Kurs auf ein unbekanntes Ziel, umgeben von Stapeln meines Lebensgepäcks und von den Sternen mit trägem, kaltem Feuer beregnet.

Swerdlow rief an. Im Unterschied zu meinen meisten anderen sogenannten Freunden hatte er meine Abwesenheit bemerkt und machte sich Sorgen um mich. Seit Hastings' Weggang und der Übernahme der Publicitas hatte ich keine Miete mehr für die Datscha gezahlt. Tim und Janie sprachen ein paar zähneknirschende Nachrichten auf meinen AB, um mich an die Zahlungen zu »erinnern«, dann gaben sie es auf mit mir.

»Du lebst!« Swerdlows Stimme am Telefon war wie ein Ton aus einer fernen Vergangenheit, in warmer Erinnerung, aber irgendwie unwirklich. »Allen Göttern deiner Wahl sei dafür Lob und Dank.«

Er war auf einem seiner seltenen Abstecher in die Stadt. Wir verabredeten uns in einem Café in der Nähe meiner Wohnung. Ich musste grinsen, als ich bemerkte, dass er die Kellnerinnen sofort auf seine häuslichen Gewohnheiten eingeschworen hatte. Er rief schon alle drei beim Vornamen, und sie überschlugen sich, um ihm seinen superstarken Tee, Teller mit Piroggen und einen extra großen Aschenbecher zu bringen. Er hatte sie noch nicht überredet, sich auszuziehen, aber wenn man ihn machen ließ, hatte ich das Gefühl, war auch das nur noch eine Frage der Zeit.

Ich ließ mich auf den Stuhl ihm gegenüber fallen.

»Ah, mein lieber Freund Roman. Du siehst beschissen aus.«

»Da solltest du mal den andern sehen.«

Swerdlow tat mir den Gefallen, über meinen billigen Witz herzhaft zu lachen, und das munterte mich ein wenig auf.

Wir unterhielten uns über die Sache mit der Datscha. Tim und Janie hatten als Ersatz für Hastings und mich neue Mieter gefunden, Gore-Tex-Träger wie sie. Er hatte hinten herum von der Publicitas-Übernahme gehört. Ich erzählte ihm, was ich wusste.

»Aber das ist nicht der Grund dafür, dass du so fertig bist, glaube ich. Diese Agentur war nicht dein Leben. Du bist in ein Eisloch gefallen, scheint mir, und jetzt kommst du nicht wieder raus.«

Einen tollkühnen Moment lang dachte ich daran, ihm alles zu beichten, wie ich es mit Sonja gemacht hatte, schlug mir aber den Gedanken schnell wieder aus dem Kopf.

»Ich will dir eine Geschichte erzählen. Die Personen sind erfunden. Und ich würde gern deine Meinung dazu hören.«

»Ein Märchen. Die mag ich am liebsten.«

Swerdlow zündete sich die nächste stinkige Papirossy an und hüllte uns beide in eine schwarze Tabakwolke ein.

»Es gibt ein russisches Mädchen. Hübsch. Sie wächst irgendwo am Arsch der Welt auf. Ein Mann kommt aus Moskau und nimmt sie mit in die Großstadt. Er lässt sie als Prostituierte arbeiten; er lässt sie in Pornofilmen mitspielen. Er hat viele Mädchen wie sie. Er ist ein Dieb. Er ist unehrlich.

Eines seiner Mädchen bringt sich um, weil er so ein Scheißkerl ist.«

Swerdlow nickte verständig. »Keine sehr lustige Geschichte bis jetzt, muss ich sagen. Verliebt sich irgendwer?«

»Ja. Dieses Mädchen lernt einen Ausländer kennen. Sie verlieben sich. Und dieser Ausländer, er ... er schafft diesen anderen Mann aus ihrem Leben. Für immer.«

»Ah ja. Ein Held. Jedes Mädchen braucht einen Helden, der sie rettet.«

»Doch statt ihm dankbar zu sein, wird sie wütend. Sie sagt, der andere sei für sie wie ein großer Bruder gewesen. Sie sagt, sie habe ihm vertraut, obwohl das meiste, was er ihr erzählte, kompletter Scheißdreck war. Der Ausländer wollte etwas Gutes für das Mädchen tun, das er liebte, und dann hat sie ihn dafür gehasst.«

»Sie wollte gar nicht gerettet werden?«

»Vermutlich nicht.«

»Sie hat recht. Ich verstehe sie. Jetzt schau nicht so geschockt und verletzt. Sie hat recht, weil dieser Mann *swoi* war. Verstehst du das Wort? *Swoi* – ein Unsriger. Einer von uns. Du kennst die Wörterbuchbedeutung, aber du weißt wahrscheinlich nicht, was es wirklich bedeutet. In England lebt ihr in einem sehr zugebauten Land. Ich meine nicht mit Häusern, sondern mit Systemen. Mit Gesetzen. Regeln. Du hast mir mal erzählt, deine Schule sei fünfhundert Jahre alt. Und deine Universität neunhundert Jahre. Du kannst dir sicher sein, dass deine Kinder und Enkel sie eines Tages besuchen können und dass der Ablauf dann genauso reibungslos sein wird wie immer. Und wenn du in London auf der Straße gehst und jemand haut dir auf den Kopf und stiehlt dein Portemonnaie, dann weißt du, dass du zur Polizei gehst, und die werden dich ins Krankenhaus bringen und nach dem Dieb fahnden und dir dein gestohlenes Eigentum sogar zurückgeben, wenn sie es finden. Du weißt, sie werden kein Schmiergeld von dir verlangen und auch nicht zu dir nach Hause kommen und noch mehr stehlen. Apropos dein Haus: Dein Vater hat es gekauft, und du weißt, es wird eines Tages dir gehören. Der Staat kann nicht kommen und es dir wegnehmen. Du legst auf zehn Jahre Geld auf einer Bank an, und du gehst mit dem Gefühl schlafen, dass es sicher ist. Du machst dir keine Sorgen, dass es die Bank morgen nicht mehr gibt und dein Geld weg ist. Ich denke, du verstehst, worauf ich hinauswill, nicht?«

Ich nickte und griff mir zur Selbstkasteiung eine von Swerdlows mörderisch starken Zigaretten.

»Hier in Russland haben wir keine Gesetze. Wir haben keine Rechte. Wir haben keine Gerechtigkeit und kein Eigentum und auch keinen Staat, der uns beschützt. Wir haben *swoi ljudi*. Leute. Unsere Leute. Sie sind die Einzigen, denen wir trauen, selbst wenn sie schwach und unehrlich sind. Denn auch wir sind manchmal schwach und unehrlich. Aber man hält immer zu seinen Leuten.«

Ich musste würgen, als ich den giftigen Rauch der Belomorkanal inhalierte, überwand mich aber, weiterzurauchen.

»Weißt du, was Lew Tolstoi gesagt hat, unser unsterblicher russischer Schriftsteller? Er sagte: ›Alle guten Menschen sollten sich zusammentun und alle schlechten Menschen töten.‹ Er war ein großer Ironiker. Wusstest du, dass er auf seinem Gut in Jasnaja Poljana seine eigenen unehelichen Kinder als

Hausdiener beschäftigte? Stimmt wirklich. Aber darum geht es nicht. Es geht darum, dass schon viele versucht haben, Russland zu retten, indem sie die schlechten Menschen aus dem Weg schafften. Manchmal Millionen auf einen Schlag. Hat bis jetzt noch nicht geklappt.«

Er trank den letzten Rest seines gewohnten Vierbeuteltees aus und bestellte den nächsten.

»Mein Rat: Versuch lieber nicht, einen Menschen zu retten oder die Welt zu retten. Sonja muss nicht gerettet werden. Sie braucht jemanden, der *swoi* ist.«

Wir wurden von der molligen Warja unterbrochen, die ein frisches Kännchen heißes Wasser und den nächsten Stapel Lipton-Teebeutel brachte und dabei Swerdlows Kahlkopf mit einem koketten Lächeln bedachte.

»Das Märchen geht so weiter: Liebe sie. Schlaf mit ihr. Gib ihr viel Geld, damit sie der Welt zeigen kann, dass sie geliebt wird. Lass sie selbst entscheiden, mit wem sie befreundet sein will. Finde dich mit dem andern ab, wer es auch sein mag. Du und er, ihr gehört beide zu Sonjas Stamm. Deshalb seid ihr keine Feinde, ob es euch passt oder nicht. Ihr seid Brüder.«

Ich erwachte davon, dass Sonja im Mantel auf meinem Bett saß, die Wimperntusche von Tränen verschmiert. Es war nach vier Uhr morgens. Sie schloss mich, wie sie es jetzt manchmal tat, auf eine seltsam mütterliche, unendlich begütigende Art in ihre dünnen Arme. Wie wenn eine Hundemutter ihr Junges beschnüffelt, streichelte sie mich sanft und küsste mich auf Kopf und Hals, und dabei blickte sie mir ernst in die Augen, als fürchtete sie, schlimme Gedanken darin zu lesen.

»Roman, wach auf. Wach auf, Roman. Ich weiß, was du tun musst.« Sonjas Stimme war leise und fest. »Roman, mein Liebling. Ich habe nachgedacht. Hörst du mir zu? Das ist jetzt sehr, sehr wichtig.«

Ich schmiegte mich dichter an sie und vergrub mein Gesicht in ihrem feuchten weißen Nerzärmel.

»Was ist passiert?«

»Nichts. Nichts ist passiert. Aber mir ist etwas Wichtiges klargeworden. Roman, du musst gestehen. Du musst es Inspektor Bondarenko sagen. Deine unsterbliche Seele ist in Gefahr.«

»Aber ... aber wenn ich nun ins Gefängnis komme?«

Während ich den valiumschweren Schlaf abzuschütteln und klar im Kopf zu werden versuchte, redete sie langsam und unbeirrt weiter auf mich ein.

»Es ist die einzige Möglichkeit, wie du je wieder frei wirst. Es ist die einzige Möglichkeit, wie du diese Sünde auslöschen kannst, die dich auffrisst. Du wirst wieder schlafen können, mein Liebling, gut schlafen. Und ich werde auf dich warten.« Sie drückte beim Reden meinen Kopf an ihre kleinen Brüste, liebkoste ihn sanft.

»Und wenn du es nicht tust ... wenn du ihnen nicht die Wahrheit sagst, dann werde ich es tun müssen, mein Liebling, ich werde ihnen die Wahrheit sagen müssen. Zu deinem eigenen Besten.«

Erst Stunden später, als schon die Sonne über der erwachenden Stadt aufging, erkannte ich endlich, dass sie recht hatte. Ich hatte die mit Gewalt am Schlaf gehinderten Augen weit aufgerissen und die zitternden Hände um eine Tasse Kräutertee geschlossen. Sonja saß neben mir auf dem Bett, einen Arm um mich gelegt, und strich mir über die Haare.

Um mich zu retten. Um sie zu retten. Um Malachow aus dem Kopf zu bekommen, ein für alle Mal. Es musste sein. Wie schwerelos schwebte ich zum Telefon und wählte Bondarenkos Nummer. Er ging beim ersten Klingeln dran.

»Hier ist Roman Lambert. Ich muss Ihnen etwas sagen.«

»Ja«, hauchte Bondarenko. »Ja, ich glaube, das weiß ich.«

Bondarenkos Kuhaugen und sein hängender Schnurrbart hatten irgendwie etwas Tröstliches. Er begrüßte mich fast wortlos, als ich in sein Büro getappt kam, und schloss die Tür hinter mir zu. Ich flüsterte mein Geständnis in drei schlichten Sätzen. Und wie Sonja es mir verheißen hatte, überlief mich bei jedem Wort eine tiefe Wärme und Erleichterung, als ob ich mit heißem Wasser übergossen würde. Mir war, als wäre ich tiefgefroren gewesen und als kehrte jetzt das Leben in mich zurück.

Als ich fertig war, grinste ich sogar dümmlich, während ich in Bondarenkos kantigem Gesicht nach Anzeichen von Bestätigung oder Dank suchte.

»Und was haben Sie für Beweise, Herr Lambert?«, fragte er leise.

Das brachte mich aus dem Konzept. Ich hatte erwartet, dass er mich nach meinem Motiv fragte, und hatte mir eine Antwort zurechtgelegt. Aber ich hatte nicht damit gerechnet, dass er meine Schuld bewiesen haben wollte. »Ähm. Keine Ahnung. Beweise? Ich gestehe es.«

Mit einem tiefen Seufzen lehnte sich Bondarenko auf seinem billigen Bürostuhl zurück. Er dankte mir höflich für mein Geständnis.

»Zum Glück für Sie jedoch kann ich es nicht annehmen. Wir haben einen anderen Verdächtigen, und er wurde gestern Abend verhaftet. Die Beweise gegen ihn sind erdrückend. Und auch er hat gestanden.«

Ich war so schockiert, dass ich mich kerzengerade aufrichtete. Die selbstgerechte alte Ausländerempörung durchzuckte mich: Nein, da muss ein Irrtum vorliegen! Es kann keinen anderen Verdächtigen geben! Ihr elenden Trottel! Kriegt einmal im Leben etwas richtig auf die Reihe!

»Was seid ihr bloß für HIRNVERBRANNTE Idioten!«, sagte ich und machte Anstalten aufzustehen.

Bondarenko blinzelte zweimal verwundert, dann schnitt er mir mit einer Autorität, die ich nie in ihm vermutet hätte, das Wort ab.

»Schweigen Sie! Sofort! Setzen Sie sich!«

Ich ließ mich zurückfallen, und Bondarenko lehnte sich über den Schreibtisch.

»Sie verstehen so ziemlich gar nichts, nicht wahr? Sie verstehen nicht das Geringste.«

Wir starrten uns eine Weile wortlos an.

»So gescheit. So gebildet. Mister Roman Lambert, englischer Gentleman. Gefällt es Ihnen, wie begeistert wir Russen von Ihren Sherlock-Holmes-Manieren und Ihrer feinen englischen Art sind? Es muss wunderbar sein, so vornehm, so kultiviert zu sein. Sie müssen nur irgendwo auftauchen, und wir schauen zu Ihnen auf. Ein höheres Wesen. So zivilisiert. Fünf-Uhr-Tee. Pferderennen und Wettrudern und

Londoner Nebel. Es muss schön sein, einer wie Sie zu sein. Ein Mann, von dem alle so viel halten. Ja, ein richtiger Gentleman.«

Wie von der Schwerkraft gezogen sank mir der Kopf nach vorn.

»Ja, mein Herr Gentleman. Ich habe keine Ahnung, warum Sie gekommen sind. Ich habe keine Ahnung, was ich Ihrer Meinung nach jetzt mit Ihnen anstellen sollte. Aber eins sage ich Ihnen: Von mir aus stecke ich Sie gern ins Gefängnis, hundert Stunden Aktenarbeit für mich, ein paar Tage beim Prozess, und dann haben Sie Ihr ersehntes Märtyrertum. Aber zufällig ist uns ein anderer Verdächtiger auf dem Silbertablett serviert worden, mit Zeugen, die ihn gesehen haben, mit stichhaltigen Beweisen. Verstehen Sie, mein mörderischer junger Freund, es ist mir egal, wer für dieses Verbrechen ins Gefängnis kommt. Nach allem, was man hört, war dieser Malachow ein übles Schwein, das den Tod verdient hatte. Aber es gibt Leute, denen es nicht egal ist, wer ins Gefängnis kommt. Denen liegt die Sache sehr am Herzen, und sie setzen sich nach Kräften dafür ein, dass Gerechtigkeit geschieht. Es sind Leute, die sagen, sie hätten Malachow geliebt und wollten, dass der Schuldige bestraft wird. Und deshalb, mein geständiger Freund, wird unser Verdächtiger ins Gefängnis wandern. Und jetzt wollen wir es dabei belassen, wenn es Ihnen recht ist, bevor einer von uns etwas sagt, das er vielleicht noch einmal bereut.«

Wie vor den Kopf geschlagen stand ich auf und wankte zur Tür. Mir war, als beobachtete ich Bondarenko und mich aus weiter, hallender Ferne.

»Sie werden mir nicht sagen, wer es ist, den Sie festgenommen haben?«

Bondarenko überlegte einen Moment, dann nickte er.

»Sie werden es wohl ohnehin bald erfahren. Bei dem Mann, den wir festgenommen haben, handelt es sich um Malachows früheren Geschäftspartner. Igor Schein.«

15

Woskressenije

»Kleines Mädchen mit dem Blick einer Wölfin«
Krematori, *Kleines Mädchen*

Als ich nach Hause zurückkam, war Sonja fort. Sie hatte keine Mitteilung hinterlassen. Mein erster Impuls war, das restliche Geld von meiner Publicitas-Auszahlung zu zählen, das in einer Videobox auf meinem Regal versteckt war – nicht weil mir das Geld wichtig war, sondern zur Bestätigung, dass sie mir wirklich den Laufpass gegeben hatte. Der größte Teil des Geldes war noch da, aber ungefähr achthundert Dollar fehlten. Ein paar CDs von Public Enemy und den Chemical Brothers – ihre besonderen Lieblinge – waren auch weg. Sonja ging nicht ans Telefon, und das Pager-Unternehmen teilte mir mit, ihre Nummer sei abgemeldet. Als ich das frühere Dmitri-Malachow-Entertainment anrief, erklärte mir eine unbekannte Männerstimme, er habe noch nie von ihr gehört. Außerdem ließ er mich wissen, es habe einen Besitzerwechsel gegeben, und das Schiff werde demnächst unter dem Namen Jack Rabbit Slim's als Kasino mit Tarantino-Touch neu eröffnet.

Ich seufzte tief und zündete mir eine Zigarette an. Ich hob den Haufen schmutziger Bettwäsche vom Boden auf und stopfte ihn in die Waschmaschine, dann warf ich einen Stapel schmutziges Geschirr, bei dem alles Spülen nichts mehr nützte, in die Mülltonne. Wenn ich nachts schlaflos dalag, suchte ich in mir nach Gefühlen, die ich hätte haben sollen. Erleichterung über meine unglaubliche Rettung vor dem russischen Gefängnis. Zorn über Sonjas Verrat. Aber ich hatte diese Gefühle nicht. In mir war nur Leere. Tage vergingen, und ich hörte nichts. Sonja tauchte nie wieder auf.

Wann hatte sie angefangen, mit Schein zu schlafen? So musste es gewesen sein, das war mir jetzt offensichtlich. Es war völlig logisch, aber ich war bis jetzt zu sehr in meine eigenen Irrungen und Wirrungen verwickelt gewesen, um es zu durchschauen. Der Nerzmantel. Der persönliche Chauffeur. Die langen Arbeitszeiten, ihr gekünsteltes Verhalten in den Tagen, nachdem ich ihr gebeichtet hatte. Mehr als die Tatsache ihrer Liaison mit Schein beschäftigte mich die Frage, wann die Verbindung zwischen ihnen so eng geworden war, dass sie beschloss, mich ans Messer zu liefern, um ihn zu retten. War ihre Liebe zu ihm so rasch gewachsen und ihre Liebe zu mir so rasch verwelkt? Oder war in Wirklichkeit gar keine Liebe im Spiel, sondern nur Gier, nur nackter Überlebenswille? War Sonja, nachdem sie ursprünglich als leckeres Appetithäppchen für die Raubtiere der Großstadt nach Moskau geholt worden war, selbst ein gefährliches kleines Raubtier geworden?

Die Einsamkeit und der Hunger trieben mich schließlich aus meiner Wohnung in einen Schneesturm hinaus.

Ich ging zu Fuß zum Starlite Diner und setzte mich allein an den Tisch, an dem Hastings und ich früher immer gesessen und uns Bernsteins bierbeschwingte Tiraden angehört hatten. Es war Nachmittag, und das Lokal war fast leer. Ich blieb mehrere Stunden und verschlang erst zu Kaffee, dann zu Long Island Ice Tea sämtliche Zeitungen, die dort auslagen. Kurz nach Mittag hatte es angefangen zu dämmern, und ich fühlte mich sicher und kuschelig in diesem Aluminiumkasten, einer Kapsel Amerika, die man aus dem sonnigen Miami in die Verbannung dieses kalten, öden Parks am Rand der bekannten Welt verpflanzt hatte.

Gegen Abend füllte sich das Lokal langsam mit halb bekannten Gesichtern. James Gormley-Smith kam hereingeschlendert, das Gesicht von der Kälte gerötet, das freundliche Lächeln angeschaltet. Ich war dermaßen überglücklich, ihn zu sehen, dass ich mich zusammennehmen musste, um ihn nicht zu überschwänglich zu begrüßen.

»Roman! Wo hast du gesteckt? Hab von der Geschichte mit Pound gehört. Schrecklich. Hab mich gefragt, wo du abgeblieben bist. Was hast du getrieben?« Mit einem Grinsen rutschte er in meine Nische. »Bin hier mit ein paar unsäglichen amerikanischen Kunden verabredet, die werden bald aufkreuzen. Aber für ein Gläschen bleibt uns noch Zeit. Also. Spuck aus.«

»Na ja. Die Hauptsache ist, glaube ich, dass ich einen Typ mit einem Beil umgebracht habe. Diesen Dmitri Malachow.«

»Ach ja?«

»Nein, im Ernst. Hab ich wirklich. Ich hab mir ein Beil gekauft und ihm damit den Schädel gespalten.«

Smith nickte gutmütig. Unsere Getränke kamen.

»Ich dachte, ich tue Sonja einen Gefallen«, fuhr ich fort. »Dann kam heraus, dass sie den Typ quasi liebte, obwohl er Pornofilme mit ihr gemacht und sie auf den Strich geschickt hatte. Stockholm-Syndrom oder so was in der Art.«

»Klar.« Smith ließ sich nicht anmerken, ob er schockiert war und ob er glaubte, was ich sagte.

»Dann ist die ganze Sache mit Pound passiert, die Übernahme. Danach hatte ich so was wie einen Nervenzusammenbruch. Schließlich hat Sonja mich überredet, alles der Polizei zu gestehen.«

»Hm. Und was haben die Bullen gesagt?«

»Die sagten, sie hätten bereits einen Verdächtigen verhaftet. Meinten, er sei bereits überführt, deshalb hätten sie keinen Bedarf an meinem Geständnis, schönen Dank auch.«

Smith ließ sich das eine Weile durch den Kopf gehen. Er schlürfte seinen Long Island Ice Tea mit einem Strohhalm und beäugte mich dabei prüfend.

»Roman.«

»James.«

»Jetzt hör mir mal zu. Du hast mir gerade erzählt, du hättest jemand ermordet. Du hast mir erzählt, du hättest das der Polizei gestanden. Falls das ein Witz sein sollte, war es ein schlechter. Aber den Eindruck habe ich nicht. Ich habe den Eindruck, dass diese Stadt dir langsam über den Kopf wächst.«

»Du glaubst mir also nicht, was?«

»Weißt du was? Es interessiert mich nicht die Bohne, wie viel von dem stimmt, was du mir erzählt hast. Nicht die Bohne. Aber du bist ein Freund, deshalb hör mir jetzt zu. Erstens: Ich habe in dieser Stadt schon verrücktere Sachen gehört, von denen ich weiß, dass sie stimmen. Zweitens: Hör sofort mit dieser albernen Beichtnummer auf, denn irgendwann gerätst du vielleicht an einen, der dir glaubt, und dann sitzt du echt in der Scheiße.«

»Vielleicht sollte ich ja meine Strafe bekommen?«

»Okay. Jetzt hörst du dich wirklich verrückt an. Lass es! Roman. Mach dir eins klar: Da draußen berauben und ermorden und vergewaltigen sich Tausende von Russen am laufenden Band. Jetzt in diesem Moment und morgen genauso und wahrscheinlich in alle Ewigkeit. Aber weißt du was? Wen interessiert's? Denn dort draußen gibt es auch Tausende von Mädchen mit geilen Körpern und knackigen Mösen. Die lutschen dir den Schwanz so hingebungsvoll, dass du dir hinterher das Laken aus dem Arsch ziehen musst. Und dort draußen liegen auch Millionen und Abermillionen Dollar auf der Straße. Geh einfach raus und heb sie auf. Es ist kinderleicht. Du hast doch gesehen, was für Knalltüten in dieser Stadt reich werden, nicht wahr? Kann es da so schwer sein?«

Ich nickte zustimmend.

»Also zieh los und werd reich wie wir andern. Überlass den ganzen Dostojewski-Krampf den Russen. Bleib oben auf dem normalen Pflaster, Mann. Verirr dich nicht in die unterirdischen Gänge. Verstehst du, was ich sagen will?«

In dem Moment kamen mit einem Schwall kalter Luft und lauten Stimmen mehrere Amerikaner mit North-Face-Parkas über feinen Anzügen in den Diner gepoltert.

»Muss los. Danke für den Tee. Der Rat war gratis.«

Smith klopfte mir freundschaftlich auf die Schulter und schob sich aus der Nische, um seine Kunden zu begrüßen. Draußen ging das Schneetreiben weiter und verhüllte die Reichtümer und Verbrechen Moskaus mit einer blendend weißen Decke.

In der Nacht hatte ich einen Traum. Als ich davon schweiß-
gebadet aufwachte, strömte das Licht des späten Vormittags durch die nicht zugezogenen Fenster herein, und ich
wusste im ersten Moment nicht, wo ich war. Ich schrieb
ihn mir auf. Ich träumte, dass ich in einem Flugzeug saß, in
einer vollen, nach menschlichen Ausdünstungen riechenden
Aeroflot-Maschine mit zerkratzten Kunststoffoberflächen
und ohne Beinfreiheit, und zu schlafen versuchte. Plötzlich
wachte ich auf – im Traum –, und der Rumpf war fort und
der Fußboden auch, und ringsherum waren nur der helle
Sonnenschein und eine derart frische Luft, dass die Lungen davon brannten, und immer noch flogen wir und flogen,
und niemand außer mir schien zu bemerken, dass unter uns
ein Abgrund aus Licht und Wolken war, in den wir stürzten.

Im Frühling ging ich zum Prozess gegen Schein, teils getrieben
von morbider Neugier, aber hauptsächlich in der Hoffnung,
Sonja zu sehen. Der Gerichtssaal war nahezu leer abgesehen
von der Richterin und zwei alten Männern in schlechten Anzügen, die sie als Laienrichter flankierten. Der Staatsanwalt
und sein Assistent trugen beide ihre Uniformen aus der Sowjetzeit. Die Verteidigung bestand aus zwei Frauen in den
Vierzigern mit schrillen Stimmen und verbissener Strenge.
Schein selbst saß kahl rasiert und in sich zusammengesun-
ken in einem Käfig. Ich hatte ihn früher kaum gekannt, aber
er unterschied sich jetzt so sehr von dem dicken, polteri-
gen Mann, dem ich auf der *Alexandr Blok* begegnet war, dass
ich ihn niemals erkannt hätte. Ein mit Schein verwandtes

Paar saß auf den Zuschauerbänken, dazu noch ein Gerichtsreporter.

Von Sonja keine Spur.

Auf dem Tisch der Anklage stapelten sich beeindruckend viele Ordner mit Beweismaterial. Selbst Schein schien sich mit seiner unvermeidlichen Verurteilung abgefunden zu haben. Mächtige Kräfte, die ich nicht verstand – und nicht verstehen wollte –, hatten beschlossen, dass Schein ins Gefängnis gehörte, und alle Anwesenden verhielten sich, als absolvierten sie sinnlose Formalitäten.

Ein paar Tage nach dem Prozess las ich im *Moskowski Komsomolez*, dass Schein sich nunmehr schuldig bekannt hatte und entsprechend schuldig gesprochen worden war, die Ermordung des Klubbesitzers und Veranstalters Dmitri Anatoljewitsch Malachow in Auftrag gegeben zu haben. Er wurde zu acht Jahren Straflager verurteilt.

Und ich? Für mich gab es keine Grenzen mehr zu überschreiten. Alles Exzessive war verbrannt, und jetzt lag darunter der glänzende Stahl frei. Geblieben waren mir nur noch die unbezähmbaren und unersättlichen Gelüste, zu essen, zu ficken. Vielleicht interessiert es Sie zu hören, dass ich keinerlei Drang in mir verspürte, zu töten. Der Mord war für mich nichts Triebhaftes gewesen, im Gegenteil, er war wahrscheinlich die rationalste Handlung, die ich je im Leben begangen habe. Gleichzeitig jedoch war er ein ständiger bohrender Schmerz. Ich erhoffte mir keine bessere Welt für mich oder für die Menschen um mich herum. Ich zog keinen Trost daraus, meinen Schmerz zu teilen oder jemand anders Schmerzen zuzufügen, auch wenn ich zugeben muss, dass ich hin und wieder mit leichten Schlägen experimentierte. Es verschaffte mir weder Lust noch Erleichterung.

Ich fand mich damit ab, dass es für mich keine Flucht vor diesem seltsamen Zustand gab, vor dem Menschen, zu dem ich geworden war. Ich bin bis heute unbestraft geblieben, und obwohl mir meine Vernunft sagt, dass dies als ungerecht aufgefasst werden könnte, empfinde ich es im Herzen nicht so. Schein mag für mein Verbrechen verurteilt worden sein, doch er hat zweifellos viele andere begangen, für die er nicht verurteilt wurde.

Nein, Mitleid mit seinem Schicksal habe ich nicht, aber ich frage mich manchmal durchaus, ob eine Bestrafung mich erleichtern, ob sie mir helfen würde, mich selbst tiefer zu verstehen. Ich bezweifle es. Ich habe mein Verbrechen gestanden und bin nicht bestraft worden. Vielleicht, sage ich mir heute, war das ein Zeichen. Vielleicht war meine Aufgabe hier nicht, mich im Schmutz zu suhlen, sondern diesen Schmutz zu beseitigen, Schädlinge zu vertilgen und die Machtlosen zu rächen. Ein rächender Engel zu sein, kalt und rein und weiß wie Schnee.

Epilog

*»Der Wind quert ungehört das braune
Land. Die Nymphen sind fort.«*
T. S. Eliot, *Das öde Land*

Moskau, März 2013

Ich sitze in meinem Hochhaus aus Glas und Stahl und beobachte, wie die spätwinterliche Sonne über unserer schimmernden Stadt aufgeht. Ein feiner Espresso dampft in meiner Hand: Er riecht teuer. Unter mir breitet sich die Wolkendecke eines weniger wohlriechenden Dampfes aus und darunter Moskau.

Früher hielt ich diese Stadt für den Schauplatz grausamer, blutiger Katastrophen. Heute finde ich sie gemütlich und behaglich. Smith hatte recht: Moskau ist eine freigebige Muttergöttin, eine heilige Wölfin, der aus einer Million dicker Zitzen der Reichtum quillt. Und was mich betrifft, so nuckele ich hier an meiner ganz persönlichen warmen Brust, der größten PR-Agentur des Empires, die sich der höchsten Förderung im Land erfreut, der des Kremls selbst.

Heute hat unser Chef Sorgen. Das sehe ich sofort, als Sergei Antonow das Büro betritt, schneller und gebückter als sonst. Wenn er entspannt ist, schlapft er und schimpft und raucht seine Dunhills trotz des Rauchverbots im ganzen Haus. Heute hastet er durch den Raum wie aufgezogen, als hätte er ein Laufwerk im Arsch stecken. Schlimmer noch, er trägt einen Anzug statt seines gewohnten euroschwulen rosa Pullovers, was bedeutet, dass er nach dieser Sitzung zum Kreml fährt, um sich bei unserem hochverehrten Brötchengeber anzuschleimen, dem Kunden aller Kunden.

Mit einem Seufzen leere ich meinen Kaffee und marschiere los, um mich im Konferenzraum zu ihm zu gesellen. Ein neuer Tag, ein neues Problem: neue Lügen zu verbreiten, neue Märchen zu erfinden. Nach den Morgennachrichten kann ich mir schon denken, was heute auf der Tagesordnung steht. Irgendein Genie aus der Duma hält es für eine gute Idee, Amerikanern die Adoption russischer Kinder zu verbieten. Prima. Ich fühle schon, wie in meinem Kopf die Sprechblasen mit Werbeslogans aufsteigen und an die Oberfläche ploppen wie Quietschenten in der Badewanne. Kinder sind Russlands strategische Ressource! Wir sind keine Bettler – wir können selbst für unsere Kinder sorgen! Wir müssen uns nicht von den Yankees sagen lassen, wie wir unsere Kinder zu lieben haben! Und so weiter. Ein Klacks. Ich nicke meinen Kollegen zu, die wie ich durch das Großraumbüro auf Antonows Eckzimmer zustreben.

Ernstes Stimmengemurmel rund um den Tisch. Antonow sitzt an einem Ende, ich am anderen. Kugelschreiber von Nachwuchskräften kritzeln auf gelbe Blöcke; manikürte Finger tippen auf iPads. Meine Aufmerksamkeit schweift ab. Seit unserem Einzug sind zwei Jahre vergangen, und das Staunen, das mich beim Blick aus diesem Raum überkommt, ist mir noch nicht vergangen. Wir sitzen im höchsten Wolkenkratzer Europas, dreißig Meter höher als The Shard in London. Und doch versperren uns links und rechts andere Hochhäuser, die fast genauso hoch sind, die Aussicht: ein ganzes Dutzend, selbstherrlich, gigantisch, schamlos stolz auf ihre Macht. Vier der zehn höchsten Gebäude auf dem Kontinent stehen hier Seite an Seite an den Ufern der Moskwa. Schreibt euch das hinter die Ohren, ihr Eurowürstchen, ihr armseligen Tröpfe! Die Riesengröße ist es, die den Russen das Gefühl der Wichtigkeit verleiht. Die ungeheure Weite ihres Landes, die unglaublichen – und meistens sinnlosen – ungeheuren Ausmaße ihrer Bauwerke. Wie die Amerikaner sind sie stolz auf ihr Banausentum. Und wie den Amerikanern ist ihnen nichts peinlich: ihre klitzekleinen Badehosen, ihre mächtigen Bierbäuche, ihre Trainingsanzüge und ihre protzigen Pelze, ihre kaffeemühlengroßen Armbanduhren – nichts. Ich beneide sie oft um diese Freiheit von den Beschränkungen des guten Geschmacks. Ich sage das nicht von oben herab: Ich beneide sie ganz ehrlich um ihre rüpelhafte Ungeniertheit.

Zu unseren Füßen liegt Moskau ausgebreitet wie eine Modelleisenbahnlandschaft. Moskau mit den goldenen Kuppeln wurde es früher genannt, und auch heute noch leuchten und funkeln die goldenen Kuppeln der Christ-Erlöser-Kathedrale und der Kreml-Kirchen wie Flammen, wenn die Sonne am Himmel aufsteigt. Eldorado. Nur dass dieses Eldorado mich gründlicher ausgeschürft hat als umgekehrt. Es hat die Goldader meiner Jugend abgebaut, mir Optimismus und Energie ausgeschmolzen, mir die Menschlichkeit ausgebrannt.

Ich durchdenke meinen Tag. Mittagessen mit einer hübschen jungen amerikanischen Fernsehjournalistin im Roten

Oktober, der Schokoladenfabrik gegenüber dem Kreml, die heute ein Konglomerat von Galerien, angesagten Bars, Filmkunstkinos und coolen postindustriellen Büroräumen ist. Was würde sie mehr beeindrucken, wäge ich hin und her? Der minimalistische organische Italiener oder die hippe Kaffee-und-Salat-Bar mit geschmackvoll kombinierten ungleichen Sesseln? Ich entscheide mich für den Italiener, weil mir die Moskauer Hipster mit ihren Bärten und engen Jeans und Häkelmützen und Macbooks auf die Nerven gehen. Unter dem Tisch simse ich diskret meiner Sekretärin, damit sie alles arrangiert, und kehre mit meiner Aufmerksamkeit widerwillig zu Antonow zurück, der gerade die Sitzung abschließt. Noch irgendwelche Fragen?

Keine, die du mir beantworten könntest, Sergei.

Ich lächele freundlich den hinausdefilierenden vielversprechenden jungen Mitarbeitern zu. Asymmetrische Frisuren bei den Frauen, tief hängende Anzughosen bei den Männern. Die jüngsten sind Jahrgang 1990: Kinder. Ich beäuge die hübschen Mädchen mit müdem Kennerblick wie ein alter japanischer Sushimeister die Thunfische auf dem Fischmarkt. Festes junges Fleisch. Ein kollegiales Lächeln im Vorbeigehen. Wen sehen sie dabei vor sich? Einen korpulenten, kahlen, geröteten Engländer im grauen Tweedanzug. Alte Garde. Trinker. Vorgesetzter.

Moskau hat sich in der Zeit, die ich jetzt hier bin, so stark verändert, dass ich kaum mehr etwas wüsste, was tatsächlich gleich geblieben wäre. Vor ein paar Tagen hielt ich in einem Stau auf dem Gartenring Ausschau nach einem Lada, und es dauerte zehn Minuten, bis ich einen erspäht hatte, einen rollenden Mülleimer unter den Heerscharen von Mitsubishis und Škodas. In der einst völlig verrußten und von Betrunkenen bevölkerten Riesenhalle des Kursker Bahnhofs reiht sich heute Café an Café und Boutique an Boutique. Selbst Sachen, die heute längst passé sind, waren 1995 noch unbekannt. Sushi. Shishas mit exotischem Süßtabak, an den Tisch gebracht von einem Mann in einem Kostüm aus *Tausendundeiner Nacht*. Mojitos. Vespas. Sous-vide-Kocher. Vintagemode. Ugg-Stiefel. Nespresso-Maschinen. Hatten wir alles, sind wir mit durch. Nachdem sie fast das ganze 20. Jahrhundert vom Mainstream der Weltmode abgekoppelt waren, machen die Moskauer heute jeden flüchtigen Trend hemmungslos mit.

Die Moskauer lieben Scheinwelten. Früher war die große weite Welt hinter der Grenze etwas Verbotenes, Feindliches und Unerreichbares. Heute kriegen wir die Welt vor die Haustür gebracht. Man muss nicht einmal den Gartenring überqueren, um an einem einzigen Abend eine Weltreise zu machen. Man kann in einem Pariser Bistro einen Aperitif nehmen, in einem Tifliser Stadthaus mit Holzterrasse georgisch essen, in einer römischen Pizzeria mit offenem Holzofen einen Kaffee trinken. Es gibt ein chinesisches Restaurant mit Platz für zweihundert Gäste, dessen Innenausstattung das Petit Trianon in Versailles kopiert; der Besitzer rühmt sich, der Ausbau habe fünfzig Millionen Dollar gekostet. Oder wenn man es gern russisch hätte, kann man das Abendessen in einer *isba* einnehmen, durch deren Fenster man auf einen kleinen Hof mit einer echten Kuh, einer echten Melkerin, einer Ziege, Hühnern und Enten unter einem halogenbeleuchteten blauen Himmel blickt. Das Lokal liegt im dritten Stock; die Kuh wird jeden Abend in einem speziellen Lastenaufzug nach oben befördert. Wer danach noch die Energie hat, kann ein riesiges unterirdisches Bordell in der Nähe der Lubjanka besuchen, das einem Berliner Bordell aus den 1890er-Jahren nachgebildet ist, ein Meer aus dunkelrotem Samt und parfümierten nackten Brüsten.

Das Mittagessen verläuft ergebnislos. Ich lege für die strohdumme wie strohblonde Journalistin meinen weltmännischsten Auftritt hin, aber sie zuckt auf die amerikanische Art zurück, als ich mich zum Abschied vorbeuge, um sie auf die Wange zu küssen. Obwohl sie gar nicht so hübsch ist, deprimiert mich das. Solche Fehlschläge nehmen in meinem Leben zu, genau wie Meldungen davon, was für Erfolge Bekannte draußen in der Welt feiern, mit der ich nichts mehr zu tun habe. Beide tun weh und sind irgendwie kränkend. Meine Seele hat die Sünden satt, die Eitelkeiten und Hirngespinste der Welt. Es ärgert mich, dass ich über diesen ganzen Kram immer noch nicht hinweg bin.

Es ist ein schwieriges Jahr bis jetzt, ein Besorgnis erregendes Jahr. Das Jahr, in dem Moskau den Schauder der Revolution zu fühlen bekam.

Es begann mit einer Demonstration von zwanzigtausend Menschen, dann folgte eine von hunderttausend. Ich ging hin, obwohl es tiefer Winter war. Eine Karnevalsatmosphäre auf dem Sacharowaprospekt, eine Art Straßenfest für die gutbürgerlichen Bewohner der Moskauer City. Auf der Bühne ein charismatischer junger Anwalt, ein hübsches Sternchen aus dem Reality-TV, eine zur militanten Ökologin mutierte kreischende Hausfrau. Slogans, Selbstbeglückwünschungen. »Russland ohne Putin!«, sangen sie. »Ehrliche Wahlen!«, schrien sie. Ich war von Abscheu geschüttelt.

In der Nähe der Bühne stieß ich auf George Bernstein. Er sah so schmuddelig aus wie eh und je, nur sein »Jew-fro« war etwas grauer geworden. Er rauchte nicht mehr Kette, aber er schleppte immer noch seine gewohnte überquellende Aktentasche und sein zerfleddertes Notizbuch mit sich herum. Wir umarmten uns herzlich. Er lebe seit einigen Jahren in Washington, erzählte er, und arbeite für eine liberale Denkfabrik. Er sei eigens für die Demo eingeflogen.

»Echt unglaublich!« Er deutete auf die Zehntausende, die sich auf dem breiten Boulevard drängten, so weit das Auge reichte. »Endlich erheben sich die Bauern!«

Ich folgte seiner Geste. Aber hinter den iPads haltenden Hipstern und den lässig schicken jungen Akademikern sah ich ein Meer von Fahnen – roten kommunistischen auf der einen Seite, schwarz-gelben monarchistischen auf der andern. Die aufgewühlte Menge schob sich weiter; Bernstein und ich wurden getrennt, bevor ich antworten konnte. Meinte er wirklich, dass diese Skinheads, diese bösartigen stalinistischen Babuschkas, diese Nörgler und Irren es besser machen würden als die derzeitigen Herren im Kreml? Eines wusste ich sicher: Kamen die Leute im Hintergrund der Menge an die Macht, waren es die hageren Liberalen in den vorderen Reihen, die als Erste an den Laternenpfählen baumelten.

Die Redner auf der Bühne waren gut gekleidet, fröhlich, wohlhabend. Ihre Gesichter waren offen und vertrauensvoll, leuchtend vor Enthusiasmus und Hoffnung – nicht verschlossen, bitter und misstrauisch wie die Leute früher in der Ära der sogenannten Freiheit. Sie wollten sich für ein besseres Russland einsetzen, für eine bessere Welt. Das habe ich auch mal versucht, wollte ich ihnen sagen. Es hat nicht geklappt.

Als die Kundgebung sich zerstreute, folgte ich der Menge in die angenehme Wärme der Metro. Es lag Jahre zurück, dass ich zum letzten Mal dort unten gewesen war. Bleib immer oben auf dem normalen Pflaster, hatte Smith mir einst geraten, und ich hatte mich im Großen und Ganzen an seinen Rat gehalten – nicht zuletzt deshalb, weil ich bald einen neuen Posten bekam und damit einen Chauffeur. Baulich war sie unverändert, und auch der sofort erkennbare Metrogeruch war der gleiche. Aber die moderne Zeit war selbst hierhin vorgedrungen, in vierzig Meter Tiefe: Der Handyempfang in der Moskauer Metro ist ausgezeichnet, und überall in den wartenden Menschenmassen beugten sich Gesichter andächtig über leuchtende kleine Bildschirme. Aus einem Impuls heraus blieb ich sitzen, als der Zug an meiner Station hielt. Die Menge lichtete sich. Durch das rhythmische Beschleunigen und Abbremsen schwankten meine Mitfahrer hin und her. Und als wir den Innenstadtbereich verließen, erblickte ich immer mehr Leute von der Schattenseite des Lebens, die Putzfrauen und die kleinen Angestellten, die stiernackigen Hilfsarbeiter und die ausgemergelten dostojewskischen Allerweltsmenschen. Und die breitgesichtigen kasachischen und kirgisischen Gastarbeiter in ihren fleckigen Jeans und zerknitterten, schmutzigen Trainingsanzügen. Ihre mongolischen Vorfahren hatten einst dieses Land beherrscht. Heute waren sie für die unterirdischen

Arbeiten zuständig, die unterirdischen Tunnel. Ich konnte in ihren Gesichtern keine Gemütsregung erkennen außer einer unendlichen viehischen Gleichgültigkeit.

Wie schnell doch die Angehörigen der Haute Bohème vergessen haben, was geschah, als den Russen das letzte Mal die Freiheit geschenkt wurde. Sie nutzten sie, um das Land zu vergewaltigen, um sich gegenseitig zu vergewaltigen. Vor noch gar nicht so langer Zeit war Russland in der Hand von unfähigen Schweinen, die das ganze Land in so ein totales Chaos stürzten, dass die Menschen in den Provinzen anfingen, sich vor Langeweile und Verzweiflung gegenseitig aufzufressen.

Ja, das Land ist heute noch in der Hand von Dieben und Mördern. Doch es sind professionelle Diebe und Mörder. Sie verstehen sich auf Offshore-Bankkonten und auf Giftmorde mit Polonium. Aber vor allem verstehen sie sich auf die Kunst des Herrschens. Und darauf kommt es an. Sie sind korrupt, aber sie sind fähig. Sie stehlen, aber sie lenken das Staatsschiff mit fester Hand. Sie haben alle Hindernisse ausgeräumt, die das glatte Funktionieren des Landes beeinträchtigen könnten — angefangen mit lästernden Journalisten, lästigen Oligarchen und aufmüpfigen Politikern. Wir sollten ihnen dankbar sein. Ohne sie würden wir, wie es in Russland heißt, in unserem eigenen Blut baden.

Wir arbeiteten in diesem Winter der Revolution die Nächte durch, spannen Informationsnetze wie eine emsige kleine Spinnenarmee. Ja, unser Großkunde war durchaus besorgt. Spätnächtliche Anrufe von der Vermittlungzentrale des Kreml — doch, so etwas gibt es noch. Minister, die in Mercedes-Stretchlimos mit Blaulicht bei uns vorfuhren, eskor-

tiert von schwarz gekleideten Männern in Porsche Cayennes.
Mitternächtliche Telefonkonferenzen. Gestresste bleiche Gesichter. In Sowjetzeiten bezeichnete man diese Apparatschik-
blässe als »Kremlbräune«. Sie ist heute seltener geworden,
seitdem die Kremlgewaltigen so viel Zeit in der neuen inoffi-
ziellen Sommerresidenz in Sotschi am Schwarzen Meer verbringen.

Wie dem auch sei, die Krise ging vorbei. Sie nahmen ein
paar Dutzend Demonstranten fest und steckten sie für ein
paar Jahre ins Gefängnis. Ein Trio lesbischer Punkrockerin-
nen: verhaftet. Die Fernsehschönheit, die es für eine gute Idee
gehalten hatte, sich den bourgeoisen Revolutionären anzu-
schließen: zum Verhör vorgeführt, Karriere ruiniert. Mehr
war nicht nötig. Nicht viel. Sie verstummen. Wir sind jetzt
sicher. Aber wir müssen wachsam bleiben.

Bedenken Sie: Mütterchen Russland frisst ihre Kinder, weil
sie will, dass sie sicher sind. Deshalb verleibt sie sich die Kleinen wieder ein.

Heute ist mir die Aussicht unerträglich, sofort in das kinder-
lose Zuhause zurückzukehren, das ich mit meiner reizlosen,
pflichtbewussten Frau bewohne. Olga wird auf dem Sofa sitzen und ihre Seifenopern und Spielshows gucken oder mit
ihrer Mutter schwatzen. Der Kühlschrank wird leer sein. Ich
brauche Aufheiterung, deshalb knurre ich Mitja zu, er solle
mich in die Petrowka fahren, in meine neue Lieblingsbar,
Mendelejew. Der Eingang versteckt sich hinter der perfekten Nachbildung eines billigen Nudelimbisses im New Yor-
ker Chinatown. Die Bar ist der Gipfel moskowitischer post-

moderner Ironie: Das Frontlokal ist originalgetreu bis ins kleinste Detail, bis zur billigen Stereoanlage aus den Neunzigern auf den Kühlschränken und dem alles überlagernden Nudelgeruch. Unten jedoch, hinter einem bewachten Samtvorhang, verliert sich ein langer, ultraschicker Kellerraum im Dunkeln: Backsteinwände und Kerzenschein, schimmernde Flaschen und modisch gekleidete Körper. Die besten Manhattans in der Stadt. Ich bestelle sofort zwei. Ich sehe keine Bekannten an der Theke, deshalb bleibe ich stehen und trinke allein.

Komisch, ich denke so gut wie nie an die Vergangenheit. Ich sehe keine Gespenster. Nicht einmal das Gespenst, das auf mein Konto geht. Ich habe keinen heimlichen Vertrauten, kein unsichtbarer Gefährte geht neben mir, in meinem Kopf wohnt außer mir niemand. Vielleicht ist das sonderbar. Viele meiner Freunde sind tot. Viele Klubkids sind schlechten Drogen zum Opfer gefallen, haben Selbstmord begangen. Der arme Swerdlow starb an einer Gehirnblutung von einem großen Aneurysma, als er auf dem Sofa lag und telefonierte. Sein Begräbnis wurde von einer stattlichen Anzahl seiner Odinzowoer Huren besucht. Unsere alte Sekretärin Walentina Wladimirowna: niedergeschlagen von einem betrunkenen Fahrer, jedenfalls erzählte mir das der dicke Popow vor ein paar Jahren. Ranard: Leberkrebs, vielleicht eine Folge der Hepatitis, die er sich bei der zornigen kleinen Lisa geholt hatte.

Wer hätte gedacht, dass der Tod so viele so schnell holen würde? Sie liegen jetzt irgendwo dort unten tief in der Erde, auf der wir gehen, tief im Innern von Mütterchen Russland. Still und leise lösen sie ihre Knochen voneinander und verdaut sie, die Menschen, die einmal so stolz und schön waren wie wir. Nach den Qualen und dem Lärm und den Eitelkeiten sind sie jetzt wieder zu Hause.

Bald werden wir, die Lebenden, in der Minderheit sein. Ich weiß, es wird nicht mehr lange dauern, bis mein Herz versagt.

Na, ich trinke noch ein bisschen Gift, bevor ich sterbe.

Ein paar Tage später sehe ich Sonja, zum ersten Mal seit mehr als fünfzehn Jahren. Trotz ihrer neuen asymmetrischen Bobfrisur erkenne ich sie sofort. Sie bewegt sich noch genauso geschmeidig und sicher wie früher, und sie scheint kaum gealtert zu sein. Ihre Zähne sind weißer. Sie ist schlanker, aber ihre Arme und Beine haben eine Muskelspannung, die nach Fitness und Yoga aussieht.

Sie gleitet durch die Menge und zieht dabei mit der magnetischen Wirkung, die Geld ausübt, die Blicke auf sich. Sie trägt eine schlichte Leinenbluse mit einer schwarzen Kaschmirstola und eine teure Lederhose. Ihr Schmuck – goldene Ohrringe mit Perlen, eine einfache goldene Halskette – bringt das Kunststück fertig, durch Understatement protzig zu wirken. Sie macht einen selbstsicheren, lockeren Eindruck.

Es ist eine Vernissage in der PiwSawod, einer der um Moskau verteilten stillgelegten Fabriken, die heute schicke Kunstgalerien sind. Sonja nennt sich mit neuem Namen Sofja Trofimowa. Sofja ist die etwas vornehmere Version ihres Taufnamens Sofija, Trofimowa heißt sie nach ihrem Ehemann Iwan Trofimow – kein richtiger Oligarch, sondern was die Moskauer halb scherzhaft einen »Minigarchen« nennen. Ein Mann mit nur ein paar Hundert Millionen auf der Bank, in seinem

Fall verdient mit der Lieferung von Rohren an Gazprom. Er geht ein paar Meter hinter seiner Frau, ein kleiner, sportlicher Mann mit adrett gestutztem Bart, und wie seine Frau strahlt er die ruhige Selbstsicherheit der wirklich Reichen aus.

Ich hatte den Namen schon gehört, gewiss, war in Illustrierten darauf gestoßen. Aber ich hatte Sofja Trofimowa in keiner Weise mit meiner Sonja in Verbindung gebracht. Aber natürlich passte alles perfekt: ihr Organisationstalent, ihre Willensstärke, ihre Rücksichtslosigkeit. Wenn irgendwer in den Strömungen ihrer turbulenten Zeit den Kopf oben behalten konnte, dann war es Sonja.

Wie sie bei diesem Empfang in der Menge badet. Erst nach längerem Starren fällt bei mir der Groschen. Ich bleibe wie angewurzelt stehen. Ich warte auf eine Gefühlsaufwallung, doch es kommt keine. Das Gefühl ist in mir erfroren. Das Glas Veuve Cliquot in meiner Hand, fällt mir absurderweise ein, ist das erste Getränk, das sie mir je spendiert hat.

PiwSawod ist Sonjas Baby, eine Spielwiese, die ihr Mann ihr gekauft hat. Die mehrere Tausend Quadratmeter große Fabrikhalle ist entkernt worden, und zwischen den kahlen Backsteinwänden hat sie Traversen mit Bühnenscheinwerfern installiert und hohe weiße Trennwände aufgestellt, die jetzt mit den jüngsten Werken von Moskaus aktuellsten Künstlern behängt sind.

Sonja unterhält sich gerade mit einem britischen Lord, der Sothebys russische Abteilung leitet. Jetzt wendet sie sich einem berühmten russischen Model zu, das früher einmal auf einem Straßenmarkt in Nischni Nowgorod Bananen verkauft hat und heute mit einem adretten aristokratischen Engländer verheiratet ist. Goldkinder, weiß Gott: ein Publikum, das besser gekleidet ist und besser aussieht als entsprechende Menschenansammlungen in London oder New York. Moskau hat heute Geld, richtig Geld, und Stil. Ich nehme an, Reichtum formt seine Besitzer nach seinem Bild. Sonja und ihre Entourage sehen so blitzblank und neu aus wie das Geld, das sie gescheffelt haben. Es hat noch keine Zeit gehabt, stumpf zu werden und Schuldgefühle und Genügsamkeitsdünkel entstehen zu lassen. Frisch gedruckt übt Geld eine Anziehungskraft aus wie die Schwerkraft.

Und da steht sie plötzlich vor mir: Sonja. Aber eine wunderbar verwandelte Version der Sonja von einst, aller hässlichen Spuren ihres alten Ich entkleidet und stattdessen mit einem Hochglanzlack aus Geld und Macht überzogen.

»Sonja!«

Sie wendet sich mir mit einem Lächeln zu, das perfekt zwischen routinierter Erfreutheit und intellektuellem Spiel changiert. Sie braucht eine Sekunde. Zwei. Dann erkennt sie mich.

»O mein Gott! Roman! Ist das lange her!«

Sie legt mir die Hand auf die Brust. Eine Geste der Zuneigung und zugleich der Zurückweisung: *Noli me tangere, Cäsar nennt mich sein.*

»Du bist immer noch in Moskau?«

»Ja«, antworte ich und weiß nicht, was ich sagen soll. Ich komme mir wie ein Idiot vor. Unsere Blicke begegnen sich.

Ein stattlicher junger Fremder im blauen Anzug taucht grinsend neben uns auf. Eine ätherische weißhaarige Assistentin oder etwas in der Art tritt auf der anderen Seite nervös von einem Fuß auf den anderen. Sonja weicht langsam von mir zurück.

»Wie schön, dich zu sehen. Du siehst großartig aus!«

Kein Fünkchen. Nichts springt zwischen uns über. Wir sehen uns in die Augen, doch ich empfange kein Signal. Ihre Maske ist so perfekt, dass sie sich möglicherweise gar nicht mehr erinnern kann, wie ihr Gesicht einmal aussah.

Wir lebten damals in einer stürmischen Zeit, Sonja und ich, in der das Schlimme, das geschah, und das Schlimmere, das drohte, so unmittelbar vor Augen standen, dass sie den Blick auf alles andere versperrten. Sie ist heute darüber hinaus und lebt in einer glatten, bruchlosen Welt blank polierter Oberflächen.

Ich habe das meinerseits auch versucht – mit wie viel Erfolg, weiß ich immer noch nicht so recht. Aber eines weiß ich: In Russland habe ich geliebt und getötet. Und ich habe erfahren müssen, dass die Liebe schrecklicher sein kann als das Töten.

Für das, was ich getan habe, kann ich nicht um Vergebung bitten, selbst wenn es jemanden gäbe, den ich bitten könnte. Meine Sünden sind alles, was mir geblieben ist.

Danksagung

1999 machte ich mich erstmals daran, ein Buch mit dem Titel *Moskau Babylon* zu schreiben. Es sollte ein Sachbuch werden und die Abenteuer eines jungen Reporters im Moskau der Neunzigerjahre schildern, grundiert mit einem Bericht darüber, wie er die Geschichte seiner Familie und seine russischen Wurzeln ausgrub. Im Laufe der Zeit trat die Historie immer mehr in den Vordergrund und verdrängte das Aktuelle: Das Ergebnis war eine Familiengeschichte mit dem Titel *Winterkinder*. Doch das ganze Material aus den düsteren Neunzigern, die ich als Stadtreporter für die *Moscow Times* und später für *Newsweek* mitbekam, schrie aus dem Papierkorb danach, erzählt zu werden. Also holte ich es heraus und verwebte es zu diesem Roman, dessen erfundene Handlung im Grunde ein Puzzle aus Tatsachenberichten ist.

Das Schwierigste daran war zu meinem Erstaunen, wirklich erlebten Szenen literarische Glaubwürdigkeit zu verleihen. Ein Beispiel: Im real existierenden Firebird Casino beugte sich 1995 eines Abends ein berühmter georgischer Gangster dicht an mich heran und flüsterte mir zu: »In Russland riecht das Geld nach Blut.« Ein solcher Moment war zu unglaublich, um erfunden zu sein – aber zu krass für einen Roman.

Ähnlich haben viele der Figuren zwar Vorbilder im wirklichen Leben, aber ihre literarischen Doppelgänger unterscheiden sich trotzdem sehr stark von den Originalen – so stark wie beispielsweise mein Antiheld Roman Lambert sich von mir unterscheidet. Falls jemand meint, sich selbst oder Leute aus dieser Zeit und Umgebung wiederzuerkennen, kann ich nur sagen: Reale Männer und Frauen werfen diese Schatten, aber sie wurden von mir für meine literarischen Zwecke verfremdet.

Auch das Moskau des Roman Lambert ist nicht unbedingt das Moskau der Wirklichkeit: Es ist das Moskau seiner ganz eigenen Wirklichkeit, ein Spiegel, der seiner verstörten Seele vorgehalten wird. Er erblickt darin »den Schauplatz grausamer, blutiger Katastrophen«. Aber für meine Frau Xenia, die zur selben Zeit in derselben Stadt lebte, war sie nicht besonders blutig oder katastrophal. Ihr Moskau war völlig anders.

Meine russischen Freunde mögen das düstere Bild, das ich von ihnen und ihrer Stadt male, eine trostlose und zynische Karikatur nennen. Vielleicht ist es das. Aber *Moskau Babylon* handelt davon, wie ein Außenstehender einer bestimmten Art Russland und die Russen in einer einzigartig turbulenten Zeit sah. Und was den Roman Lambert von 2013 angeht, so spricht er, glaube ich, für eine bedauerlich große Zahl mir persönlich bekannter Russen, die den Weckruf der bürgerlichen Revolution überhören und lieber am Status quo festhalten, obwohl sie wissen, wie morsch dieser Status ist. Das Neue ist ihnen unheimlicher als der Teufel, den sie gewohnt sind. Romans Furcht vor den Gefahren der Freiheit ist der originalgetreueste Teil des Buches, und die Sätze, mit denen er ihr Ausdruck verleiht, sind direkte Zitate.

Vielleicht werden westliche Leser der Meinung sein, dass die Politik der übrigen Handlung aufgesetzt ist, aber die Schilderung entspricht den Tatsachen. In jedem Moment meiner fast zwei Jahrzehnte währenden Zeit in Russland bestimmte die Politik das Klima, in dem sich das russische Leben abspielte, und die Dynamik jeder einzelnen Phase. Wenn man Russen fragt, beteuern viele, sie seien unpolitisch und es sei ihnen egal, welche Gaunerbande gerade im Kreml sitzt. Aber damit machen sie sich selbst etwas vor. Sie mögen mit der Politik in ihrem Land fertig sein, aber die Politik ist nicht mit ihnen fertig. Wie Sachar Prilepin schrieb, ein großer russischer Schriftsteller von heute und guter Freund: »Die russische Literatur ist durchweg politisch, ob der Verfasser es will oder nicht.«

Ohne meine französische Lektorin Véronique Cardi wäre dieses Buch niemals entstanden. Ja, ohne ihr Vertrauen in meine schriftstellerischen Fähigkeiten hätte ich vermutlich niemals das Selbstbewusstsein gehabt, überhaupt einen Roman zu schreiben. Sie hielt unerschütterlich an *Moskau Babylon* fest, auch als sie den Verlag wechselte.

Zu danken habe ich auch meiner Agentin Natasha Fairweather. Sie ist eine glänzende Verhandlerin, eine gute Freundin und eine allzeit verlässliche Beraterin.

Meine Frau Xenia kann sich mit Fug und Recht als Mitautorin dieses Buches bezeichnen. Falls es an irgendeiner Stelle originalgetreu und authentisch klingt, dann deshalb, weil sie mir ermöglicht hat, russische Denkweisen und russische Beziehungen zu verstehen. Sie hat mich auch erkennen lassen, dass vieles von dem, was ich, genau wie Roman Lambert, in Moskau sah, nur die Oberfläche war. Xenia unterstützte mich zudem in der schöpferischen Hochdruckphase im zweiten Halbjahr 2012, als sich meine journalistische Karriere änderte und meine Karriere als literarischer Schriftsteller begann. Da dieses Buch auf der Schwelle zwischen den beiden Hälften meines Berufslebens steht, hat es wohl seine Richtigkeit, wenn es eine Mischung aus Reportage und Fiktion ist. Vielleicht lerne ich ja mit der Zeit, Welten und Geschichten vollständig zu erfinden. Aber bis auf Weiteres schöpfe ich noch aus dem ebenso sonderbaren wie wunderbaren Leben, das ich in Moskau hatte.

OM   *Istanbul, März 2013*

Owen Matthews

Winterkinder

Drei Generationen Liebe
und Krieg

Aus dem Englischen von Vanadis Buhr.
Taschenbuch.
Auch als E-Book erhältlich.
www.list-taschenbuch.de

»*Eine erstaunliche Familiengeschichte voll Liebe,
Tod und Verrat*« *Simon Sebag Montefiore*

Owen Matthews, Sohn einer Russin und eines Englän-
ders, erzählt seine eigene Familiengeschichte und zugleich ein mitreißendes Stück Zeitgeschichte: Mit der
Kindheit seiner Mutter und der Liebesgeschichte seiner
Eltern schildert er die Tragödie Russlands von innen
heraus.

»*Ein überwältigend schönes Buch ... lebendig, es strotzt
geradezu vor Geschichten in der Geschichte.*«
Süddeutsche Zeitung

List

Alexandra Friedmann

Besserland

Roman.
Taschenbuch.
Auch als E-Book erhältlich.
www.ullstein-taschenbuch.de

»Eine warmherzige, witzige Geschichte ... ein lesenswertes Buch!« NDR Kultur

Eigentlich hatte Familie Friedmann vor, in die USA auszuwandern. Als sie sich nach Westen aufmachen, erleben sie eine Odyssee durch Europa, bis sie über Brest und Warschau in Wien landen und am Ende – im schönen Krefeld.
Tempo- und anekdotenreich, voller überraschender, witziger Metaphern und haarsträubender »wahrer Begebenheiten« schildert Alexandra Friedmann das heutige Europa als einen Kaninchenbau voller raffinierter Schlupflöcher.

ullstein

Lena Muchina

Lenas Tagebuch

Aus dem Russischen von Lena Gorelik
und Gero Fedtke
Taschenbuch.
Auch als E-Book erhältlich.
www.list-taschenbuch.de

**»Ich weiß selbst nicht, wie ich diese Zeilen schreiben
kann. Ich habe gar keine Angst.«**

Ein einzigartiges Dokument: Das berührende, unsenti-
mentale Tagebuch von 1941 bis 1942 eines sechzehnjäh-
rigen Mädchens, das die Belagerung von Leningrad
überlebte. Eine russische Anne Frank.

»Ein Sensationsfund«
Deutschlandradio Kultur

List